高等职业教育建筑专业"十三五"规划教材

工程项目成本管理

主　编　高　倩　余佳佳
副主编　罗　琳　杨　宇　王紫璇　冉　丹　黄　杉
编　者　樊　林　屈　艺　闫　帆　李若男
　　　　郭盈盈　杨茂华　韩玉麒　张美娇

西南交通大学出版社
·成　都·

图书在版编目（CIP）数据

工程项目成本管理 / 高倩，余佳佳主编. —成都：
西南交通大学出版社，2019.1
ISBN 978-7-5643-6735-0

Ⅰ. ①工… Ⅱ. ①高… ②余… Ⅲ. ①基本建设项目
– 成本管理 – 高等学校 – 教材 Ⅳ. ①F284

中国版本图书馆 CIP 数据核字（2019）第 017714 号

工程项目成本管理

主编　高　倩　余佳佳

责任编辑	杨　勇
助理编辑	王同晓
封面设计	吴　兵　曹天擎
出版发行	西南交通大学出版社 （四川省成都市二环路北一段 111 号 西南交通大学创新大厦 21 楼）
邮政编码	610031
发行部电话	028-87600564　028-87600533
网址	http://www.xnjdcbs.com
印刷	四川森林印务有限责任公司
成品尺寸	185 mm × 260 mm
印张	13
字数	325 千
版次	2019 年 1 月第 1 版
印次	2019 年 1 月第 1 次
定价	36.00 元
书号	ISBN 978-7-5643-6735-0

课件咨询电话：028-87600533
图书如有印装质量问题　本社负责退换
版权所有　盗版必究　举报电话：028-87600562

前 言

本书是依据建筑施工企业项目成本管理岗位的工作内容编写的，根据项目成本管理岗位业务处理流程来组织教学过程，注重学生校内学习与毕业后实际工作的一致性，以实际工程项目确定教学项目，以岗位工作任务确定学习任务。本书总结了目前工程项目成本管理的最新成果，全面、系统地介绍工程项目成本管理的基本原理、方法及其在工程实践活动中的应用，并结合实践操作，全面、系统地介绍了建筑工程成本管理全过程。本书具有较强的实用性和可操作性，是一本能满足工学结合需要的教材。

本书是根据高职教育对理论知识以"够用"和"实用"为原则、重在培养学生专业技能的要求编著，主要内容分两大部分，可以概括为"一个中心一条主线"，一是阐述成本管理机制（一个中心）：成本管理体系和目标成本责任制。二是阐述项目成本管理流程（一条主线）：编制成本计划→实施成本控制→开展成本核算→进行成本分析考核。

本书由重庆建筑工程职业学院高倩和余佳佳担任主编，内容编写分工如下：第2,3章由高倩编写；第1章及部分习题由余佳佳编写；第4章由重庆华西建设集团有限公司杨宇、重庆建筑工程职业学院黄杉合作编写；第5章由重庆市城市建设技工学校罗琳、海之特工程管理有限公司重庆分公司冉丹合作编写；第6章由高倩、重庆市造价协会闫帆和重庆建工集团屈艺合作编写。

本书是工程造价、工程管理专业的专业教材，也适用于作为其他建筑管理类专业教材，还可以作为工程技术人员、工程管理人员进行继续教育和业务培训的学习参考书。通过扫描本书封底二维码可以获取本书的课件PPT和在线课程。

在编写本书过程中，我们得到了有关专家和学者的支持和帮助，吸收和借鉴了已出版的有关著作和研究成果，在此对有关的作者表示谢意，同时，特别感谢各参编企业单位的大力支持。

由于时间仓促，加之编者水平有限，书中难免存在不足之处，恳请广大师生及读者提出宝贵修改意见，以便今后修订完善！

编 者
2018年10月

目 录

1 工程项目成本管理概述 ··· 1
  1.1 工程项目成本 ··· 1
  1.2 工程项目成本管理 ·· 13
  1.3 工程项目成本管理发展历程 ··· 18

2 工程项目成本预测与计划 ·· 30
  2.1 工程项目成本预测概述 ··· 31
  2.2 工程项目成本预测的方法 ·· 34
  2.3 工程项目成本计划 ··· 68

3 工程项目成本控制 ··· 78
  3.1 工程项目成本控制概述 ··· 79
  3.2 工程项目成本控制方法 ··· 87

4 工程项目成本核算 ··· 123
  4.1 工程项目成本核算概述 ··· 123
  4.2 工程项目实际成本核算 ··· 131

5 工程项目成本分析与考核 ·· 144
  5.1 建筑工程成本分析 ··· 144
  5.2 建筑工程成本考核 ··· 167

6 装配式建筑项目工程成本管理 ·· 172
  6.1 装配式建筑相关概念 ·· 172
  6.2 装配式混凝土建筑成本组成及主要影响因素分析 ··························· 177

参考文献 ··· 202

1　工程项目成本管理概述

【本章目标】

1. 掌握工程项目成本的概念、构成及分类。
2. 熟悉工程项目成本管理的内容及程序。

【本章引例】

重庆市某施工企业招聘工程项目成本管理人员，职位描述如下：
1. 进行有关成本管理工作，主要做好成本的核算和控制；负责成本的汇总、决算工作。
2. 审核项目各项成本的支出，进行成本核算、费用管理、成本分析、并定期编制成本分析报表。
3. 协助有关部门进行成本预测，并分解下达成本、费用计划指标。
4. 收集有关信息和数据，进行有关盈亏预测工作。
5. 评估成本方案，及时进行成本核算及控制。
6. 保管相关成本资料，并按月装订，定期归档。

相信各位同学通过本章的学习，能认知工程项目成本管理岗位工作，掌握工程项目成本管理的内容与程序。

1.1　工程项目成本

1.1.1　工程项目成本概述

1. 工程项目成本概念

工程项目成本是指建筑工程企业以工程项目为成本核算对象，在施工过程中所耗费的全部生产费用的总称，包括主要材料、辅助材料、结构件、周转材料，建筑安装工人的工资、奖金、津贴，机械使用费，其他直接费以及项目经理部为组织施工管理所发生的费用，是建筑施工企业的产品成本，也称为工程成本。

施工过程消耗的原材料、使用的机械设备等构成了物质资源的消耗，施工过程中建筑安装工人和管理人员等劳动力付出构成了活劳动消耗，这两种消耗就构成了施工项目成本。

施工项目成本是建筑施工企业生产建筑产品所发生的活劳动与物化劳动消耗的总和，它反映了企业生产经营活动各方面的工作效果，是企业管理业绩的综合指标。建筑施工企业劳动生产率的高低、原材料消耗的多少、机械设备利用状况、施工进度如何、产品质量的优劣、施工技术水平和组织状况、资金的周转率以及企业各级责任单位经营管理水平，最终都会直接或间接地在工程成本中体现出来；施工项目成本是衡量建筑施工企业盈亏的尺度，是进行工程投标的依据，是企业经营决策和经营核算的工具，成本的高低直接影响企业和职工的经济利益。

2. 成本、费用与支出

为了更好地理解工程项目成本，必须分清建筑施工企业中的成本、费用与支出这三个概念及它们之间的关系。

成本、费用与支出是关系极为密切的三个概念，它们之间既有联系，又存在着一定的区别，分清三者之间的区别与联系是工程成本核算的重要前提。

1）成本

成本是指企业以工程、产品或某项作业为载体计算出的各项耗费，是对象化了的费用。

2）费用

费用是指企业为承包工程、销售商品、提供劳务等日常活动所发生的经济利益的流出。费用中能予以对象化的部分就是成本，不能予以对象化的部分就是期间费用。

企业发生的费用包括两部分：一是为生产一定种类和数量的产品而发生的材料耗费和人工费用等，这部分计入产品成本，成为生产成本；二是企业为销售产品而发生的销售费用、为组织管理生产经营活动而发生的管理费用、为筹集资金而发生的财务费用等均与产品生产无直接关系，称为期间费用。

$$费用 = 生产成本 + 期间费用$$

3）支出

支出是指企业的资源因消耗或偿付等原因流出企业，从而导致企业可使用资源总量的减少。支出一般可分为偿债性支出和非偿债性支出两类。

偿债性支出是指企业出于偿债的目的而将包括现金在内的资源交付给其他主体，这种支出是补偿性的，不构成企业的费用。

非偿债性支出是指建筑施工企业的所有开支。按其与业务经营的关系不同，可以分为资本性支出、收益性支出、营业外支出、投资支出、所得税支出和利润分配支出共六项支出。在上述六项支出中，资本性支出、收益性支出和所得税支出是费用。收益性支出在发生当期就表现为费用；资本性支出在受益期内逐期分摊计入各期的费用；所得税支出作为费用，直接冲减当期收益。营业外支出不能作为费用，应在当期营业利润中扣除；利润分配支出是对税后利润进行的分配，不是生产经营的耗费，也不能列为费用；投资支出是为了获取收益，更不能列为费用。所以,支出不一定就是耗费。

4) 区别与联系

由上可见,支出的含义要比费用宽泛,尽管费用的实质也是资产的耗费,但只限于企业为取得当期收入而发生的耗费。企业当期发生的支出不一定都构成当期的费用,构成当期费用的也不一定需要企业当期支付现金。成本是形成费用的基础,费用是企业支出的组成部分,因而它们之间存在密切的关系。

成本是企业为生产一定种类、一定数量的产品所发生的各种费用,是对象化的费用,它仅仅是费用中的生产成本一项。所以,支出大于费用,费用大于成本。支出、费用和成本的关系见表 1-1。

表 1-1 成本、费用和支出关系表

成本	费用		支出
产品成本	期间费用	在收益期内分摊计入费用	资本性支出:如固定资产购置
	生产成本	发生当期计入费用	收益性支出:购买材料、支付人工工资等
	生产成本		
	期间费用		
	所得税费用	发生当期计入费用	所得税支出:缴纳的所得税
			营业外支出:与生产经营无关的支出
			利润分配支出:从税后利润中扣除,如股利分配支出
			投资性支出:资产的支出,目的为了取得收益

费用与成本的联系表现为:两者的性质相同,两者均为生产经营过程中所发生的必要耗费;费用是计算成本的前提和基础,没有费用的发生,就没有成本形成;成本是对象化的费用,费用按一定范围、一定对象进行归集,就构成该对象的成本。

费用与成本的区别见表 1-2。

表 1-2 成本与费用区别

项目	成本	费用
核算对象	某一成本核算对象	某一特定单位
核算标准	按成本核算对象	按会计期间
核算原则	遵循配比原则和受益原则	遵循权责发生制原则
核算内容	生产成本	生产成本和期间费用

3. 建设项目工程造价

建设项目工程造价是指工程项目的建设成本，即完成一个建设项目所需费用的总合，包括设备及工器具购置费、建筑安装工程费、工程建设其他费、预备费和建设期间贷款利息等。其中，建筑安装工程费即单位工程的造价，由直接费、间接费、利润和税金组成。工程造价的特点有以下两点：

（1）定价在先，生产在后。
（2）供求双方直接定价。

在建设项目的整个建造过程中有不同形式的工程造价，就是通常所说的"六算"，如表 1-3 所示。

表 1-3　工程造价与项目建设过程

"六算"	投资估算	设计概算	施工图预算	合同价	竣工结算	竣工决算
项目建设过程	可行性研究阶段	初步设计阶段	施工图设计阶段	施工招标合同、施工阶段	单项工程竣工阶段	建设项目竣工验收

"六算"的具体含义如下：

1）投资估算

投资估算是指在整个投资决策过程中，依据现有的资料和一定的方法，对建设项目的投资额（包括工程造价和流动资金）进行的估计。投资估算总额是指从筹建、施工直至建成投产的全部建设费用，其包括的内容应视项目的性质和范围而定。

2）设计概算

设计概算是在初步设计和扩大初步设计阶段，由设计单位根据初步投资估算、设计要求及初步设计图纸或扩大初步设计图纸，依据概算定额或概算指标、各项费用定额或取费标准、建设地区自然、技术经济条件和设备、材料预算价格等资料，或参照类似工程预（决）算文件，编制和确定的建设项目由筹建至竣工交付使用的全部建设费用的经济文件。

3）施工图预算

施工图预算是根据施工图、预算定额、各项取费标准、建设地区的自然及技术经济条件等资料编制的建筑安装工程预算造价文件。在中国，施工图预算是建筑企业和建设单位签订承包合同、实行工程预算包干、拨付工程款和办理工程结算的依据，也是建筑企业控制施工成本、实行经济核算和考核经营成果的依据。在实行招标承包制的情况下，施工图预算是建设单位确定招标控制价和建筑企业投标报价的依据。施工图预算是关系建设单位和建筑企业经济利益的技术经济文件，如在执行过程中发生经济纠纷，应按合同经协商或仲裁机关仲裁，或按民事诉讼等其他法律规定的程序解决。

4）合同价

合同价也称为中标价，是指在工程项目招投标时，甲乙双方签订建筑安装工程承包合同确定的价格,是由甲乙双方根据市场行情共同议定和认可的成交价格,但并不等同于项目实际施工造价,是建筑产品的施工前确定的销售价格。

合同价是指在工程招投标阶段,承发包双方根据合同条款及有关规定,并通过签订工程承包合同所计算和确定的拟建工程造价总额。

合同价属于市场价格的范畴,不同于工程的实际造价。按照投资规模的不同,可分为建设项目总价承包合同价、建筑安装工程承包合同价、材料设备采购合同价和技术及咨询服务合同价。

按照现行规定,合同价有三种形式:固定合同价、可调合同价、成本加酬金合同价。

5)竣工结算

施工结算是指一个建设项目或单项工程、单位工程全部竣工,发承包双方根据现场施工记录、设计变更通知书、现场变更鉴定、定额预算单价等资料,进行合同价款的增减或调整计算。竣工结算应按照合同有关条款和价款结算办法的有关规定进行,合同通用条款中有关条款的内容与价款结算办法的有关规定有出入的,以价款结算办法的规定为准。

6)竣工决算

竣工决算是建设工程经济效益的全面反映,是项目法人核定各类新增资产价值,办理其交付使用的依据。通过竣工决算,一方面能够正确反映建设工程的实际造价和投资结果;另一方面可以通过竣工决算与概算、预算的对比分析,考核投资控制的工作成效,总结经验教训,积累技术经济方面的基础资料,提高未来建设工程的投资效益。

工程竣工决算是指在工程竣工验收交付使用阶段,由建设单位编制的建设项目从筹建到竣工验收、交付使用全过程中实际支付的全部建设费用。竣工决算是整个建设工程的最终价格,是作为建设单位财务部门汇总固定资产的主要依据。

"六算"的作用及相互关系:在设计阶段,建设单位以投资估算来控制设计概算、以设计概算来控制施工图预算;在招投标阶段,建设单位以施工图预算(标底或招标控制价)来控制合同价;在工程施工阶段,建设单位以合同价来控制实际工程造价,建设施工企业则以合同价来控制施工预算或实际施工成本的发生。"六算"之间的相互关系如图1-1所示。

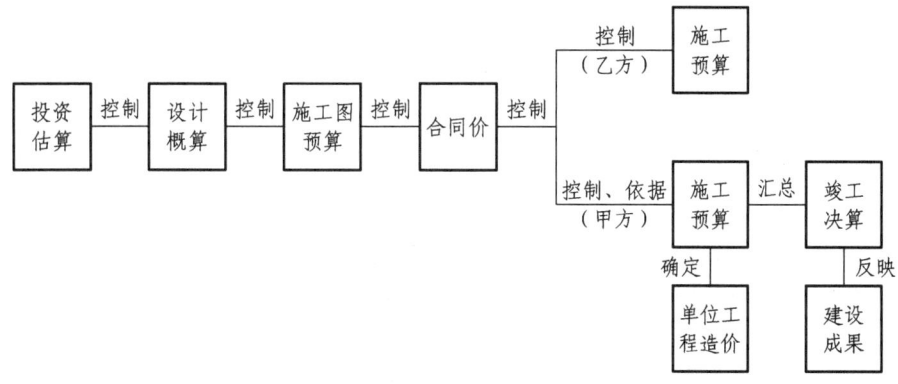

图1-1 "六算"之间相互关系图

4. 合同价、费用和工程项目成本

根据上文成本、费用和支出关系，应分清建筑工程企业的中标合同价、费用和工程成本关系。

合同价 = 费用+利润+税金 = 工程成本+期间费用+利润+税金

工程项目成本仅指中标合同价中的工程成本一项。合同价、费用和施工项目成本具体构成见表1-4。

表1-4 合同价、费用和施工项目成本构成表

合同价格	费用	工程成本	直接费用	人工费
				材料费
				机械使用费
				其他直接费
			间接费用（临时设施费和现场管理费）	
		期间费用	管理费用、财务费用等	
	利润、税金		利润、税金	

作为营业性的建筑施工企业交纳的营业税、城市建设维护费和教育费附加。综合税率视工程所处位置不同而不同。

营业税：营业额×3%。

城市维护建设税：以营业税税额作为其计税基数，其税率随纳税人所在地不同而异，即市区按7%；县城、镇按5%；不在市区、县城或镇者按1%计列。

教育费附加：按营业税的3%计列。

此处的工程成本是指建筑施工企业的制造成本，制造成本是指项目经理部的现场施工所发生的成本，是工程项目现场成本。因此，对于建筑施工企业而言，工程造价是价格，是生产销售建筑产品取得的销售收入；对建设单位而言，工程造价是成本，是建造工程项目所支出的费用总和。

1.1.2 工程项目成本的构成

工程项目成本是对进入工程成本的施工费用按其经济用途所划分的分类项目。根据施工企业特点和管理要求以及现行制度的规定，工程成本项目可分为人工费、材料费、机械使用费、其他直接费和间接费用5个成本项目。

总体说来，工程项目成本是由直接成本和间接成本两部分构成。

1. 直接成本

直接成本主要是指在工程项目工程过程中直接耗费的构成工程实体或有助于工程形成的各项支出，包括人工费、材料费、机械使用费和其他直接费。

1）人工费

人工费是指在工程项目施工过程中直接从事建筑安装工程施工的生产人员的工资、奖金、工资性质的津贴、劳动保护费和职工福利等。

2）材料费

材料费是指在工程项目施工过程中耗用的构成工程实体的原材料、辅助材料、结构件、零配件及周转材料的摊销等。

3）机械使用费

机械使用费是指在工程项目施工过程中使用施工机械作业所发生的机械使用费，以及机械安装、拆卸和进出场费用等。

4）其他直接费

其他直接费是指建筑企业在施工生产过程中除上述三项直接费用以外的其他可以直接计入工程成本的费用，如施工现场材料的二次搬运费、生产工具和用具使用费、检验检测费、工程定位复测、场地清理费用、特殊地区施工增加费、冬期施工增加费、雨期施工增加费、夜间施工增加费、仪器仪表使用费、特殊工种培训费等。

2. 间接成本

间接成本是指项目经理部为工程准备、组织和管理工程生产所发生的全部工程间接费支出，包括现场管理人员的人工费、资产使用费、工具用具使用费、保险费、检验试验费、工程保修费、工程排污费以及其他费用等，可以归整为三类：

1）现场管人员经费

包括现场管理人员的基本工资、工资性津贴、辅助工资、职工福利费、劳动会经费、教育经费、劳保统筹等费用。

2）现场管理人员办公费

包括现场管理人员办公费、差旅费、交通费、业务活动费、固定资产使用费、工具用具使用费和保险费等费用。

3）项目管理费用

包括工程保修费、工程排污费、项目利息支出和其他费用等。

以上前四项内容构成直接成本，后三项内容构成间接成本。直接成本与间接成本构成工程项目成本。工程项目成本构成如图1-2所示。

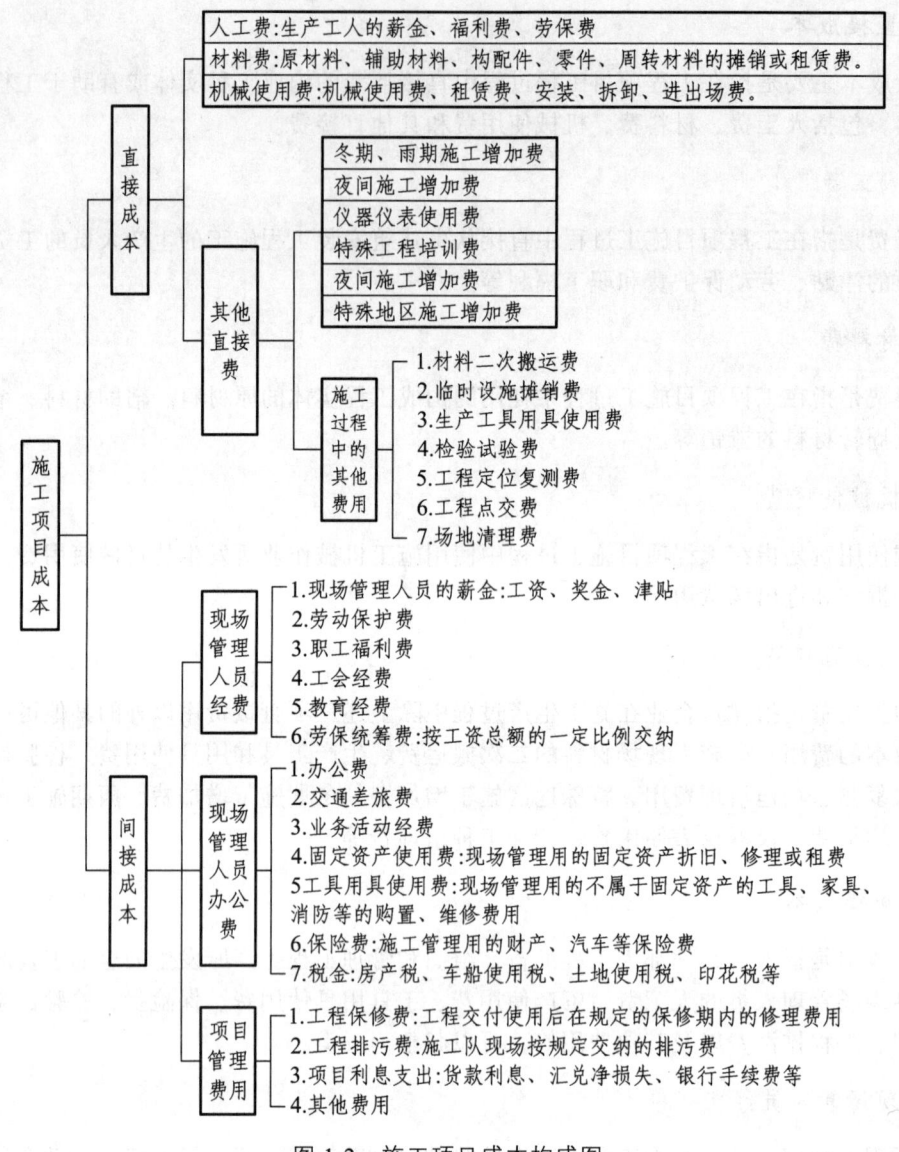

图 1-2 施工项目成本构成图

1.1.3 工程项目成本的分类

为了正确计算工程成本，考核其升降原因，寻求降低成本、提高企业盈利能力的途径，首先应对工程成本进行合理的分类。工程项目成本分类也是为了进一步认识和掌握工程项目成本的特性，更好地开展成本管理工作。根据工程项目成本管理的需要，可以从不同的角度将工程项目成本划分为不同种类。

1. 按工程成本的经济内容分类

按成本的经济内容可分为外购材料费、外购动力费、外购燃料费、工资（包括工资、奖金和各种工资性质的津贴、补贴等）、职工福利费、折旧费、利息支出、税金及其他支出。

这种分类方法可以反映建筑企业在一定时期内资金耗费的构成和水平，可以为编制材料采购资金计划和劳动工资计划提供资料，也可以为制定物资储备资金计划及计算企业净产值和增加值提供资料。

2. 按工程成本的经济用途分类

按成本的经济用途可分为直接人工费、直接材料费、机械使用费、其他直接费、施工间接费用和期间费用。

这种分类方法可以争取反映工程成本的构成，便于组织成本的考核和分析，有利于加强企业的成本管理。

3. 按成本控制的标准分类

1）目标成本

目标成本是指建筑施工企业在生产经营活动中要求某一时期内实现的成本目标。确定目标成本是为了控制施工过程的生产耗费，降低项目施工成本，实现项目施工的目标利润。

2）计划成本

计划成本是指建筑工程企业根据计划期内的各项消耗定额和有关资料确定的成本。它反映计划期应达到的成本水平，是计划期内节约成本的努力方向。

计划成本作为项目成本控制和考核的成本依据，必须具有可执行性，不能偏低或偏高。计划成本偏低，高不可攀，脱离实际情况，无法调动职工的积极性；相反，计划成本偏高或尺度宽松，起不到控制人力、物力和财力消耗的作用。将实际成本指标与计划成指标本对比，可掌握计划成本指标的完成情况，分析完成或未完成计划成本指标的原因，从而采取措施，改善经营管理。

3）标准成本

标准成本是指建筑工程企业在正常的生产条件下，以标准消耗量和标准价格计程成本。标准成本制定后，在工程作业过程中一般不做调整和改变，实际成本与标准成本的偏差，可通过计算差异来反映。

4）定额成本

定额成本是指建筑工程企业根据一定时期执行的定额计算成本。将实际成本与定额成本对比，可发现差异并分析产生差异的原因，以便采取措施，改善经营管理。

4. 按工程成本形成的时间分类

按成本形成的时间可分为会计期成本和工程期成本。按会计期计算成本，可以将实际成本与预算成本进行对比，有利于各个时期的成本分析和考核，可以及时总结工程施工与管理的经验教训，按工程周期计算成本，有利于分析某一工程项目在施工全过程中的经验和教训，从而为进一步加强工程施工管理提供依据。

如果按照成本形成的时间先后具体划分，工程项目成本可以分为预算成本、计划成本和实际成本。

1）预算成本

预算成本是指建设单位与建筑施工企业通过招投标在定标后签订施工合同时确定的工程成本。它是根据工程项目设计施工图，套用国家及地方预算定额（工程量、材料、人工等定额标准）计算出来的工程项目预算造价中项目施工缩影消耗的货币化的资源和费用总和。

采用招投标方式或者议标方式取得的工程项目，甲乙双方确定的合同中标价中项目工程所应消耗的货币化的资源费用之和，就是预算成本。施工图预算造价（中标价）=工程预算成本+利润+税金，预算成本是施工图预算造价中成本费用部分，是编制计划成本和评价实际成本的依据。

2）计划成本

计划成本是按照工程项目设计工程图、项目工程组织设计、工程定额等，结合项目实际及本企业的管理水平和生产力水平而计算确定的工程项目最低资源消耗和最低费用支出的总和。工程项目计划成本是工程项目成本控制和考核的基本依据。

项目经理部根据工程计划期的实际情况，在实施项目工程之前预先计算的成本，也就是建筑工程企业考虑降低成本措施后的成本计划数，是工程项目的目标成本，是成本目标管理的底线。

3）实际成本

实际成本是工程项目在报告期内实际发生的各项生产费用的总和。

工程项目计划成本和实际成本都是反映建筑工程企业施工成本水平，它受企业本身的生产技术、工程条件及生产经营管理水平的制约。工程实际成本与计划成本比较，可考核工程项目的工程绩效和成本计划执行情况。预算成本则是反映社会平均工程成本水平的，体现企业外部的成本水平，是反映企业竞争水平的成本。实际成本与预算成本比较，可考核工程项目工程的经济效益，反映工程盈亏情况。预算成本与实际成本比较如图1-3所示。

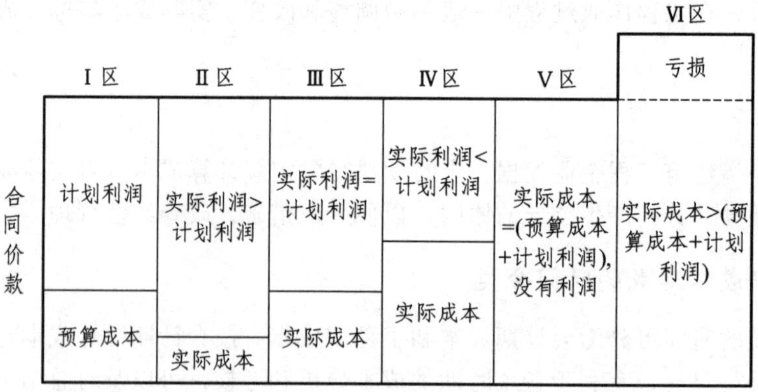

图1-3 预算成本与实际成本比较图

图1-3解读如下：

Ⅰ区：合同价=预算成本+计划利润。

Ⅱ区：实际成本低于预算成本，工程项目实际利润大于计划利润。
Ⅲ区：实际成本等于预算成本，工程项目实际利润等于计划利润。
Ⅳ区：实际成本高于预算成本，工程项目实际利润小于计划利润。
Ⅴ区：实际成本等于预算成本加计划利润之和，工程项目没有利润。
Ⅵ区：实际成本高于预算成本加计划利润之和，工程项目出现亏损

5. 按与工程量的关系分类

按成本与工程量的关系可分为变动成本与固定成本。

1）变动成本

变动成本也称为变动费用，是指建筑施工企业施工过程中成本的总额随着工程量的增减而成正比例变动的费用。例如直接用于工程施工的材料费、人工费等。

2）固定成本

固定成本也称为固定费用，是指建筑施工企业施工过程中成本发生的总额在一定期间和一定业务量范围内不随工程量的增减而发生变动的费用。例如施工现场的办公费、管理人员工资、机械折旧费等。

这种分类对于组织成本控制，分析成本升降原因，以及做出某些成本决策都是十分必要的。因为要降低成本中的变动成本，就需要从降低消耗着手，要降低固定成本则要从节约开支、减少耗费的绝对数着手。

6. 按计入成本的方式分类

按计入成本核算对象的方式可分为直接成本和间接成本。

1）直接成本

直接成本是指在工程项目工程过程中直接耗费的构成工程实体或有助于工程形成的各项支出，包括人工费、材料费、机械使用费和其他直接费。其特点是在项目施工时
能够分清受益对象，可以直接计入某一成本核算对象的费用。

2）间接成本

间接成本是指项目经理部为工程准备、组织和管理工程生产所发生的全部工程间接费支出，包括现场管理人员的人工费、资产使用费、工具用具使用费、保险费、检验试验费、工程保修费、工程排污费以及其他费用等。其特点是在项目施工时，无法分清受益对象，无法直接计入某一成本核算对象的费用，必须按一定标准和比例分配计入不同成本核算对象。

即直接成本指费用发生后可以直接计入各工程项目成本中去的资金耗费，如能明确区分为某一工程项目耗用的材料、工资和施工机械使用费等；间接成本是指不能明确区分为某一工程项目耗用，而需要先行归集，然后按规定的标准分配计入各项工程成本中去的资金耗费，如施工间接费用。

凡是直接成本都应该按照费用开支的原始凭证直接计入成本核算对象，间接成本要选择合理的分配标准分配计入成本核算对象。

7. 按成本是否可控分类

成本是否可控是针对某一个成本中心而言的。任何一个成本中心的成本都有可控成本和不可控成本之分。

1）可控成本

可控成本（Controllable Cost），即能被某个责任单位或个人的行为所制约的成本。可控成本具有多种发展可能性，并且有关的责任单位或个人可以通过采取一定的方法与手段使其按所期望的状态发展。如果某些成本只具有一种可能结果，则不存在进行控制的必要性；如果某些成本虽具有几种可能结果，但有关的责任单位或个人无法根据自己的需要对其施加影响，则也不存在进行控制的可能性。

一般来讲，可控成本的确定应具备三项条件：一是有关的责任单位或个人有办法了解所发生耗费的性质；二是有关的责任单位或个人有办法对所发生耗费加以计量；三是有关的责任单位或个人有办法对所发生耗费加以控制和调节。

2）不可控成本

不可控成本（Uncontrollable Cost）是"可控成本"的对称，指不能为某个责任单位或个人的行为所制约的成本。不可控成本一般是无法选择或不存在选择余地的成本。它也具有相对性，与成本发生的空间范围和时间范围有关。例如短期内，固定成本是不可控成本，但从长期看，企业可以调整固定资产支出，固定成本成为可控成本。

比如，对于土方工程施工班组而言，施工时所发生的人工费、材料费、机械使用费是可以控制的，是可控成本；但对于项目现场管理的费用是无法掌握的，是不可控成本。

8. 成本的其他分类

在项目经济分析中，为了进行项目决策，还提出了边际成本、沉没成本和机会成本等成本分类。

1）机会成本

机会成本（Opportunity Cost）是指为了得到某种东西而所要放弃另一些东西的最大价值；也可以理解为在面临多方案择一决策时，被舍弃的选项中的最高价值者是本次决策的机会成本；还指厂商把相同的生产要素投入到其他行业当中去可以获得的最高收益。

2）沉没成本

沉没成本（Sunken Cost）又称沉落成本、沉入成本、旁置成本，意为已发生或承诺、无法回收的成本支出。沉没成本是管理会计中的一个术语，主要用于项目的投资决策，与其对应的成本概念是新增成本。沉没成本是一种历史成本，对现有决策而言是不可控成本，不会影响当前行为或未来决策。从这个意义上说，在投资决策时应排除沉没成本的干扰。是指由于过去的决策已经发生了的，而不能由现在或将来的任何决策改变的成本。人们在决定是否去做一件事情的时候，不仅是看这件事对自己有没有好处，而且也看过去是不是已经在这件事情上有过投入。我们把这些已经发生不可回收的支出，如时间、金钱、精力等称为"沉没成本"（Sunk Cost）。在经济学和商业决策制定过程中会用到"沉没成本"的概念，代指已经付出且不可收回的成本。沉没成本常用来和可变成本做比较，可变成本可以被改变，而沉没成本则不能被改变。

3）边际成本

边际成本（Marginal Cost，简称 MC）是指产品产量的微量变化所引起成本总额的变动数。边际成本只受变动成本的影响，通常按变动成本计算，它对确定产量水平和企业盈亏平衡点有重要作用。

1.2 工程项目成本管理

1.2.1 工程项目成本管理概述

1. 工程项目成本管理的概念及意义

工程项目成本管理是企业的一项重要的基础管理。是指工程企业结合本行业的特点，以施工过程中直接耗费为原则，以货币为主要计量单位，对项目从开工到竣工所发生的各项收支进行全面系统地管理，以实现项目工程成本最优化目的的过程。它包括落实项目工程责任成本、制定成本计划、分解成本指标、进行成本控制、成本核算、成本考核和成本监督的过程。

根据中国成本协会 CCA2101：2008《成本管理体系术语》的定义，成本是"为过程增值或结果有效已付出或应付出的资源代价"。这里，"资源代价"是一个总合的概念，资源包括人力、物力、财力和信息等资源，"应付出的资源代价"是指应该付出但还未付出而且迟早要付出的资源代价。

在工程项目成本管理中，"资源代价"一般是用货币来计量的。它是生产耗费的补偿尺度，也是划分生产耗费和企业剩余的依据。企业盈余的多少，主要取决于产品成本的高低，它是反映企业工作质量的综合指标，反映了企业各方面工作的业绩，是进行经营决策的重要依据。

工程项目成本管理是工程企业为降低生产成本而进行的各项管理工作的总称，包括对成本的计划、控制、统计、核算、分析考核和竣工结算与审计等工作。工程项目成本管理是以不断降低项目成本为宗旨的一项综合性管理工作。

工程项目成本管理的目的是在预定的时间、预定的质量前提下，通过不断改善项目管理工作，充分采用经济、技术、组织措施和挖掘降低成本的潜力，以尽可能少的劳动（包括物化劳动和活劳动）耗费，实现预定的目标成本。

成本管理是实现企业财务目标——利润最大化的主要手段之一，成本预测、成本计划、成本控制、成本核算、成本分析和成本考核有机构成了成本管理系统。组织好成本管理，对全面提高企业管理水平，落实企业各部门经济责任制，提高企业经济效益，有很大的推动作用。在竞争日趋激烈的市场经济环境中，成本管理工作显得尤为重要。

2. 工程项目成本管理的原则

1）以工程成本管理为中心的原则

建设工程项目成本管理是工程项目管理的一部分，要坚持工程项目管理要以成本管理为中心，成本管理作为项目管理的一条主线。建筑施工企业完成施工任务，要实现工程项目优良的质量、合理的工期、符合环境保护的要求等，都是属于为达到目的而采取的手段，真正的目的都是为了取得经济效益和社会效益，因此项目成本管理才是企业项目管理的核心，所以，建设工程项目管理以成本管理为中心，才是建设工程项目管理的根本所在。

2）建立以工程项目成本控制保障体系的原则

工程项目首先必须建立以工程项目成本管理为中心的项目管理保障体系，体系保障是项目成本管理有效运行的保证，企业只有建立了建设工程项目成本管理体系，并确保其有效运行，成本管理才能落到实处。

3）领导者推动原则

企业的领导者是企业成本的责任人，必然是装饰工程项目工程成本的责任人。领导者应该制定项目工程成本管理的方针和目标，组织项目工程成本管理体系的建立和保持。创造使企业全体员工能充分参与项目工程成本管理，实现企业成本目标的内部环境。

4）以人为本，全员参与的原则

管理的本质是人，人的本质是思想和精神。具体到项目工程成本管理而言，管理的每一项工作，每一个内容都需要相应的人员来完善。抓住本质，全面提高人的积极性和创造性，是搞好项目工程成本管理的前提。

5）目标分解责任明确的原则

企业确定项目工程责任成本指标和成本降低率指标，是对工程成本进行了一次目标分解。项目经理部还要对项目工程责任成本指标和成本降低率目标进行二次目标分解。根据岗位不同、管理内容不同，确定每个岗位的成本目标和所承担的责任。把总目标进行层层分解，落实到每一个人，通过每个指标的完成来保证总目标的实现。

6）成本最低化原则

施工项目成本管理的根本目的是通过成本管理的各种手段，促进项目施工成本的降低达到成本最低的管理目标。但是在实行成本最低化原则时，要注意降低成本的可能性和成本最低的合理化，一方面要尽可能挖掘潜力降低施工成本，另一方面要注意其他管理目标的综合优化。

7）目标分解、责任明确原则

目标管理是进行任何一项管理工作的基本方法和手段，成本管理也应遵循这一原则，即项目施工前设定成本目标并分解、在施工过程中执行成本目标、定期检查成本目标的执行结果、评价和修正目标。

8）体系考核、目标考核、流程考核相结合的原则

考核分成三种考核：一是对公司和项目管理运行体系是否有效运行的评估、认证和考核；二是对项目管理目标责任书完成情况的考核；三是对项目管理的流程和岗位责任制的考核。

9）管理层次与管理内容一致性原则

为了完成成本目标，就必须建立一套相应的管理制度，并授予相应的权力。因而相应的管理层次所对应的管理内容和管理权力必须相称，否则就会发生责、权、利的不协调，从而导致管理目标和管理结果的不协调。

10）过程控制和系统控制的原则

项目施工成本是由施工过程各个环节的资源消耗形成的。因此，项目施工成本的控制必须采取过程控制的方法。分析每一个过程影响成本的因素，制订工作程序，使之时时处于受控状态。

项目施工成本形成每一个过程又是与其他过程互相关联的。一个过程成本的降低，可能会引起关联过程成本的提高。因此，项目施工成本的控制，必须遵循系统控制的原则，进行系统分析。制订过程的工作目标必须从全局利益出发，不能因顾及小利而损害整体利益。

1.2.2 工程项目成本管理的内容

工程项目成本管理的内容主要包括：成本预测、成本计划、成本控制、成本核算、成本分析和成本考核等。施工项目经理部在工程项目施工过程中，通过对所发生的各种成本信息进行有组织、有系统地预测、计划、控制、核算和分析等工作，促使施工项目各种要素按照一定的目标运行，使工程项目的实际成本能够控制在预定的计划成本范围内，就达到了成本管理的目的。

所以，工程项目成本管理的具体内容是科学的成本预测、合理的成本计划、有效的成本控制、准确的成本核算、客观的成本分析和成本考核。如表1-5所示。

表1-5 工程项目成本管理

序号	工程成本管理	基本内容
1	成本预测	施工项目成本预测是通过以往的成本信息和施工项目的具体情况，并运用一定的专门方法，对未来的成本水平及其可能的发展趋势做出科学的估计，是在施工之前对施工项目成本进行估算。通过成本预测，可以使项目经理部在满足建设单位和建筑施工企业总体要求的前提下，针对薄弱环节，加强成本控制，提高预见性，防止盲目性。因此，施工项目成本预测是施工项目成本决策和成本计划的依据
2	成本决策	成本决策是指用决策理论，根据成本预测及有关成本资料，运用定性与定量的方法，选择最佳成本方案的过程。成本决策的最终目的是降低成本水平。 成本决策是成本管理不可缺少的一项重要职能。成本决策与成本预测紧密相连，成本决策是以成本预测为基础而做出的最优化的成本决策，是制定成本计划的前提。所以，成本决策对于正确地制定成本计划，降低工程施工成本，提高经济效益都具有十分重要的意义。 成本决策的理论方法主要有总额分析法、差量损益分析法、相关成本分析法、成本无差别法、线性规划法和边际分析法等

续表

序号	工程成本管理	基本内容
3	成本计划	施工项目成本计划是以货币形式编制施工项目在计划期内的生产费用、成本水平、成本降低率以及为降低成本所采取措施和方案的书面文件。 施工项目成本计划实际上是二次预算,是根据建设单位的施工图样和建筑施工企业具体情况编制的施工预算,一般包括从项目开工到项目竣工所必需的施工成本,是降低施工项目成本的指导性文件,作为项目成本管理的目标成本。所以,项目成本计划是项目经理部对施工项目进行计划管理的工具,是监理施工项目成本管理责任制、开展施工项目成本核算和进行施工项目成本控制的基础
4	成本控制	施工项目成本控制是指按照事先确定的项目成本计划,通过运用多种科学方法,对项目实施过程中所消耗的成本费用的使用情况进行管理控制,以确保实际成本在成本计划范围之内的项目管理工作。也就是说,在施工过程中,采取各种有效措施,将施工中实际发生的各种消耗和支出严格控制在成本计划范围内,及时反馈各种实际成本信息,计算实际成本和计划成本之间的差异,并对已产生的差异进行分析,进一步采取更有效的控制措施,包括对成本形成过程的成本监督、成本跟踪和成本诊断
5	成本核算	施工项目成本核算是指对施工项目在施工生产过程中所发生的各项费用,按照规定的成本核算对象进行归集和分配,以确定建筑工程单位成本和总成本的一种专门方法,包括两个基本环节: (1)按照规定的开支范围对施工费用进行归集,计算出施工费用的实际发生额。 (2)根据成本核算对象,采用适当的方法,计算出该施工项目的总成本和单位成本。 成本核算所提供的各种成本信息,是成本预测、成本计划、成本控制和成本分析考核的依据。因此,加强施工项目成本核算工作,对降低施工项目成本、提高企业的经济效益有积极的作用
6	成本分析	施工项目成本分析是利用工程项目的成本核算资料和其他有关经济资料,按照一定的原则,采用一定的方法,对影响成本的各种因素进行分析,找出成本升降的主要原因,并根据企业目前的实际情况和各种条件,制定出切实可行的降低成本的方案,实现以较少的消耗取得较大的经济效益。也就是说,施工项目成本分析利用施工项目的成本核算资料(实际成本信息),与计划成本、预算成本等类似的目标成本进行比较,了解成本的变动情况,分析主要经济技术指标对成本的影响,系统全面地研究成本变动的因素,检查成本计划的合理性。通过成本分析,提示成本变动的规律,寻找降低成本的途径,更有效地进行成本控制
7	成本考核	工程项目成本考核是指项目经理部在项目施工过程中和项目竣工时对预算成本、计划成本及有关指标的实际完成情况进行考核、评比。也就是说,在项目施工过程中或竣工时,对工程项目成本形成中的各责任者,按施工项目目标成本责任制的有关规定,将成本的实际指标与计划、预算进行对比和考核,评定施工项目成本计划的完成情况和各责任者的业绩,并以此给予相应的奖励和处罚。施工项目成本考核包括两个层次的考核: (1)企业对项目经理的考核,考核施工项目总成本目标完成情况。 (2)项目经理对所属部门、施工队和班组的考核,考核施工项目各层次的成本目标完成情况。 在成本分析基础上进行成本考核,做到有奖有罚、赏罚分明,调动企业的每一个职工在各自的施工岗位上完成成本目标的积极性,充分体现施工项目全员成本管理原则。 通过施工项目成本考核,促使项目经理、责任部门和责任者更好地完成自己的责任成本,从而逐层保证施工项目目标成本的实现

施工项目成本管理系统中,每一个环节都是相互联系和相互作用的。成本预测是成本决策的前提;成本计划是成本决策所确定的目标的具体化;成本控制则是对成本计划的实施进行监督,保证决策的成本目标完成;成本核算是成本计划是否实现的最后检验,它所提供的成本信息又对下一个施工项目成本预测和成本决策提供基础资料;成本分析考核是实现成本目标责任制的保证,是实现成本目标的重要手段。

1.2.3 工程项目成本管理的程序

1. 工程项目管理程序

工程项目管理就是指施工单位在完成所承揽的工程建设施工项目的过程中,运用系统的观点和理论以及现代科学技术手段对施工项目进行计划、组织、安排、指挥、管理、监督、控制、协调等全过程的管理。

从施工项目的寿命周期来看,施工项目的管理过程可分为投标签约阶段、施工准备阶段、施工阶段、竣工验收阶段、质量保修与售后服务等阶段。工程项目管理在施工过程各阶段有不同的执行者,各自有不同的工作职责,要达到不同的管理目标,详见表1-6所示。

表1-6 工程项目管理流程

序号	管理阶段	管理目标	负责执行者	主要工作
1	投标签约阶段	中标签订工程承包合同	企业决策层 企业管理层	编制投标书 签订工程合同
2	施工准备阶段	使工程具备开工基本条件	企业管理层 项目经理部	组建项目经理部 签订《管理目标责任书》
3	施工阶段	完成施工任务	项目经理部 企业管理层	进行施工 处理工程变更及索赔
4	竣工验收阶段	结算移交、总结评价	项目经理部 企业管理层	交工验收 进行工程款结算
5	质量保修与售后服务阶段	维护保修、提高信誉	企业管理层	做好保修工作 进行工程回访及时维护

从表1-6可看出,在工程项目管理投标签订合同阶段与最后保修合同主要由企业管理层负责,施工准备阶段、施工阶段和交工结算阶段主要由项目经理部负责。

2. 工程项目成本管理程序

工程项目成本管理的程序是指从成本估算开始,经编制成本计划,采取降低成本的措施,进行成本控制,直到成本核算与分析为止的一系列管理工作步骤,一般程序如图1-4所示。

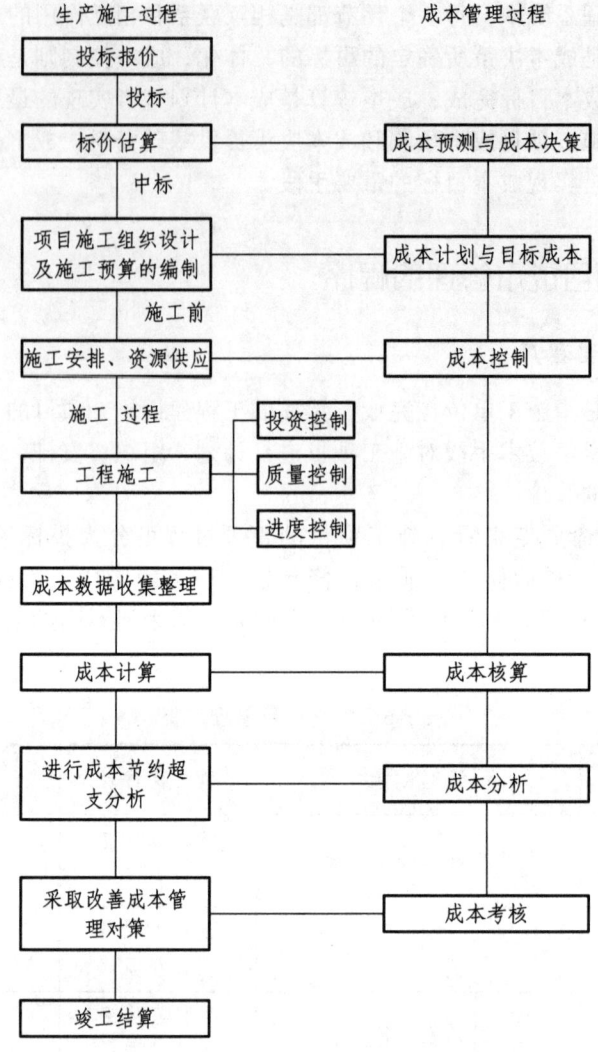

图 1-4 施工项目成本管理程序图

1.3 工程项目成本管理发展历程

1.3.1 成本管理发展历程

1. 早期成本管理

这个阶段约从 19 世纪初到 20 世纪初。早期成本管理只是企业生产经营活动的一个附带职能。产业革命之后,在成本计算方面出现了分批成本计算法和分步成本计算法。在这个阶段,企业开始重视成本信息,并且利用成本信息去进行一些简单的管理,如评价管理人员和生产工人的业绩等。企业管理者逐渐意识到,拥有一个良好的成本管理系统对企业发展非常重要。这为战略成本管理奠定了利用成本信息进行管理的思想基础。

2. 科学成本管理

这个阶段约从 20 世纪初到 40 年代末。其主要标志是标准成本控制的形成和发展。1911 年出版的美国工程师泰勒的《科学管理原理》一书为标准成本控制的形成奠定了坚实的理论基础。同年，美国执业会计师卡特·哈里逊第一次设计出一套完整的标准成本控制制度。标准成本控制是事前通过调查研究，科学制定标准成本，据以进行成本控制，在生产经营过程中，将实际发生费用与标准成本之间的差异及时进行反馈和分析，促使标准成本的实现。该方法将成本计划、成本控制、成本核算和成本分析有机结合在一起，将事后成本计算发展为事前计划、事中控制、事后核算反馈的完整过程，但仍以事中控制为主。其为战略成本管理提供了思想和方法论基础。

3. 现代成本管理

这个阶段约从 20 世纪 50 年代初到 80 年代末。二战以后，企业为了适应现代化大生产的要求和外部环境的变化，迫切需要成本管理现代化。在此阶段，成本计算和分析的方法已经十分完善，成本控制又不断吸收运筹学、信息学、系统工程等学科的研究成果，并借助于计算机技术，使成本控制向着预测、决策和事前控制方面深化，从而拓宽了成本控制研究的思路。此阶段涌现了许多新的理论，如作业成本控制、产品生命周期成本、目标成本计算、价值链等。迈克尔·波特（Michael E.Porter）于 1985 年在《竞争优势》一书中提出价值链的概念并被战略成本管理所吸收，成为战略成本管理的重要分析工具。

4. 战略成本管理

进入 20 世纪 90 年代以后，客观环境要求企业站在战略的高度，培育长期竞争优势，以适应激烈的市场竞争，战略成本管理逐渐被企业重视。

战略成本管理是从成本控制的重心由以事后分析为主→事中成本控制为主→事前成本控制为主延伸而来的。但战略成本管理并不是对这三个阶段内容的简单集成，而是进行了修改和扩充。

1.3.2 国际建设工程成本管理的发展

人们对工程项目成本管理的认识是随着时代的发展、生产力的提高、管理科学理论的不断进步而逐步建立和加深的。从最初的家居建设项目成本控制，一直发展到现在的像三峡工程这样的大型基础建设工程项目的成本管理。而且，至今人们还在不懈地努力，延续这一过程，从而使建设工程成本管理的理论、方法能够不断地进步和发展，以适应人类社会不断进步的需要。

在资本主义发展最早的英国，从 16 世纪开始出现了工程项目管理专业分工的细化，当时工程的工匠开始需要有人帮助他们去确定或估算项工程所需的人工和材料，以及测量和确定已经完成的项目工程量，以便据此从业主或承包商处获得应得的报酬，正是这种项目专业管理的需求使得工料测量师这一从事工程项目成本确定与控制的专门职业在英国诞生了。

到了 19 世纪，以英国为首的资本主义国家开始在工程建设中推行工程的招投标制度，这一制度需要工程测量师在工程设计完成之后且尚未开展建设工程之前，为业主或承包商进行整个工程工作量的测量和工程成本的预算，以便为项目招标者（业主）确定标底，并为项目承包者确定投标书的报价。至此，正式的工程估算专业就诞生了，这使得人们对建设工程成本管理中有关工程成本确定理论与方法的认识日益深入。英国在 1868 年成立了皇家特许测量师协会（Royal Institute of Charted Surveyors，RICS），其中最大的分会是工料测量师分会。这一工程成本专业协会的创立，标志着现代工程成本专业的正式诞生。虽然当时的工程成本管理还主要是工程成本的确定，对于工程成本控制的理论和方法的研究还不多，但是 RICS 的诞生，使得工程成本管理人员开始有组织地开展工程成本确定与工程成本控制等方面理论与方法的研究和实践。

20 世纪的 30 年代到 40 年代，由于经济学的发展，许多经济学的原理开始被应用到了工程成本管理领域。工程成本管理从般的工程成本确定和简单的工程成本控制的初始阶段，开始向重视投资效益的评估、重视工程项目的经济与财务分析等方向发展。到 20 世纪 30 年代末期，已经有人将简单的项目投资回收期计算项目净现值分析与计算和项目内部收益率分析与计算等现代投资经济与财务分析的方法应用到了工程项目投资的成本效益评价中，并且创建了工程经济学（Engineering Economics，EE）等与工程成本管理有关的基础理论和方法同时有人开始将加工制造业使用的成本控制方法进行改造，并引入工程项目的成本控制之中。这些工程成本管理理论与方法的进步，使得工程项目的经济效益大大提高，也使得全社会逐步认识了工程成本管理科学及其研究的重要性，并且使得工程成本管理专业在这时期得到了很大的发展。尤其是在第二次世界大战以后的全球重建时期，大量工程项目的建设为人们进行工程项目成本管理的理论研究与实践提供了许多机会，有许多新理论与新方法在这一时期得以创建和采用，工程成本管理在这时期取得了巨大的发展。

20 世纪 50 年代到 80 年代，其他一些发达国家的成本工程协会也相继成立，这些协会成立后，积极组织本协会的专业人员，对工程成本管理中的工程成本确定、工程成本控制、工程风险成本的管理等多方面的理论与方法开展了全面的研究。随后各国的成本工程师协会开始了成本工程师执业资格的认证工作，特别值得一提的是，在 1976 年由当时的美国成本工程师协会（American Association of Cost Engineers，AACE）、英国的成本工程师协（Association of Cost Engineers，ACE）、荷兰的成本工程师协会（Dutch Association of Cost Engineers，DACE）以及墨西哥的经济、财务与成本工程学会（Mexican Society of Economic，Financial and Cost Engineering，SMIEFC）发起成立了国际成本工程联合会（International Cost Engineering Council，ICEC）。这一联合会成立后，在联合全世界的成本工程师及其协会、协会和项目经理及其协会三方面的专业人员和专工料测量师及其业协会方面，以及在推进工程成本管理究与实践方面，都做了大量的工作。

经过多年的努力，到 20 世纪 80 年代末和 90 年代初人们对成本管理理论与实践的研究进入了综合与集成的阶段。以英国工程成本管理学界为代表，提出了"全寿命周期成本管理"。（Life Cycle Costing，LCC）的工程项目投资评估与成本管理的理论与方法。英国皇家特许测量师协会为促进这一先进的工程成本管理的理论与方法的研究、完善和提高付出了很大的努力。后来，以美国工程成本管理学界为代表，推出了全面成本管理（Total Cost Management，TCM），这涉及工程项目战略资产管理和工程项目成本管理的概念和理论。到了 20 世纪 90

年代，工程成本管理步人全面成本管理的阶段。

1.3.3 中国建设工程成本管理的发展

我国在20世纪90年代以前，工程成本管理的有关工作就是定额、概算、预算工作。90年代以后，这些工作改称为工程造价管理。

中华人民共和国成立以后，从1949年到1957年，是我国计划经济体制下工程造价管理概预算定额制度的建立阶段。在全面引进当时苏联工程项目概预算管理制度的基础上，我国在1957年颁布了《关于编制工业与民用建设预算的若干规定》。我国先后成立了一系列的工程标准定额局和处级部门，并于1956年成立了国家建筑经济局。随后国家建筑经济局相继在全国各地建立了分支机构。可以说这阶段是我国在计划经济条件下，工程项目造价管理的体制、工程造价的确定与管理控制方法基本确立的阶段。

从1958年到1966年，由于历史原因，工程项目概预算的管理和定额管理的权限全部下放，其结果是造成了全国在这阶段工程造价管理方法与规则的混乱。

从1967年到1976年，我国的工程造价管理与工程概预算编制单位，以及工程造价定额管理机构大都被撤销。刚刚建立起来的工程造价管理队伍和人员或是改行，或是流失。大量刚刚积累起来的工程造价管理基础资料基本上都被销毁。

自1977年开始到20世纪90年代初期，是我国工程造价管理工作恢复整顿和发展的阶段。随着国家的工作重点向以经济建设为中心的全面转移，我国开始恢复和重建国家的工程造价管理机构。在1983年，我国成立了国家基本建设标准定额局，随后又在1988年将国家基本建设标准定额局从原国家计划委员会划归到了建设部，成立了建设部标准定额司。接下来在建设部标准定额司、各专业部委和各省区市建委的领导下，组建了各省区市和专业部委的定额管理机构（定额管理站、定额管理总站等）。在这阶段，全国颁布了大量的有关工程造价管理方面的文件和系列的工程造价概预算定额、工程造价管理方法以及工程项目财务与经济评价的方法与参数等系列的指南、法规和文件。其中主要有《建设项目经济评价方法》《建设项目经济评价参数》《中外合资经营项目经济评价方法》《全国统建筑工程预算基础定额》《全国统安装工程预算基础定额》《建设项目工程招投标管理办法》《基本建设项目财务管理的若干规定》等。与此同时，国内的许多高等院校和学术机构开始介绍、引进当时国际上先进的工程造价管理理论、方法与技术。这些都使工程造价管理理论与实践获得了快速发展。

自1992年开始，我国的改革开放力度不断增大，加速向有中国特色的社会主义市场经济转变，在工程造价管理的模式理论和方法等方面同样也开始了全面的变革。我国传统的工程造价概预算定额管理模式已经越来越无法适应社会主义市场经济的需要。因此，自1992年全国工程建设标准定额工作会议以后，我国的工程造价管理体制从原来引进苏联的"量、价统一"的工程造价定额管理模式，开始向"量、价分离"，逐步实现以市场机制为主导，由政府职能部门实行协调监督，与国际惯例全面接轨的工程项目造价管理新模式的转变。建设部和人事部从1995年开始准备并于1997年共同组织试行和实施全国造价工程师执业资格考试与认证工作。同时，从1997年开始由建设部组织进行我国工程造价咨询单位的资质审查和批准工作。这些工作促进了我国工程项目造价管理的发展。注册造价工程师和工程造价咨询单位也相继诞生。工程造价管理的许多专业性工作已经在按照国际通行的中介咨询服务的方式在运作。

当然，我国现阶段的工程造价管理与世界发达国家相比还是存在很大差距的。这些差距主要表现在工程造价管理体制方面和对于现代项目造价管理理论与方法的研究、推广和应用方面。我国的工程造价管理体制仍然受到20世纪50年代引进的苏联的以标准定额管理为主的工程造价管理体制的束缚。而发达国家多数采用的是根据工程项目的特性、同类工程项目的统计数据、建筑市场行情和具体的工程技术水平与劳动生产率来确定和控制工程项目的造价。另外，在对工程项目造价管理的理论与方法的研究方面，我国多数是围绕按标准定额管理体制展开的有关造价管理理论与方法的研究，而发达国家则是按照工程项目造价管理的客观规律和社会需求展开研究的，所以在工程造价管理理论与方法的研究方面我们还是相对落后的。

【案例分析】

工程项目成本管理案例分析

一、工程项目成本管理的过程

工程项目成本管理包括事前、事中、事后三个方面。

（一）成本的事前管理

成本的事前管理指工程开工前，对影响工程成本的经济活动所进行的事前规划、审核与监督。成本的事前管理大体包括：成本预测、成本决策、制定成本计划、规定消耗定额，建立和健全原始记录、计量手段和经济责任制，实行分级归口管理等内容。具体包括：

1. 确定目标成本，采用正确的预算方法，对工程项目总成本水平进行预测，提出项目的目标成本；

2. 编制成本计划，包括降低工程成本计划、技术保证措施计划和管理费用计划等。

（二）成本的事中管理

这里主要是指在工程过程中开展的成本过程控制。对目标成本要横向纵向地展开管理，形成一个目标成本体系，实现纵向一级保一级，横向关联部门明确责任，团结协作，使项目进展中每个参与的个人、单位、部门都承担成本控制的责任和义务，以保证按照成本计划的实施实现预定的成本目标。成本的事中控制包括对实际成本进行监测和对各项工作进行成本跟踪。

（三）成本的事后管理

将工程实际成本与计划成本进行比较，计算成本差异，确定成本节约或浪费数额。针对存在的问题采取有效措施，改进成本控制工作。主要包括：成本核算、成本分析。

二、我国工程企业工程项目成本管理存在的问题

目前在我国工程企业的工程项目成本管理还不成熟、不完善，存在着很多问题。主要有以下表现：

（一）工程行业的不完全竞争现象制约着成本管理的发展

我国工程行业虽然起步晚，但发展很快，当前的工程建筑市场具有明显的不完全竞争现象，如不合理评标、关系议标、弹性成本等现象广泛存在，企业难以通过自身的成本优势来获得竞争力，因为客户并非主要通过价格杠杆来选择企业，同时，客户对企业差异化的敏感程度也十分有限。这些因素都制约了工程企业推行工程成本管理的决心和具体实施。

（二）工程项目工程成本管理工作的难度大

主要表现在：
1. 工程项目的技术含量高，工艺复杂。
2. 新材料、新技术应用推广更新速度快。
3. 工程材料品种、规格多，材料质量、档次、价格相差大，定量分析和预算、编标口径较难统一，因此，造成岗位目标成本制定不确切，导致节约成本积极性调动不充分。

（三）成本责、权、利落实不到位，兑现不及时造成成本责任感不强

主要是由于工程工期长，即使是工程竣工后，但业主往往拖延结算办理的时间，或长期拖欠工程款，致使成本节约奖无法兑现，严重挫伤了项目管理人员的积极性。由于工程项目的工程周期相对土建项目要短，有时难免使得成本统计工作滞后，致使检查成本时缺少依据，造成成本失控。

（四）工程材料采购品种繁杂，环节太多

很多材料无法从厂家直接采购，并且新材料层出不穷，使得价格不宜控制，加大了材料成本。

（五）工程量清单计价的实行，对工程企业成本管理提出了新的要求

随着近几年建筑工程行业工程量清单计价的实行，对工程企业成本管理提出了新的要求。工程量清单计价就是将招标方提供的工程量清单根据本企业的技术条件、管理水平，本着自主报价的原则，进行逐项填写单价，并计算出整个工程的投标报价。工程量清单计价属于综合单价法计价，消除了计量过程的差错因素，创造了一个公开、公平的竞争条件，使工程投标竞争真正落实到价格竞争中，报价的高低完全取决于工程企业自身的综合管理素质。

三、工程企业工程项目成本管理中应采取的措施

企业的最终目标是经济效益最优化，成本分析和控制的一切工作都是为了效益，当装饰工程的价格已经确定时，成本便是最终效益的决定因素。只有稳健地控制住建筑工程成本，利润空间才能打开，实现企业价值最大化，这个现代企业所共同追求的目标才能实现。由此，我们应该实施以下对策。

（一）转变思想观念，确立恰当的经营策略

应当认识到工程行业的不完全竞争是国家经济转型期的特有现象。随着市场经济体制的

逐步完善，投资主体的逐步转变和招投标方式的改革，以及入世后外资企业进入建筑市场，都会对形成完全竞争市场起到巨大的推动作用。因此，工程企业的短期策略，应侧重于当前的不完全竞争条件下的竞争优势的建立，而长期策略应着重研究完全竞争条件下的竞争优势的建立。

（二）注意工程项目的事后控制

每个项目完工，都要对比实际成本与计划成本找出差距，分析原因，为日后成本管理积累资料，经过若干次的实际与预算对比，就会发现某些共性的问题。针对目标成本制定不确切的问题，公司可以组织有关人员对近五年的工程按不同的类别、不同岗位进行总结，建立一个历年工程成本分解分析数据库，供公司与项目部签订目标责任书和项目经理与成本责任人签订目标成本时参考。

（三）及时反映工程各项指标的完成情况

公司要充分利用电脑网络等现代化管理手段，随时反映工程各项指标的完成情况，及时兑现目标责任书的承诺。使成本责任人及时对自己的行为进行强化或纠正，以强化与成本有关人员的成本意识和责任感。对已经竣工结算、成本控制较好而暂未全部收回工程款的项目工程，应根据成本管理责任合同先兑现50%，待收回全部工程款后再全部兑现，真正做到责、权、利相结合。

（四）科学、合理设计成本考核周期

由于工程工程项目的工程周期长短不一，所以，工程组织设计的科学性、合理性、可操作性尤为重要。因此项目岗位的成本考核周期要根据不同工程的工期适当缩短，使成本统计数据能得到准确及时的反馈，避免成本管理失控。

（五）对材料采购工作予以充分重视

针对工程材料采购品种较多，价格不宜控制的问题，公司可以组织财务、材料人员，充分利用当代的电脑和网络技术建立一个近两年公司材料采购对比分析数据库，并随时添加最新数据，各项目部可以直接在联网电脑上直接查询所需有关信息，比如采购价格、采购渠道、生产厂家等信息。这样项目采购人员可以很方便地找到合格的供货商，采购监督人员也可以很方便地找到监督依据。

公路施工项目成本管理的案例分析

一、工程概况

A项目是×集团公司×施工处所属的一个项目。×集团公司具有工程施工总承包一级资质，是大型国有施工企业，其下属各施工处也具备工程施工总承包一级资质，资金、技术实力雄厚，尤其是在公路工程项目成本管理方面更是在国内处于领先地位，得到了业内及外界人士的充分认可。

A项目作为××路的一个标段，主要承建大桥和与之相接的路基工程，全长2.5 km，工程量总计1.2亿元，其中土方工程3.58千万元。

二、项目成本管理的实施

(一)重视成本管理意识的培养

A 项目成立之后,组建了精简高效的领导班子,但项目职工对成本管理的认识不尽相同,有深有浅。因此,项目领导很注重对各管理层的人员进行成本管理意识的培养。让成本管理的观念深入到每个职工的脑海里,并将其贯彻到具体的工作中去。同时培养职工具备先进的成本管理理念:战略观、人本观、系统观、效益观和科技观,运用科学有效的成本管理方法。

(二)建立了完善的成本管理保障体系

1. 建立完整高效的组织机构

项目成立之后,即建立了以项目经理为核心的组织机构,形成了一个高效的组织管理系统。规范各部门的工作并加强部门间的协作关系,使得成本管理能较好地实施。

2. 明确各部门及各职员的职责分工

公司项目成本管理领导小组——管理小组及项目成本管理体系,对项目最终经营结果进行评审、考核并实行奖惩。

工程管理部门——项目责任成本预测,提供施工组织设计,安排项目施工生产计划。合同预算报价部门——审核和签订分包合同,落实分包成本,编制施工图预算和工料机分析;计算、分析、落实和审核项目责任成本和各期项目成本收入。人财部——管理和财务管理。主管工程师——负责施工项目组织设计,优化施工设计,协助编制用料计划。

三、成本管理实施

在施工项目成本管理实施的过程中,A 项目充分考虑了项目成本的各影响因素,制定出相应的对策和办法,将现代成本管理理念融入其中,同时,A 项目还根据项目自身的特点,将目标成本法穿插使用,取得了良好的效果。

(一)目标成本的确定

在 A 项目中标之后,施工企业根据施工组织设计和中标后预算以及企业的整体情况,下达了一个目标利润,即要求 A 项目实现利润的最低限。但是,A 项目并未根据这个目标利润制定目标成本,而是在考虑了当前市场状况和项目综合实力的基础上,重新确定成本目标。

1. 结合项目的实际状况和当前的市场价格,重新做出施工预算,确定施工项目的预算成本。

2. 在综合考虑了项目整体施工进度和施工质量之后,对施工预算成本中各分部分项工程以及重要工序再次进行分析,找出能够降低成本的关键点,进行资源配置的合理优化,并根据其重新确定目标成本。如表 1-7 和表 1-8。

表 1-7　A 项目目标成本表　　　　　　　　　　　　　　万元

工程项目	工程量总计	企业下达 10% 的利润	企业成本目标	施工预算成本	项目目标成本
路基土方	3 583	358.3	3 224.7	2 973.9	2 809.2
总计	12 012	1 201.2	10 810.8	10 367.4	10 126.6

表 1-8 预算成本与目标成本比较　　　　　　　　　　万元

工程项目		预算成本	目标成本	目标成本比预算成本降低额
路基工程	人工费	104.8	99.8	5
	材料费	1 873.7	1 797.2	76.5
	机械费	535.3	471.9	63.4
	其他费用	460.1	440.3	19.8
	小计	2 973.9	2 809.2	164.7

（二）成本目标的分解

成本目标的分解必须是在对部门、岗位、班组及其作业进行综合分析的基础上进行的。

1. 按各分部分项工程进行成本目标分解。整个工程项目是由各个分部分项工程组成的，确定了项目的总体成本目标之后，要根据施工预算和施工组织设计，对各分部分项工程进行费用的归集，并在对各分部分项工程进行分析、剔除不必要的作业的基础上，确定每个结构工程的成本目标。如表 1-9。

表 1-9 分项工程目标成本表　　　　　　　　　　万元

工程名称		人工费	材料费	机械费	其他成本	总目标成本	备注
路基工程	清表	3.2		6.7	2.3	12.2	
	路基填筑	42.8	1 194.3	313.1	337.9	1 888.1	
	路基开挖	5.6		51.7	10.3	67.5	
	软基处理	48.2	602.9	100.5	9.8	841.4	
	小计	99.8	1 797.2	471.2	440.3	2 809.2	

2. 按工程进度进行阶段成本目标分解。A 项目的合同工期是 18 个月，在项目中标之后，必须尽快做好工程进度总体规划，排出进度计划。成本目标确定之后，就可以结合工程进度计划，将成本目标按照年、季、月进行分解。

（三）成本目标的阶段控制与分析

目标成本的确定与分解是对公司成本管理的总体规划，而真正使目标成本指标在各层次和个人都具有约束力，并准确及时予以反馈及控制，就必须实现成本全过程的动态管理。下面以 A 项目基础工程为例进行分析，如表 1-10。

表 1-10 基础工程实际成本与目标成本对比　　　　　　　　　　万元

成本项目	目标成本	实际成本	实际成本降低额	实际成本降低率	备注
人工费	138.9	147.5	-8.6	-6.2	
材料费	1 474.5	1 419.9	54.6	3.7	
机械费	317.9	292.8	25.1	7.9	
其他费用	205.8	211.3	-5.5	-2.7	
合计	2 137.1	20 715	65.5	3.06	

基础工程施工成本分析：基础工程的实际成本比目标成本降低了 65.6 万元，达到 3.06 个百分点。在基础工程的施工中，人工费超过目标成本较多，主要是由于天气原因，影响了施工的进度。A 项目为了保证基础工程能按进度计划完成，不影响整体工程的进度；不得不加班赶工，工人加班费用上升，导致人工费成本超支。A 项目材料费的节约有两个原因：一方面是由于对材料实行了严格的控制，对材料采购、保管、发放以及仓储都有严格的制度。另一方面是 A 项目与供应商取得了长期合作的协议，在价格方面享受了很多优惠。机械费的节约主要是因为项目对机械的配置结构进行了优化，从配合使用的角度进行综合考虑，提高了机械的使用效率，降低了机械费用。其他费用的增加是由于赶工造成的，增加了管理费用。

另外，在成本管理的过程中，每月按费用进行成本归集，并将其与目标进行比较，分析原因，采取相应的改进措施。如上例，A 项目×月工程实际成本与目标成本相比较，总成本降低了，但就各分项成本来看，人工费、机械费以及间接费用均超过了目标成本，而材料费、其他直接费则略有降低。A 项目就每项成本的节超进行了分析，找出了原因，并针对找出的原因，采取了相应的措施，对成本项目及其因素进行综合分析，改进和完善，使其更具有可控性。

（四）项目实际成本核算与分析

A 项目实际成本汇总表如表 1-11。由表 1-11 可以看出，A 项目的总成本比预算成本降低了 320.9 万元，比目标成本降低了 80.1 万元。人工费比目标成本超支 23.2 万元，主要原因有以下两个：一方面是因为物价上涨引起的人工费单价差，在制定目标成本时，对物价上涨的影响考虑得不到位；另一方面是因为赶工期间，人工加班工资要比平时高，而且对一些临时用工控制的仍然不够严格。

表 1-11　A 项目实际成本汇总表　　　　　　　　　　万元

成本目标	预算成本	目标成本	实际成本	实际与预算节（+）超（-）	实际与目标节（+）超（-）	备注
人工费	607.6	574.4	598.6	9	-23.2	
材料费	6 903.5	6 846.3	6 755.9	147.6	90.4	
机械费	1 657.9	1 561.5	1 532.2	125.7	29.3	
其他费	1 198.4	1 143.4	1 159.8	38.6	-16.4	
合计	10 367.4	10 126.6	10 046.5	320.9	80.1	

材料费比目标成本降低了 90.4 万元，主要原因是与主材料供应商达成长期合作的协议，使得材料的价格上涨幅度比计划的要小得多；同时，A 项目对材料的管理也做得较好，避免了许多不必要的浪费，在很大程度上节约了材料费用；另外，A 项目还重视对新型材料的应用，在功能不变的情况下，用量相对减少，使得材料费用相应减少。机械费比目标成本降低了 29.3 万元，在燃油费上涨的条件下，机械费仍然降低的原因，主要是项目部加强了对机械的管理，尤其是对机械配置结构的优化，提高了机械的利用率，降低了机械成本。其他费用比目标成本超支了 16.4 万元，主要是受到物价的影响，现场经费有所增加，同时项目部管理费用也有超支。在项目经理部全体管理人员的共同努力下，采取的成本管理方法和手段得

到了有效的实施。A项目发生的工程实际成本为10 046.5万元，比预算成本10 367.4万元降低了320.9万元，比项目目标成本10 126.6万元降低了80.1万元，实现了总体成本降低的目的。

在对A项目成本的分析过程中，可以看出分项工程是成本发生，也是成本分析的基本要素，对施工项目成本的管理也应以分项工程为基本单位，针对分项工程，也就是每一个基本工作，确定其实施过程的人工、材料、机械以及其他费用的消耗标准，制定成本目标。在实施过程中，随时跟踪，发现偏差，并及时纠正偏差。只有这样，才能保证项目成本管理目标的顺利实现。

结论：成本控制需要建立一个完善的成本管理组织机构，建立以项目经理为主的成本控制体系。成本控制工作不仅要从技术上下功夫，更要建立以项目经理为主的统一领导的机制。作为项目经理，首先要全面了解、掌握各专业的工序，设计的要求。由专人统一指挥，解决各施工班组的协调工作，这样才有可能统筹各专业的施工班组，保证施工的每一个环节实施成本最低化且有序到位，以达到可能实现最低的目标成本的要求。制订和完善成本管理责任制，制定出一系列规章制度，使成本控制的责任落实到施工管理的每个角落和每一个人。

【本章小结】

工程项目成本是指建筑企业以工程项目为成本核算对象，在施工过程中所耗费的全部生产费用的总称。施工项目成本由直接成本和间接成本组成，包括材料费、人工费、机械使用费、其他直接费和间接费用五个部分，是建筑施工企业的产品成本，也称为工程成本。

工程项目成本与工程造价的关系：合同价（工程造价）=工程成本+期间费用+利润+税金。工程项目成本仅指工程造价中的工程成本一项。

工程项目成本有多种分类，如按成本控制需要划分，工程项目成本可分为预算成本、计划成本和实际成本；按生产费用与工程量的关系划分，工程项目成本可分为变动成本和固定成本。

工程项目成本管理是指建筑施工企业结合本行业的特点，以施工过程中直接耗费为对象，以货币为主要计量单位，对项目从开工到竣工所发生的各项收支进行全面系统的管理，以实现项目施工成本最优化目标的过程，包括落实项目施工责任成本、制定成本计划、分解成本指标、进行成本控制、成本核算、成本考核和成本监督的全过程。

工程项目成本管理是建筑施工企业建立经济责任制、实施有效的经济控制和监督的手段；加强项目成本管理，可以提高项目成本管理水平，提高企业市场竞争力，为企业创造经济效益。施工项目成本管理是施工项目管理的核心，是衡量建筑企业管理水平高低的综合性指标。

工程项目成本管理的一般程序是工程项目中标后，施工前根据施工图样和内部承包合同，制定目标成本，按责任层次分解目标成本，编制成本计划；在施工过程中进行成本、质量、进度和资金控制，使实际成本在计划成本范围之内；定期开展责任成本核算；定期进行成本分析和考核。

工程项目成本管理要建立全面成本管理体系。全面成本管理体系主要包括：完整的组织机构，包括公司层次、项目经理部层次和岗位层次成本管理机构，开展全企业成本管理；把总成本目标分解到项目经理部、班组甚至每一个人，形成全员成本管理体系；实行全过程的动态成本管理，包括从投标开始，施工前制定成本计划，在施工过程中实施成本控制、成本核算和分析考核，直到项目竣工结算的全过程成本监控，随时发现问题，分析问题，及时解决问题。

项目经理部要实行目标成本责任制。目标成本责任制包括以下内容：划分责任，明确权利；确定成本费用的可控范围；编制责任预算；进行内部验工计价；责任成本核算；责任成本分析；成本考核。

工程项目的施工过程，既是工程项目的建造过程，又是物化劳动和活劳动的耗费过程，将建筑企业在工程过程中所发生的各项耗费按各工程对象进行归集，就是各项工程的工程成本。工程成本的高低，既反映了企业的工程与管理水平，同时也体现了企业在市场中的竞争能力。因此，加强工程成本管理，就成为建筑企业经营管理的重要内容。本章主要介绍了工程成本的内容、构成、分类方法和工程成本管理的内容及程序。

【复习题】

1. 什么是工程项目成本？由哪几部分组成？
2. 什么是工程项目成本管理？
3. 简述工程项目成本管理的原则？
4. 简述工程项目成本管理的内容？
5. 简述工程项目成本管理的一般程序？
6. 试分析工程企业工程项目成本管理中应采取的措施重点？

2 工程项目成本预测与计划

【本章目标】

1. 了解工程项目成本预测的概念、程序。
2. 掌握工程项目成本预测的方法。
3. 了解工程项目成本计划的概念、作用和组成。
4. 熟悉工程项目成本计划的内容。
5. 了解工程项目成本计划的编制要求、原则和依据。
6. 掌握工程项目成本计划编制方法。

【本章引例】

湖北省某建设集团有限公司招聘工程项目成本计划专员,职位描述如下:

1. 负责编制项目标前成本预测,做好预测的签发审核工作。
2. 负责项目总体成本计划,项目部上报的月成本分析。
3. 负责项目部内部签证及调整项目总体成本计划,工程变更、洽商、签证索赔文件。
4. 与测量、施工员核对竣工结算的编写,工程量的核实,并确保结算顺利合理进行,提交终结数值。
5. 负责项目部内部结算及成本分析文件。
6. 每一个项目工程完成后及时进行人工、材料、机械的计划值与实际值比较分析。
7. 工程项目的动态成本计划编制跟踪。
8. 具有工程师及以上或造价员注册造价工程师资格证。
9. 熟悉现场施工工序、施工图纸阅读精通工程量计算(清单规则及定额规则)、湖北省定额、清单计价规则、变更洽商编写审核、每月编制月季量,协助公司编写竣工结算文件等。
10. 精通计价软件操作、熟练制图软件、办公软件操作技能.
11. 良好的协调、沟通和指导能力高度责任心和敬业精神,良好的逻辑思维能力、判断与决策能力。

相信各位同学通过本章的学习,能认知工程项目成本管理计划专员岗位的工作,掌握工程项目成本预测与计划的程序及方法。

2.1 工程项目成本预测概述

2.1.1 工程项目成本预测的概念与作用

1. 工程项目成本预测概念

预测，是人们根据事物的已知信息，预计和推测事物未来发展趋势和可能结果的一种行为。成本预测，就是根据历史成本资料和有关经济信息，在认真分析当前各种技术经济条件、外界环境变化及可能采取的管理措施的基础上，对未来成本水平及其发展趋势所做出的定量描述和逻辑推断。通过工程项目成本预测，可以为建筑施工企业投标报价决策和项目管理部门编制成本计划提供数据，有利于及时发现问题，找出施工项目成本管理中的薄弱环节，采取针对性措施，降低成本。科学的成本预测能达到预测结果具有近似性，预测结论具有可修正性。

工程项目成本预测是施工项目经理部编制成本计划的基础。施工项目经理部要编制出正确、可行的工程施工成本计划，必须遵循客观经济规律，从实际出发，对工程项目的未来实施做出科学的预测。

工程项目成本预测既是成本管理工作的起点，也是成本事前控制成败的关键。实践证明，合理有效的成本决策方案和先进可行的成本计划都必须建立在科学严密的成本预测基础之上。施工项目成本预测通过对不同决策方案中成本水平的预测与比较，可以从提高经济效益的角度，为企业选择最优成本决策和制订先进可行的成本计划提供依据。施工项目成本预测是实行施工项目科学管理的一项重要工具，越来越为人们所重视。

工程项目成本预测在实践工作中虽然不常提到，但实际上人们往往不知不觉会用到，如建筑施工企业在工程投标时或中标施工时都常常根据过去的经验对工程成本进行估计，这种估计实际上就是一种预测，其发挥的作用是不可低估的。至于如何能够更加准确、有效地预测施工项目的成本，仅依靠经验估计是很难做到的，这就需要掌握科学的、系统的预测方法，以使其在施工项目经营管理中发挥更大的作用。

2. 工程项目成本预测的作用

在建筑市场日益激烈的情况下，工程项目成本预测是当前建筑施工企业进行成本事前控制所面临的一个重要课题，这也是建立项目成本保证体系的首要环节。通过工程项目成本预测，可以为施工项目经理部施工生产、编制成本计划等提供依据。

工程项目成本预测的作用主要有以下几方面：

1）科学的成本预测是施工项目成本计划的基础

在编制施工项目成本计划之前，要在搜集、整理和分析有关施工项目成本、市场行情和施工消耗等资料的基础上，对施工项目进展过程中的物价变动等情况和施工项目成本做出符合实际的预测。因此，科学的成本预测是编制正确可靠的成本计划的基础。

2）科学的成本预测是施工项目成本管理的重要环节

工程项目成本预测是预测和分析的有机结合,是事后反馈与事前控制的结合。通过成本预测,有利于及时发现问题,找出工程项目成本管理的薄弱环节,及时采取措施,控制成本。

3）科学的成本预测是施工项目投标决策的依据

建筑施工企业在选择投标项目过程中,经常需要根据项目是否盈利、利润大小等因素确定是否对工程进行投标以及投标报价是多少。于是,在投标决策时就要估计项目施工成本的情况,通过与施工图预算的比较,才能做出正确的投标决策。

2.1.2 工程项目成本预测的作用

(1) 建设工程投资决策的关键。
(2) 招标投标决策的依据。
(3) 编制成本计划的基础。
(4) 成本管理的重要环节。

2.1.3 工程项目成本预测的一般程序

科学、准确的成本预测必须遵循科学、合理的程序,成本预测的工作程序如图 2-1 所示。

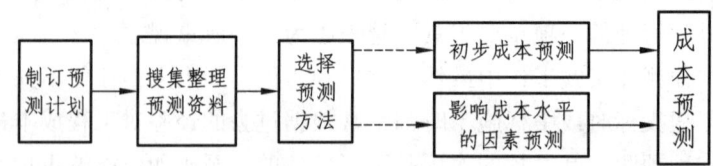

图 2-1 成本预测工作程序示意图

1. 制订成本预测计划

制订成本预测计划,是保证成本预测工作顺利进行的基础。成本预测计划主要包括确定预测对象和目标、组织领导及工作布置、有关部门提供的配合、时间进度计划、搜集材料的范围等。如果在成本预测过程中,出现新情况或发现成本预测计划存在缺陷,则应及时修订成本预测计划,以保证成本预测的顺利开展并获得良好的预测质量。

2. 环境调查

环境调查可从以下三个方面来进行:

1）市场调查

市场调查主要是了解国民经济发展情况以及国家或地区的投资规模、方向和布局及主要工程的性质和结构、市场竞争形势等。

2）成本水平调查

成本水平调查主要是了解本行业各种类型工程的成本水平，本企业在各地区、各类型投标中标工程项目的成本水平和目标利润，建筑材料、劳务供应情况和市场价格及其变化趋势。

3）技术发展调查

技术发展调查主要是了解国内外新技术、新设计、新工艺、新材料采用的可能性及对成本的影响。

3. 搜集和整理成本预测资料

根据成本预测计划搜集成本预测资料是进行成本预测的重要条件。预测过程中要广泛收集与决策问题相关的成本资料。

相关的成本资料分为两类：一类是纵向数据资料，如施工企业各类材料的消耗量及单价的历年动态数据资料等；另一类是横向数据资料，如一定时期内同类施工项目的成本资料。

成本预测资料主要包括：

（1）企业本部下达的与成本有关的指标；

（2）历史上同类项目成本资料；

（3）项目所在地的成本水平；

（4）工程项目中与成本有关的其他预测资料，如计划、材料、机械台班、工时消耗等；

（5）其他与成本有关的资料，如项目技术特征，新材料、新工艺、新设备等的使用，交通、能源供应等。

由于预测对象涉及的因素相当复杂，要求收集和分析的数据多，应尽可能掌握与决策问题相关的详细资料。这些资料不仅包含各种核算的实际资料，还要包括有关的计划、定额资料；不仅要收集有关的数据资料，而且要收集有关的制度、合同、决议、报告、备忘录等文字资料，必要时，还要收集国内、国外同类施工项目的有关资料。

在收集资料的过程中，应随时分析资料的可靠性、连续性、全面性和完整性，尽可能排除会计、统计资料中那些偶然因素、虚假因素对成本的影响。成本预测资料的真实与正确，决定了成本预测工作的质量，因此，对搜集的资料进行细致的检查和整理是很有必要的。如各项指标的口径、单位、价格等是否一致；核算、汇集的时间资料是否完整，如有残缺，应采用估算、换算、查阅等方法进行补充；对不具有可比性或重复的资料，要去伪存真，进行筛选，以保证成本预测资料的完整性、连续性和真实性。

4. 建立预测模型

预测模型是用数字和语言描述和研究某一经济事件与各个影响因素之间数量关系的表达式，它是对客观经济事件发展变化的高度概括和抽象模型。简而言之，预测模型是利用象征性的符号来表达真实的经济过程，借助模型来研究、发现事物发展变化的规律。如在定性预测中设定一些逻辑思维和推理程序，在定量预测中建立数学模型。数学模型则是以数学方程式表示的预测对象与各个影响因素或相关事件之间数量依存的公式。

为了使成本预测更加规范和科学，应根据经过分析整理的资料，在研究成本变化规律的基础上建立相应的预测模型。在实验中，对于短期的成本预测，可以采用较为简单的预测模型，考虑的因素也可以相应少些；而对于较长时期的成本预测，则应采用较为复杂的预测模型和多种预测方法，考虑的因素也应多些。

5. 选择成本预测方法

成本预测方法可以分为定性预测法和定量预测法。定性预测法是根据经验和专业知识进行判断的一种预测方法。定量预测法是利用历史成本费用资料，根据成本及影响因素之间的数量关系，通过一定的数学模型来推测、计算未来成本的可能结果。此外，选择预测方法时还需要考虑其他方面，本书后面章节要详细介绍。

6. 进行成本预测

首先，根据定性预测的方法及一些横向成本资料的定量预测，对工程项目成本进行初步估计。

其次，预测结果往往比较粗糙，需要进一步对影响工程项目成本的因素，如物价变化、劳动生产率、物料消耗、间接费用等，进行详细预测，以便根据市场行情、分包企业情况、近期其他工程实施情况等，推测未来影响工程项目成本水平的因素有哪些，其影响如何。必要时可做不确定性分析，如量本利分析和敏感性分析。

最后，根据初步成本预测结果及对影响因素的预测结果，确定施工项目的预测成本。

7. 分析、评价预测结果，提出预测报告

运用模型进行预测的前提条件是预测对象的发展规律也会因为条件的不同而出现误差，使预测结果偏离实际结果，因此需要对利用模型进行预测的结果进行分析评价，以便检验和修正预测结果。工程项目可以通过专业人员、技术人员根据经验检查、判断预测结果是否合理，是否会存在较大的误差，也可以通过其他预测方法进行验证，如根据新近掌握的最新资料利用原定预测模型重新预测、建立新的预测模型重新预测、采用多种预测方法对同一对象进行预测，并将每一方法下的成本预测结果进行概率评价。根据预测分析的结论，最终确定预测的结果，并在此基础上提出预测报告，确定目标成本，作为编织成本计划和进行成本控制的依据。

8. 分析预测误差

成本预测的结果常常与实施后实际发生的成本有出入，因而产生预测误差。预测误差的大小，反映了成本预测的准确程度。对这种误差进行分析，有利于提高今后成本预测工作的质量。

2.2　工程项目成本预测的方法

成本预测方法一般有定性预测方法和定量预测方法两类。定性预测方法主要有德尔菲法、主观概率法和专家会议法等方法，是在数据资料不足或难以定量描述时，依靠个人经验和主观判断，进行推断预测。定量预测方法非常多，本书主要介绍详细预测法、量本利分析法等几种预测方法。

选择预测方法时，一般要考虑以下几个方面：

1）时间

不同的预测方法适用于不同的预测期限。定性预测一般多用于长期预测（通常在10年以上）；定量预测则宜用于中期预测（通常为5年左右）和短期预测（通常在两年以内）。

2）数据

不同的预测方法有不同的数据要求，应根据数据的特点，选择相应的数据模型。如我们有完整月份成本数据，则可应用时间序列分析来进行预测；如我们有完整的同类项目产值与成本的数据，则可采用回归分析预测。

3）精度

选择的预测方法应能获得足够精确的预测结果。只有已证明为有效的模型，才可用于实际预测。

2.2.1 工程项目成本的定性预测方法

定性预测方法也称直观预测方法，是一种古典预测方法。它是指对预测对象未来一般变化方向所 的预测，如对象发展的总趋势，事件发生的可能性及其造成的影响等。定性预测侧重于对事物性质的分析和预见方面。

定性预测在施工项目成本预测中被广泛运用，是根据已有的信息，依靠专家的经验和主观判断，对施工项目的有关材料消耗、市场行情、成本变动等情况加以分析，做出性质上和程度上的推断和估计，综合各方面的意见之后形成成本预测结果。定性预测方法特别适合于有关预测对象的数据资料不足，或由于影响因素复杂难以用数字描述，或对主要影响难以进行定量分析的情况。

定性预测方法主要有专家会议法、经验评判法、德尔菲法、主观概率法、PERT预测法等。

1. 专家会议法

专家会议法是目前国内普遍采用的一种定性预测方法。是组织工程项目成本管理有关方面的专家，运用专业知识和经验，针对预测对象，通过直观归纳，交换意见，预测工程成本。参加会议的专家，是具有丰富经验、对经营管理熟悉并有一定专长的各方面人员。例如：要对工程成本中的材料费进行预测，就可请预算人员、材料采购人员、材料保管人员、技术人员、施工管理人员等各方面人员参加会议。专家会议法能发挥专家组的团体效应，信息量大，通过信息的交流，产生思维共振，激发创造性思维，可以避免依靠个人经验进行产生的片面性。

专家会议法可能会出现各与会专家所给出的预测值有较大的差异的情况，这时，一般采用预测值的平均值或加权平均值作为预测结果。

（1）专家会议法的形式根据会议议程的不同和专家交换意见的要求，可分为三种：

① 交锋式会议。每个与会专家围绕调查事件各抒己见、引发争议，经过会议讨论达成共识，做出较为一致的预测结论。

② 非交锋式会议（头脑风暴法）。每个与会专家都可以独立地、任意地发表意见，但不相互争论，不批评他人意见，也不带发言稿，以便充分发挥灵感，鼓励创造性思维。

③ 混合式会议。是非交锋式会议与交锋式会议的混合使用。具体讲，在第一阶段实施头脑风暴法，在第二阶段对前阶段的各种设想进行质疑，在质疑中可争论、批评，也可提出新的设想，不断交换意见，互相启发，最后取得一致的结论。

（2）专家会议法的优缺点。

① 优点。

最大优点是集思广益。与会专家在阐述自己观点的同时，通过相互启发、交流，完善自己的建议和"碰撞"出新的思路、主意等。

② 缺点。

最大缺点是容易屈服于"权威"。不愿意公开修正别人已发表的意见，即使这个意见明显是错误的。

（3）实施专家会议法应注意的问题。

专家会议法有难以克服的缺点，需要组织者和与会专家在应用中从以下几个方面加以注意：

① 专家应客观、公正地表达自己的意见。

与会专家应正确处理三个方面的因素：

一是感情因素，与会专家之间可能有上级、前辈、同学、朋友、同事等多种关系，不能出于感情的考虑，有不同的意见不予提出；

二是个性因素，不同个性的人说话的方式、方法也不一样，这就要求与会专家不带任何倾向地分析他人意见；

三是利益因素，与会专家不一定赞成或支持与自己利益相违背的意见，这样，会使会议难以达到预期效果。

② 组织者应做好充分的准备。

一是在召开专家会议之前，必须尽可能收集一些有关预测项目的背景材料，提交所请专家。如果专家自己认为对这个项目比较有研究，愿意参加会议，则请其参加；如果专家认为对这次预测项目不太了解，或没兴趣，则不要勉强其参加。

二是作为组织预测者，在专家会议上，不要做任何引导性发言，不要给予任何暗示，让专家充分、客观地发表自己的意见，做出个人判断。

【例 2-1】 H 建筑工程公司承建市区一栋房屋建造工程的基础、土方、土建、装饰、水电安装、室外总体等全部内容，工程总建筑面积为 9 800 m^2，建筑主体为 18 层，工期 2017 年 6 月至 2018 年 6 月。公司在施工之前要进行该工程的成本预测工作，现采用专家会议法预测成本。

【解】 公司召开由本公司的七位专业人员参加的预测会议，来预测该项工程的成本。各位专家的意见分别为：670、700、725、705、690、685、705（单位元/平方米）。由于结果预测值相差较大，经过反复讨论，意见集中为 685 元（3 人）、700（2 人）、710（2 人）。公司采用加权平均法确定单位成本预测值（y）为：

$$y = \frac{685\times 3 + 700 \times 2 + 710 \times 2}{7} = 696（元/平方米）$$

2. 经验评判法

经验评判法是通过过去类似工程的有关数据，并结合现有工程项目的技术资料，经综合分析而预测其成本的一种定性预测方法。

3. 德尔菲法

德尔菲（Delphi）是古希腊一处遗址，是传说中可预卜未来的阿波罗神殿所在地。美国兰德公司在 20 世纪 50 年代与道格拉斯公司合作，研究如何通过有控制的反馈更为可靠地收集专家意见的方法时，以"Delphi"为代号，德尔菲法由此而得名。

德尔菲法也称为函询调查法，该法采用函询调查，让所要预测对象有关领域的专家分别提出问题，然后将他们的回答意见综合、整理、归纳，再匿名反馈给各个专家，再次征求意见，加以综合、归纳。如此经过多次反复循环，最后得到一个比较一致并且可靠性较大的预测结果。

德尔菲法与专家会议法相比有以下优点：① 匿名性。可以避免专家间的沟通、权威等因素的干扰，确保专家意见的独立性；② 信息反馈沟通，由于这种沟通是匿名的，因而是有效的，不同意见可以得到应有的尊重，而不致受到压制；③ 预测结果的统计性，最终的预测结果已是多位专家匿名讨论的结果。德尔菲法预测的结果比专家个人判断法和专家会议法预测的结果准确一些，一般用于较长期的预测。这是一种广泛应用的专家预测方法，它的具体程序如下：

1）制定意见征询表

在制定意见征询表时要注意以下几个要点：
（1）征询的问题要简单、明确，让人能给予答复。
（2）所问问题数量不能太多。
（3）问题内容尽量接近专家熟悉的领域，以便充分利用专家的经验。
（4）意见征询表中提供较齐全的背景材料（企业自身的销售程度、竞争企业的销售程度、顾客的收入水平，以及消费趋势、本行业的发展趋势、国民经济运行状态等），供专家做判断时参考。

2）选定要征询的专家

在选定专家时要注意以下几个问题：
（1）所选专家必须精通业务，熟悉市场情况，具有预见性和分析能力。
（2）人数不能过多也不能过少，要根据课题大小和涉及面的宽窄来定，一般大课题选 20 人左右比较合适，小的选 5 人左右比较合适。
（3）专家之间不能互相联系，有关课题情况由调查机构用通信方式来告知。

（4）使用德尔菲法，需要先成立一个预测领导小组，负责草拟预测主题，编制预测事件一览表，选择专家及对预测结果进行分析、整理、归纳和处理。

（5）专家由掌握某一特定领域知识和技能的人员担任，一般10~20人为宜。为避免当面讨论时容易产生相互干扰等弊病，或者避免当面表达意见可能受到约束，该方法以信函方式与专家直接联系，专家之间没有任何联系。

3）预测内容

根据预测内容，制定专家应答的问题提纲，说明做出定量估计、进行预测的依据及其对判断的影响程度。

4）预测程序

德尔菲预测法的经验表明，超过四轮之后，预测结果将不会发生多大的变化。所以，一般用德尔菲法进行预测不超过四轮。

（1）由领导小组提出预测主题，通过邮寄方式送至每位专家，要求专家说明预测所依据的资料及资料的使用方法，请专家提供有关资料及指出还需要收集的资料。

（2）专家接到信函后，根据所掌握的知识和积累的经验，对预测对象的未来发展趋势提出自己的预测意见，并说明依据和理由，以书面形式答复预测领导小组。

（3）领导小组对专家的第一轮预测意见加以归纳、整理，以匿名方式说明不同预测意见的依据和理由，用准确的术语提出一个"预测事件一览表"，再寄给各位专家，要求专家修改各自的预测意见，及提出其他要求。

（4）专家收到第二次信函后，分析各预测意见及其依据和理由，再次进行预测，提出自己的第二轮预测意见和理由，以书面形式答复预测领导小组。如此反复往返征询、归纳、修改，直至预测意见基本一致为止。

德尔菲预测法的经验表明，超过四轮以后，预测结果将不会发生太大的变化，因此，一般采用德尔菲法进行预测通过四轮询问后，便告结束。

【例2-2】 H建筑工程公司成立预测领导小组，对2018年、2019年两年内的建筑材料市场价格的年增长率进行预测。选择的专家分布在该市的建筑行业、建材行业以及行业主管部门，还有本公司的材料采购人员。领导小组邮寄的"征询函"内容有：① 提出预测要求，即要求专家预测今后两年建材价格的年平均增长率；② 向专家提供公司收集到的有关资料，主要有2010年至2017年的建材价格、物价指数、建材供求情况等。经过四轮征询，专家的预测意见集中在3%（3人）、4%（2人）、2%（4人）、2.5%（2人）、1.5%（1人）。领导小组采用加权平均值作为预测结果r。

【解】 $r = \dfrac{3\% \times 3 + 4\% \times 2 + 2\% \times 4 + 2.5\% \times 2 + 1.5\% \times 1}{12} = 2.6\%$

采用德尔菲法进行预测时，对专家答卷的数据处理，还常采用中位数作为有代表性的预测值，把上、下四分位数作为有50%以上把握的预测区间。

设 $x_1 \leq x_2 \leq x_3 \leq x_4 \cdots \leq x_n$ 为由小到大顺序排列的n位专家的预测值，此序列的中位数记为 $x_中$，则

$$\begin{cases} x_{k+1} & n = 2k+1 \\ x_k + x_{k+1} & n = 2 \end{cases}$$

此序列的上、下四分位数分别记为 $x_\text{上}$ 和 $x_\text{下}$，则

$$\begin{cases} x_\text{上} = x_\text{中} + \dfrac{1}{2}(x_n - x_\text{中}) \\ x_\text{下} = x_\text{中} - \dfrac{1}{2}(x_\text{中} - x_1) \end{cases}$$

x_1、x_n 分别为序列的最小值和最大值。

【例 2-3】H 建筑工程公司组织 9 名专家对本市下一年度的钢材销售的价格做了如表 2-1 预测（单位：元/吨）：

表 2-1 下一年度钢材销售价格预测

A	B	C	D	E	F	G	H	I
2 300	2 340	2 380	2 400	2 460	2 490	2 510	2 550	2 570

【解】 以中位数 2 460 为钢材价格的预测值，则

$$x_\text{中} = x_5 = 2\ 460\ \text{元/吨}$$

上、下四分位数分别为

$$x_\text{上} = x_5 + \frac{1}{2}(x_6 - x_5) = 2\ 460 + \frac{1}{2}(2\ 570 - 2\ 460) = 2\ 515\ \text{（元/吨）}$$

$$x_\text{下} = x_5 - \frac{1}{2}(x_9 - x_5) = 2\ 460 - \frac{1}{2}(2\ 570 - 2\ 460) = 2\ 405\ \text{（元/吨）}$$

可见有 50% 以上专家的预测值在上、下四分位数之间，因此可以认为预测基本上是一致的。

德尔菲法有三个明显的特征，在应用时必须坚持。

（1）匿名性：被选定的专家之间彼此匿名，不发生任何横向联系，使他们不受权威、资历等方面的影响，独立、真实地发表自己的见解。

（2）反馈性：一般函询调查都要经过四至五轮，预测机构对每一轮的函询结果均要进行及时整理、分析。

（3）收敛性：经过数轮征询后，专家们的意见要相对收敛，趋向一致。若有个别专家的观点与众不同，则应要求其详细说明理由。

4. 主观概率法

主观概率法是市场趋势分析者对市场趋势分析事件发生的概率（即可能性大小）做出主观估计，或者说对事件变化动态的一种心理评价，然后计算它的平均值，以此作为市场趋势分析事件的结论的一种定性市场趋势分析方法。主观概率法一般和其他经验判断法结合运用。

一般而言，在数理统计以及概率论中有关事件发生的概率属于客观概率。在预测学中，客观概率常用于在已经掌握了有关事件（如市场需求量）的分布概率时，可以据此进行概率运算的情况。但有时我们由于缺乏历史经验，又未能进行精确分析，不得不根据自己的主观想象来估计某一事件的可能性，这种根据"个人臆测"估计的概率即是主观概率。当需要对未来事件做出预测时，主观概率的作用远比客观概率大。因为，预测对象与客观情况在不断地运动、变化，寻求事件相对频数数据的试验工作机器困难，大多数情况下，只能根据个人经验以及对事件的了解来主观确定概率。

主观概率法是与专家会议法或德尔菲法相结合的预测方法。即在采用专家会议法或德尔菲法预测时，允许专家提出几个预测值，并给出每个预测值的主观概率，之后计算各位专家预测值的期望值，最后求出所有期望值的平均值作为预测结果。其计算公式如下：

$$i = 1,2,3\ldots,n, \quad j = 1,2,3\ldots,m$$

$$E_i = \sum_{j=1}^{m} F_{ij} \cdot P_{ij}$$

$$E = \sum_{j=1}^{n} E_i / n$$

式中：F_{ij}——第 i 位专家做出的第 j 个预测值；

P_{ij}——第 i 位专家对其第 j 个预测值给出的主观概率，应满足 $\sum_{j=1}^{m} P_{ij} = 1$

E_i——第 i 位专家的预测值的期望值；

E——预测结果，即所有专家预测期望值的平均值；

n——专家人数；

m——允许每位专家做出的预测值的个数。

【例 2-4】 在上文例 2-2 中，H 建筑工程公司如果进一步要求专家对意见集中的三个预测值评定主观概率，然后按照主观概率法预测单位成本。各位专家的预测值见表 2-2。

表 2-2 各专家预测值

专家	预测值概率				期望值
	最高值 $A=685$ （a）	中间值 $B=700$ （b）	最低值 $C=710$ （c）	合计 （d）=（a）+（b）+（c）	（e）= $A×$（a）+$B×$（b）+ $C×$（c）
1	0.8	0.15	0.05	1	688.50
2	0.85	0.1	0.05	1	687.75
3	0.7	0.2	0.1	1	690.50
4	0.25	0.75	0	1	696.25
5	0.05	0.8	0.15	1	700.75
6	0.1	0.7	0.2	1	700.50
7	0.05	0.05	0.9	1	708.25
8	0.1	0.2	0.7	1	705.50
9	0.70	0.15	0.15	1	691.00

【解】 以平均值作为预测结果 E

$$E = \frac{688.50+687.75+690.50+696.25+700.75+700.50+708.25+705.50+691.00}{9}$$

$= 696.56$（元/平方米）

5. PERT 法

PERT（Program Evaluation and Review Technique）即计划评审技术，最早是由美国海军在计划和控制北极星导弹的研制时发展起来的。PERT 技术使原先估计的、研制北极星潜艇的时间缩短了两年。它能协调整个计划的各道工序，合理安排人力、物力、时间、资金，加速计划的完成。在现代计划的编制和分析手段上，PERT 被广泛使用，是现代化管理的重要手段和方法。

PERT 网络是一种类似流程图的箭线图。它描绘出项目包含的各种活动的先后次序，标明每项活动的时间或相关的成本。对于 PERT 网络，项目管理者必须考虑要做哪些工作，确定时间之间的依赖关系，辨认出潜在的可能出问题的环节，借助 PERT 还可以方便地比较不同行动方案在进度和成本方面的效果。

构造 PERT 图，需要明确三个概念：事件、活动、松弛时间和关键路线。

（1）事件（Events），表示主要活动结束的那一点。
（2）活动（Activities），表示从一个事件到另一个事件之间的过程。
（3）松弛时间（Slack time），不影响完工前提下可能被推迟完成的最大时间。
（4）关键路线（Critical Path），是 PERT 网络中花费时间最长的事件和活动的序列。

PERT 图的作用：

（1）标识出项目的关键路径，以明确项目活动的重点，便于优化对项目活动的资源分配。
（2）当管理者想计划缩短项目完成时间，节省成本时，就要把考虑的重点放在关键路径上。
（3）在资源分配发生矛盾时，可适当调动非关键路径上活动的资源去支持关键路径上的活动，以最有效地保证项目的完成进度。
（4）采用 PERT 网络分析法所获结果的质量很大程度上取决于事先对活动事件的预测，若能对各项活动的先后次序和完成时间都能有较为准确的预测，则通过 PERT 网络的分析法可大大缩短项目完成的时间。

开发一个 PERT 网络要求管理者确定完成项目所需的所有关键活动，按照活动之间的依赖关系排列它们之间的先后次序，以及估计完成每项活动的时间。这些工作可以归纳为 5 个步骤。

（1）确定完成项目必须进行的每一项有意义的活动，完成每项活动都产生事件或结果。
（2）确定活动完成的先后次序。
（3）绘制活动流程从起点到终点的图形，明确表示出每项活动及其他活动的关系，用圆圈表示事件，用箭线表示活动，结果得到一幅箭线流程图，人们称之为 PERT 网络（如图 2-2 所示）。

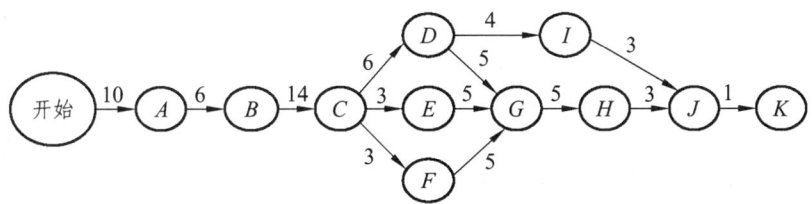

图 2-2　PERT 网络

（4）估计和计算每项活动的完成时间。

（5）借助包含活动时间估计的网络图，管理者能够制定出包括每项活动开始和结束日期的全部项目的日程计划。在关键路线上没有松弛时间，沿关键路线的任何延迟都直接延迟整个项目的完成期限。

【例2-5】 H建筑工程公司承接了一项工程，负责一座办公楼的施工，首先需要预测建这座办公楼的需要多长时间工期。表2-3概括了主要事件和根据经验对完成每项活动所需时间的估计。

表2-3 主要事件和所需时间估计

事件	愿望时间	紧前事件
A 审查设计和批准动工	10	—
B 挖地基	6	A
C 立屋架和	14	B
D 建筑楼板	6	C
E 安装窗户	3	C
F 搭屋顶	3	C
G 室内布线	5	D, E, F
H 安装电梯	5	G
I 安全空调	4	D
J 安装门和内部装饰	3	I, H
K 验收和交接	1	J

【解】 完成这栋办公楼将需要50周的时间，

此时间是通过追踪网络的关键路线计算出来的。

该网络的关键路线为：A-B-C-D-G-H-J-K，

沿此路线的任何事件完成时间的延迟，都将延迟整个项目的完成时间。

2.2.2 工程项目成本的定量预测方法

定量预测是对预测对象未来数量方面的特征所做的预测。定量预测主要依靠历史统计资料，运用科学的方法建立数学模型，并利用这一模型来预测对象可能表现的数量。数量预测从对未来状态的估计上讲，可分为点预测和区间预测。点的预测涉及预测的偏倚问题；区间预测涉及区间的宽度及信度问题。

工程项目成本定量预测也称为成本统计预测方法，是根据已掌握的比较完备的历史统计数据，运用一定的数学方法进行科学的加工整理，借以揭示有关变量之间的规律性联系，用于预测和推测成本未来发展变化情况的预测方法。

定量预测偏重于数量方面的分析，重视预测对象的变化程度，能做出变化程度在数量上的准确描述；定量预测主要以历史统计数据和客观实际资料作为预测的依据，运用熟悉方法进行处理分析，受主观因素的影响较少；定量预测可以利用现代化的计算方法来进行大量的计算工作和数据处理，求出适应工程进展的最佳数据曲线。

定量预测的优点是：偏重于数量方面的分析，重视预测对象的变化程度，能做出变化程度在数量上的准确描述；主要把历史统计数据和客观实际资料作为预测的依据，运用数学方法进行处理分析，受主观因素的影响较小；可以利用计算机，进行大量的计算工作和数据处理，求出适应工程进展的最佳数据曲线。定量预测的缺点是：比较机械，不易灵活掌握，对信息资料质量要求过高。

定量预测可分为两类：一类是时间序列预测法。所谓时间序列，就是数量指标依时间次序排列起来的统计数据，是动态数列。时间序列预测法就是对时间序列进行加工、整理和分析，利用数列所反映出来的客观变动过程、发展趋势和发展速度，进行外推和延伸，借以预测今后可能达到的水平。另一类是回归预测法，即通过分析预测值与其影响因素的历史数据，找出相互关系，写成数学表达式，作为预测未来值的依据。

1. 时间序列预测法

时间序列预测法是一种历史资料延伸预测的方法，也称历史引申预测法。是以时间数列所能反映的社会经济现象的发展过程和规律性，进行引申外推，预测其发展趋势的方法。这种方法简便易行，只要有历史的成本资料，就可以进行预测。但是，这种预测方法的准确性较差，而且只能在社会经济稳定发展的条件下才有一定的实用价值。实际上，社会经济环境变化多端，很多因素影响成本高水平，所以，时间序列预测法只适用于短期预测。

时间序列的分析方法很多，有简单平均法、加权平均法、移动平均法、指数平滑法等，本书主要介绍移动平均法和指数平滑法。

1）移动平均法

移动平均法是用一组最近的实际数据值来预测未来一期或几期内公司产品的需求量、公司产能等的一种常用方法。移动平均法适用于近期期预测。当产品需求既不快速增长也不快速下降，且不存在季节性因素时，移动平均法能有效地消除预测中的随机波动，是非常有用的。移动平均法是一种简单平滑预测技术，它的基本思想是：根据时间序列资料、逐项推移，依次计算包含一定项数的序时平均值，以反映长期趋势的方法。因此，当时间序列的数值由于受周期变动和随机波动的影响，起伏较大，不易显示出事件的发展趋势时，使用移动平均法可以消除这些因素的影响，显示出事件的发展方向与趋势（即趋势线），然后依趋势线分析预测序列的长期趋势。

移动平均法根据预测时使用的各元素的权重不同，可以分为：简单移动平均和加权移动平均。具体可分为一次移动平均法、二次移动平均法、加权移动平均法和趋势修正移动平均法。本书主要介绍一次移动平均法和加权移动平均法。

（1）一次移动平均法。

一次移动平均方法是收集一组观察值，计算这组观察值的均值，利用这一均值作为下一期的预测值。是对时间序列的数据按一定跨越期进行移动，逐个计算其移动平均值，取最后一个移动平均值作为预测值的方法。

一次移动平均法是直接以本期（t 期）移动平均值作为下期（$t+1$ 期）预测值的方法。在移动平均值的计算中包括的过去观察值的实际个数，必须一开始就明确规定。每出现一个新观察值，就要从移动平均中减去一个最早观察值，再加上一个最新观察值，计算移动平均值，这一新的移动平均值就作为下一期的预测值。

一次移动平均法一般适用于时间序列数据是水平型变动的预测。不适用于明显的长期变动趋势和循环型变动趋势的时间序列预测。其预测模型为

$$\overline{x}_{t+1} = M_t^{(1)} = \frac{x_t + x_{t-1} + \cdots + x_{t-n+1}}{n}$$

式中：x_{t+1}——$t+1$ 期的预测值；

$M_t^{(1)}$——第 t 期一次移动平均值；

n——跨越期数，即参加移动平均的历史数据的个数。

一次移动平均法的递推公式为

$$M_t = M_{t-1} + \frac{x_{t-1} - x_{t-(n+1)}}{n}$$

一次移动平均法有三个特点：

① 预测值是离预测期最近的一组历史数据（实际值）平均的结果；

② 参加平均的历史数据的个数（即跨越期数）是固定不变的；

③ 参加平均的一组历史数据是随着预测期地向前推进而不断更新的，每当吸收一个新的历史数据参加平均的同时，就剔除原来一组历史数据中离预测期最远的那个历史数据。

一次移动平均法的优点如下：

① 计算量少；

② 移动平均线能较好地反映时间序列的趋势及其变化。

此外，一次移动平均法也有两个限制：

① 计算移动平均必须具有 n 个过去观察值，当需要预测大量的数值时，就必须存储大量数据；

② n 个过去观察值中每一个权数都相等，而早于 $(t-n+1)$ 期的观察值的权数等于 0，而实际上往往是最新观察值包含更多信息，应具有更大权重。

【例 2-6】H 建筑工程公司在过去的 12 年的年施工建筑面积见表 2-4 所示，用一次移动平均法来预测未来 2018 年的建筑面积。

表 2-4 公司实际建筑面积

观察期（年份）	建筑面积（万平方米）	$M_t^{(1)}$ $n=3$	$M_t^{(2)}$ $n=3$
2006	200		
2007	240		
2008	360		
2009	380	266.7	
2010	420	326.7	

续表

观察期（年份）	建筑面积（万平方米）	$M_t^{(1)}$ $n=3$	$M_t^{(2)}$ $n=3$
2011	400	386.7	326.7
2012	340	400.0	371.1
2013	360	388.7	391.1
2014	420	366.7	384.5
2015	460	373.3	375.6
2016	420	413.3	384.4
2017	460	433.3	406.6
2018		446.7	431.1

【解】 $$M_4 = \frac{x_3 + x_2 + x_1}{3} = \frac{360 + 240 + 200}{3} = 266.7（万平方米）$$

$$M_5 = \frac{x_4 + x_3 + x_2}{3} = 326.7（万平方米）$$

2018 年建筑面积预测值为

$$M_{13} = \frac{x_{12} + x_{11} + x_{10}}{3} = 446.7（万平方米）$$

【例 2-7】 H 建筑工程公司在过去的 19 个月的实际产值见表 2-5。分别取 $n=5$，$n=10$，用一次移动平均法预测第 20 个月的产值。

表 2-5 公司实际产值

月数	产值/万元	$n=5$	$n=10$	月数	产值/万元	$n=5$	$n=10$
1	20			11	26	20.2	20.3
2	15			12	37	21.2	20.9
3	30			13	29	22.6	23.1
4	22			14	32	25.8	23
5	15			15	34	26.8	24
6	21	20.4		16	31	31.6	25.9
7	30	20.6		17	32	32.6	26.9
8	13	23.6		18	33	31.6	27.1
9	27	20.2		19	42	32.4	29.1
10	10	21.2		20		34.4（预测值）	30.6（预测值）

【解】 当 $n=5$ 时，第 6 个月的预测值是

$$M_6 = \frac{20 + 15 + 30 + 22 + 15}{5} = 20.4（万元）$$

同理求得第 7 个月的预测值，或用递推公式，得

$$M_7 = M_6 + \frac{x_6 - x_{6-5}}{5} = M_5 + \frac{x_6 - x_1}{5} = \left(20.4 + \frac{21-20}{5}\right) = 20.6（万元）$$

同理可求得第 20 个月的产值预测值。

由上例可以看出，分段数据点数 n 的选择直接影响着预测结果。如果 n 取得大，移动平均值对时间序列起伏变动的敏感性差，反映新水平的时间长，随着 n 值的增加，趋势逐渐平稳，但同时其滞后现象也更显著，容易滞后于可能的发展趋势。如果 n 取得小，其灵敏度高，反映新水平的时间短，但对于随机因素反映也敏感，容易造成错觉，导致预测失误。因此，在确定 n 值时需要考虑：

① 处理数据的点数的多少，如数据点数多，n 可取大些；

② 对新数据适应程度的要求，n 取得大，反应慢，对新数据缺乏适应性，n 取得小，反应灵敏，易把偶然因素当成趋势；

③ 注意时间序列有否周期性波动，若有则取此周期为 n；

④ 凭积累的经验决定 n 的取值。

一次移动平均法的缺点在于：

① 可能出现滞后偏差，当近期内情况发展变化快，预测值不能在短期内反映这种变化，就会存在滞后偏差；

② 对分段内部的数据同等对待，未考虑时间先后次序对预测值的影响。实际上，越后发生的实际值对预测值的影响应越大。

为了弥补一次移动平均法的以上缺点，可以采用二次移动平均值、加权移动平均法和趋势修正移动平均法进行预测。

（2）二次移动平均法。

二次移动平均法就是在一次移动平均的基础上，再计算一次移动平均数，并在一次移动平均值与二次移动平均值的基础上建立数学模型，从而确定出预测值。

求预测值的公式为

$$M_t + T = a_t + b_t T$$

求解 a_t 和 b_t 的公式为

$$a_t = 2M_t(1) - M_t(2)$$

$$b_t = 2(M_t(1) - M_t(2))/(n-1)$$

将例 2-6 表中的有关数据代入上述公式，求得 a_t、b_t 的值为

$$a_t = 2M_t(1) - M_t(2) = 2 \times 446.7 - 431.1 = 462.3$$

$$b_t = 2[(M_t(1) - M_t(2))/(n-1)$$
$$= 2 \times (446.7 - 431.1)/(3-1)$$
$$= 15.6$$

预测模型为

$$M_{2017+T} = 462.3 + 15.6T$$

由于这是以 2017 年的二次移动平均值建立的预测模型，所以时间周期 t 为 2017 年。

2018—2020 年的预测值为

$$M = M_{2017+1} = 462.3+15.6\times1 = 477.9$$
$$M_{2019} = M_{2017+2} = 462.3+15.6\times2 = 493.5$$
$$M_{2020} = M_{2017+3} = 462.3+15.6\times3 = 509.1$$

二次移动平均法尽管运算上复杂些，但比一次移动平均法更为科学，与实际趋势也更为接近。

（3）加权移动平均法。

加权移动平均法是在计算移动平均值时，对于时间序列赋予不同的权重，考虑到越是近期发生的数据对预测值的影响越大，故而权重越大。其计算式如下：

$$M_t = \frac{a_1 x_{t-1} + a_2 x_{t-2} + \dots + a_n x_{t-n}}{n}$$

式中：a_i——加权系数，应满足 $\dfrac{\sum_{i=1}^{n} a_i}{n} = 1$。

【例 2-8】对于上例 2-7 中，取 $n = 5$，采用加权平均法预测第 20 个月的产值。见表 2-6。取 $a_i = 1.6$，$a_2 = 1.3$，$a_3 = 1.0$，$a_4 = 0.7$，$a_5 = 0.4$。

表 2-6 加权移动平均法预测产值

月数	产值/万元	M_1	月数	产值/万元	M_1
1	20		11	26	18.7
2	15		12	37	20.54
3	30		13	29	25.42
4	22		14	32	27.66
5	15		15	34	29.62
6	21	20.22	16	31	32.26
7	30	20.42	17	32	32.18
8	13	23.54	18	33	31.90
9	27	20.02	19	42	32.40
10	10	22.16	20		35.48（预测值）

【解】第 6 个月的预测值为

$$M_6 = \frac{1.6\times15+1.3\times22+1.0\times30+0.7\times15+0.4\times20}{5} = 20.22（万元）$$

同理可计算出第 7~20 个月的预测值。

比较表 2-4 和表 2-3 中的计算结果值，可以看出，在加权移动平均法中，由于赋予了近期实际发生值较大的权重，其对预测值的影响更大，故而预测值比一次移动平均法的预测值更接近实际。

2）指数平滑法

前面介绍的移动平均法受到两个方面的约束：一是必须有若干历史数据；二是预测值仅包含这若干历史数据，而不能反映更多的历史数据的信息。我们希望找到一种更理想的方法，使预测值能较多的反映最新观察值的信息，同时也能反映大量的历史资料的信息，但计算量要尽可能少，需要储存的历史数据也不多。这种预测方法就是指数平滑法。

指数平滑法是生产预测中常用的一种方法。也用于中短期经济发展趋势预测，所有预测方法中，指数平滑是用得最多的一种。简单的全期平均法是对时间数列的过去数据一个不漏地全部加以同等利用；移动平均法则不考虑较远期的数据，并在加权移动平均法中给予近期资料更大的权重；而指数平滑法则兼容了全期平均和移动平均所长，不舍弃过去的数据，但是仅给予逐渐减弱的影响程度，即随着数据的远离，赋予逐渐收敛为零的权数。

也就是说指数平滑法是在移动平均法基础上发展起来的一种时间序列分析预测法，它是通过计算指数平滑值，配合一定的时间序列预测模型对现象的未来进行预测。其原理是任一期的指数平滑值都是本期实际观察值与前一期指数平滑值的加权平均。

指数平滑法的基本公式是

$$S_t = a \cdot y_t + (1-a)S_{t-1}$$

式中：S_t——时间 t 的平滑值；

y_t——时间 t 的实际值；

S_{t-1}——时间 $t-1$ 的平滑值；

a——平滑常数，其取值范围为[0,1]。

由该公式可知：

① S_t 是 y_t 和 S_{t-1} 的加权算数平均数，随着 a 取值的大小变化，决定 y_t 和 S_{t-1} 对 S_t 的影响程度，当 a 取 1 时，$S_t = y_t$；当 a 取 0 时，$S_t = S_{t-1}$。

② S_t 具有逐期追溯性质，可探源至 S_{t+1} 为止，包括全部数据。其过程中，平滑常数以指数形式递减，故称之为指数平滑法。指数平滑常数取值至关重要。平滑常数决定了平滑水平以及对预测值与实际结果之间差异的响应速度。平滑常数 a 越接近于 1，远期实际值对本期平滑值影响程度的下降越迅速；平滑常数 a 越接近于 0，远期实际值对本期平滑值影响程度的下降越缓慢。由此，当时间数列相对平稳时，可取较大的 a；当时间数列波动较大时，应取较小的 a，以不忽略远期实际值的影响。生产预测中，平滑常数的值取决于产品本身和管理者对良好响应率内涵的理解。

③ 尽管 S_t 包含有全期数据的影响，但实际计算时，仅需要两个数值，即 y_t 和 S_{t-1}，再加上一个常数 a，这就使指数滑动平均具逐期递推性质，从而给预测带来了极大的方便。

④ 根据公式 $S_1 = a \cdot y_1 + (1-a)S_0$，当欲用指数平滑法时才开始收集数据，则不存在 y_0。无从产生 S_0，自然无法据指数平滑公式求出 S_1，指数平滑法定义 S_1 为初始值。初始值的确定也是指数平滑过程的一个重要条件。

如果能够找到 y_1 以前的历史资料，那么，初始值 S_1 的确定是不成问题的。数据较少时可用全期平均、移动平均法；数据较多时，可用最小二乘法。但不能使用指数平滑法本身确定初始值，因为数据必会枯竭。

如果仅有从 y_1 开始的数据，那么确定初始值的方法有：

① 取 S_1 等于 y_1;
② 待积累若干数据后,取 S_1 等于前面若干数据的简单算术平均数,如:$S_1 = (y_1+y_2+y_3)/3$ 等。
指数平滑法又分为一次指数平滑法,二次指数平滑法和三次指数平滑法。本书主要介绍一次指数平滑法。

【例 2-9】 接上例,若采用一次指数平滑法预测第 20 个月的产值,如表 2-7 所示,分别取 $a = 0.1$,$a = 0.5$,$a = 0.9$ 进行计算。

表 2-7 一次指数平滑法预测产值

月数	产值/万元	$a = 0.1$ S_t	$a = 0.5$ S_t	$a = 0.9$ S_t
1	20	20	20	20
2	15	19.5	17.5	15.5
3	30	20.6	23.8	28.6
4	22	20.7	22.9	22.7
5	15	20.1	19	15.8
6	21	20.2	20	20.5
7	30	21.2	25	29.1
8	13	20.4	19	14.6
9	27	21.1	23	25.8
10	10	20	16.5	11.6
11	26	20.6	21.3	24.6
12	37	22.2	29.2	35.8
13	29	22.9	29.1	29.7
14	32	23.8	30.6	31.8
15	34	24.8	32.3	33.8
16	31	25.4	31.7	31.3
17	32	26.1	31.9	31.9
18	33	26.7	32.5	32.9
19	42	28.2	37.3	41.1
20		28.2(预测值)	37.3(预测值)	41.1(预测值)

【解】 在计算式中 x_1,x_2,$x_3 \cdots x_{19}$ 分别代表 1,2,3…19 月份的实际产值,当 $a = 0.1$ 时,则 2,3…19 月份的指数平滑值为:

$$S_1 = ax_1+(1-a)S_0 = 0.1 \times 20+(1-0.1) \times 20 = 20$$
$$S_2 = ax_2+(1-a)S_1 = 0.1 \times 15+(1-0.1) \times 20 = 19.5$$
$$\cdots$$
$$S_{19} = ax_{19}+(1-a)S_{18} = 0.1 \times 42+(1-0.1) \times 26.7 = 28.2$$

S_{19} 即为第 20 个月的预测值。

同理计算当 $a = 0.5$，$a = 0.9$ 时的预测值。

由计算结果可以看出，a 的取值直接影响预测结果，当 a 取值较大时，预测值较接近实际值。

3）季节指数预测法

季节指数是一种以相对数表示的季节变动衡量指标。因为只根据一年或两年的历史数据计算而得到的季节变动指标往往含有很大的随机波动因素，故在实际预测中通常需要掌握和运用三年以上的分季历史数据。

如果以年为间隔期的历史数据是水平型的，季节指数的计算公式则为

$$季节指数(\%) = \frac{历年同季平均数}{全时期总平均数} \times 100\%$$

如果以年为间隔期的历史数据资料是趋势型的，则季节指数的计算公式为

$$季节指数(\%) = \frac{历年同季平均数}{趋势值} \times 100\%$$

$$预测值 = 上年的月(季)平均数 \times 各月(季)季节指数$$

【例 2-10】 某家电商场 2015 年—2017 年某开发商的各月销售量资料如表 2-8 所示，试预测 2018 年各月的销售量。

表 2-8 平均数比率计算表

项目	月份												合计	年平均
	1	2	3	4	5	6	7	8	9	10	11	12		
2015 年	5	4	10	22	40	108	94	85	62	20	5	6	461	38.4
2016 年	4	5	11	23	51	110	96	80	57	15	4	4	460	38.3
2017 年	3	3	6	18	32	100	92	81	58	13	3	2	411	34.3
合计	12	12	27	63	123	318	282	246	177	48	12	12	1 332	111
月平均数	4	4	9	21	41	106	94	82	59	16	4	4	444	37
季节指数/%	10.8	10.8	24.3	56.8	110.8	286.5	254.1	221.6	159.5	43.2	10.8	10.8	1 200	100
2018 年预测值	4	4	8	19	38	98	87	76	55	15	4	4	412	—

2. 回归分析预测法

以上介绍的预测方法只是利用被预测对象的过去值，经过一定的技术处理来预测未来值。这种方法的应用是有限的，在实际工作中，需要预测的对象往往受若干因素的影响。要预测某一变量 y 的未来值，如果能知道该变量 $x_i(i = 1, 2, \cdots n)$ 之间的关系为

$$y = f(x_1, x_2, \cdots x_n)$$

且很容易得到 $x_i(i = 1, 2 \cdots n)$ 的未来值，那么，就可以预测 y 了。

回归分析用于预测，主要就是研究 y 与 x_i 之间是否存在相关关系，若存在，则找出其数学表达式，然后根据 x_i 的值来预测 y 的值，并分析这种预测所能达到的精度等。

"回归"这一术语是英国人弗兰西斯·盖尔顿和卡尔·皮尔逊在研究父亲身高与儿子身高的关系时引入的。他们发现，若父亲为高个子，则儿子也高，但其平均身高低于父亲的平均身高；若父亲为矮个子，则儿子个子也矮，但其平均身高高于父亲的平均身高，也即身高的变化不是两极分化，而是"趋同"，儿子身高向着平均身高"回归"，以保持种族的稳定。用盖尔顿的话来说，就是"回归到变通人"。后人将此种方法普遍用于寻找变量之间的规律。现在，回归分析法已经成为探索变量之间关系最重要的方法，用以找出变量之间关系的具体表现形式。"回归"是指某一变量（因变量）与其他一个或多个变量（自变量）的依存关系（例如，在上面的例子中是儿子身高与父亲身高的依存关系）。

回归分析预测法就是从各种经济现象之间的相互关系出发，通过对与预测对象有联系的现象变动趋势的分析，推算预测对象未来状态数量表现的一种预测方法。

回归分析预测法中的自变量与时间序列预测法中的自变量不相同。后者的自变量是时间本身，而前者的自变量是反映市场现象的其他变量。

回归分析预测法是一种重要的市场预测方法。多数市场预测者在对市场现象进行预测时，如果能将影响市场预测对象的主要因素找到，并且能够取得其数量资料，当然就可以采用相关回归预测法进行预测。它是一种具体的、行之有效的、实用价值很高的常用市场预测方法。当应用相关回归市场预测法条件不充分时，才考虑采用时间序列法等其他预测方法。

1）回归预测法的种类

应用回归模型进行市场预测，有许多种类，根据不同的条件可作不同的分类。主要的分类有：

（1）按自变量个数的多少划分，可以分为一元回归分析和多元回归分析预测法。

（2）按回归模型是否线性划分，可分为线性回归分析预测法和非线性回归分析预测法。所谓线性回归模型，就是指因变量和自变量之间的关系是直线型的。

（3）按回归模型的自变量是否带虚拟变量划分，可以分为普通回归模型和虚拟回归模型。普通回归模型的自变量都是数量变量，而虚拟变量回归模型的自变量既有数量变量也有品质变量。

2）回归预测法的步骤

（1）分析法进行市场预测，应遵循一定的程序。

根据预测目标，筛选自变量一般来说，明确预测的具体目标，也就确定了因变量。筛选自变量，首先应分析各自变量与因变量之间的相关关系，观察其相关关系的表现形式及密切程度。选用那些与因变量关系最为密切的自变量。

（2）确定回归方程，建立预测模型。

根据理论分析和相关分析，如果有几个重要因素同时对预测对象有影响作用，而且关系密切，可以确定用多元回归方程式；如果其中某一个是基本的，起决定作用的，而其他因素影响作用并不大或相关关系不密切,则可以确定用一元回归方程式进行预测。如果自变量和因变量之间的资料分布是线性趋势,可确定用直线回归方程;如果是曲线趋势,可确定用曲线回归方程。

(3)检验回归预测模型,计算预测误差。

回归预测模型是否可用于实际预测,取决于对回归预测模型的检验和对预测误差测定的结果。回归方程只有通过各种检验,且预测误差在研究问题所允许的范围内,才能将回归方程作为预测模型进行实际预测。否则,盲目用回归模型进行预测,其结果是不可靠的。

(4)利用回归模型确定预测值,并对预测值做出置信区间的估计。

如果预测对象与影响因素之间确实存在着显著的相关关系,那么过去和现在的资料规律能延续到未来。

本书主要介绍一元线性回归预测法和多元线性回归预测法,以此来了解整个回归分析预测的思路。

3)一元线性回归预测法

在进行预测时,若仅考虑一个影响预测目标的因素,且因变量与自变量之间的关系可用一条直线近似表示,则可用一元线性回归预测法进行预测。利用一元线性回归预测法进行预测的基本过程如图2-3所示。

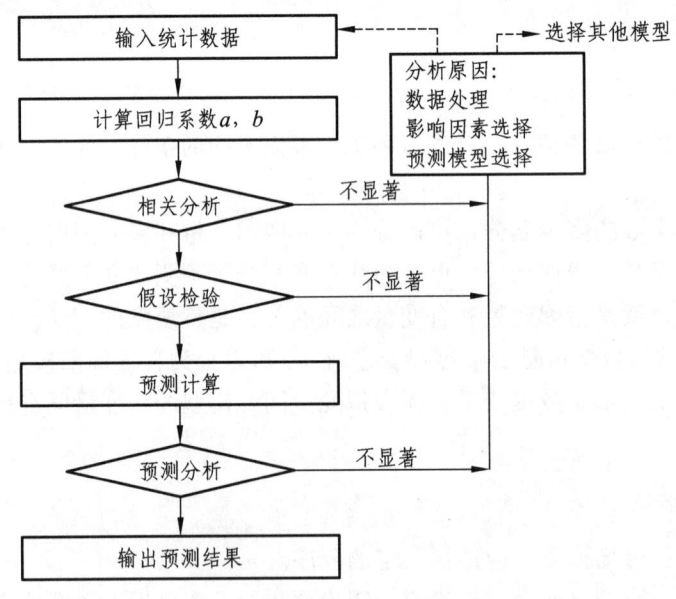

图 2-3 一元线性回归分析过程

【例 2-11】 H建筑工程公司进行公司财务状况分析,发现公司的收入与投入费用之间的关系密切,过去10年的相关资料如表2-9所示。若企业计划2018年、2019年投入费用分别为1 400万元和1 600万元,预测该企业2018年、2019年的销售收入。

【解】

① 绘制散点图(图2-4),分析相关性。

表 2-9　公司投入费用表　　　　　　　　　　　　　　　　　　　　　万元

年份	促销费用	销售收入
2008	400	27 200
2009	520	30 400
2010	560	31 200
2011	640	32 800
2012	720	34 400
2013	820	36 400
2014	940	38 000
2015	1 040	40 400
2016	1 160	43 200
2017	1 280	45 200

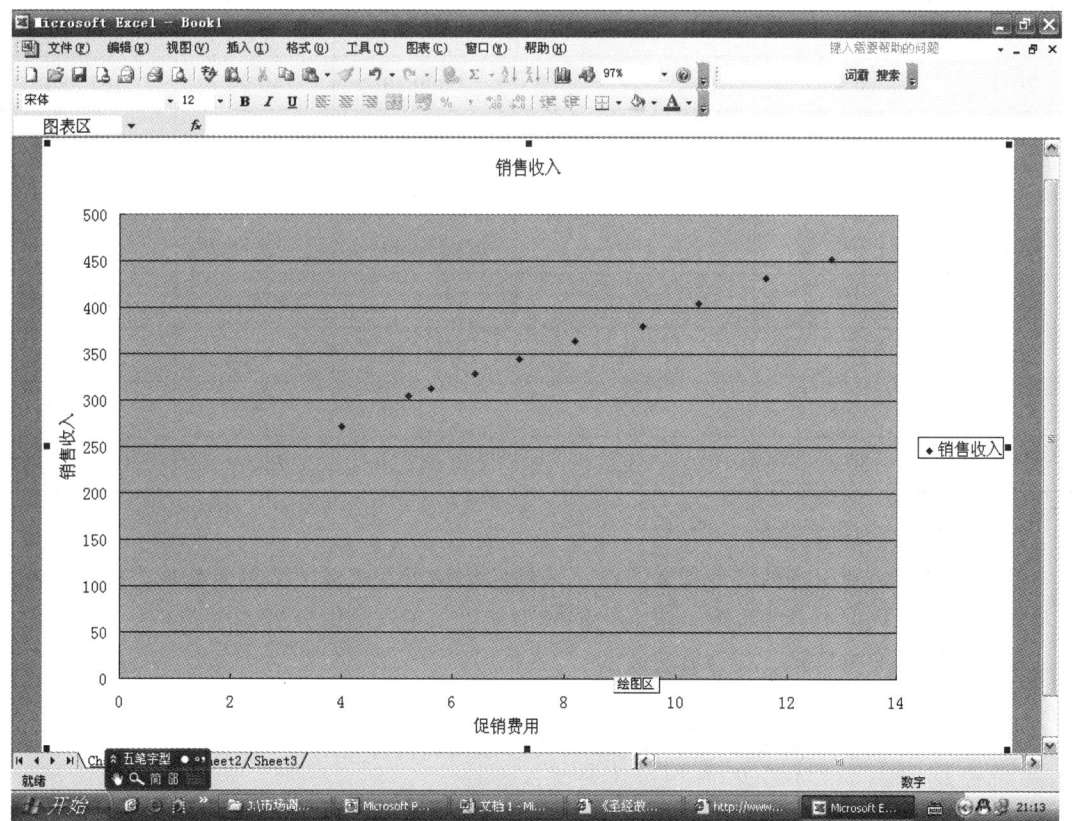

图 2-4　公司投入费用散点图

② 求出 a, b 两参数，建立预测模型。

$$\hat{y} = a + bx$$

$$\begin{cases} \sum y = na + b\sum x \\ \sum xy = a\sum x + b\sum x^2 \end{cases}$$

将表中的数据代入上式,得

$$a = 198.24$$

$$b = 19.921$$

得到所求的一元线性回归方程为

$$\hat{y} = 198.24 + 19.921x$$

该公司一元回归方程如下表 2-10 所示。

表 2-10　一元回归方程计算表　　　　　　　　　　万元

年份	促销费用 x_i	销售收入 y_i	$x_i y_i$	x_i^2	y_i^2
2008	4	272	1 088.00	16.00	73 984
2009	5.2	304	1 580.80	27.04	92 416
2010	5.6	312	1 747.20	31.36	97 344
2011	6.4	328	2 099.20	40.96	107 584
2012	7.2	344	2 476.80	51.84	118 336
2013	8.2	364	2 984.80	67.24	132 496
2014	9.4	380	3 572.00	88.36	144 400
2015	10.4	404	4 201.60	108.16	163 216
2016	11.6	432	5 011.20	134.54	186 624
2017	12.8	452	5 785.60	163.84	204 304
合计	80.8	3592	30 547.20	729.36	1 320 704

③ 对回归模型进行检验。

模型检验就是利用各种统计检验方法,来检验模型可否解释预测对象变量之间的实际关系及模型对实际数据拟合的程度,进而说明模型能否用于预测的分析方法。

一般采用标准差检验。其计算公式为

$$S_y = \sqrt{\frac{\sum(y_i - \hat{y}_i)^2}{n-k}} = \sqrt{\frac{101.917}{10-2}} = 3.568 \,(百万元)$$

式中：n——观察期数;

k——参数的个数,一元线性回归预测模型中有两个参数,$k = 2$。

④ 利用回归模型进行预测。

回归模型通过了各种检验,就可以作为预测模型进行预测。利用回归分析预测法进行预测时，必须具备自变量在预测期的值，通常将它作为求因变量时的已知条件。如本例中预测期企业的促销费用是可以通过企业的计划估算得到。

应用回归方程进行预测，有点预测和区间预测两种。

点预测。将预测期自变量 x 的值直接代入预测模型，得出因变量 y 的对应值，并将其作为 y 的点预测值。

在本例中，企业计划 2018 年、2019 年促销费用分别投入 1 400 万元和 1 600 万元，将 $x_{2018}=14$（百万元）、$x_{2019}=16$（百万元）代入回归方程，得

$$\hat{y}=198.24+19.921x$$

得 2018 年企业销售收入预测值

$$\hat{y}_{2018}=198.24+19.921x_{2018}$$
$$=198.24+19.921\times14=477.134 \text{(百万元)}$$

2019 年企业销售收入预测值

$$\hat{y}_{2019}=198.24+19.921x_{2019}=516.976 \text{(百万元)}$$

区间预测。在实际工作中，预测对象的实际值不一定恰好就等于预测值。我们希望估计出一个范围，并知道实际值在此范围中的可靠程度，这个取值范围即为置信区间。

在经济领域的预测过程中，因外界的不可控因素存在较大的不确定性，故一般对置信区域的估计采用近似估计法，即利用预测点估计值和回归分析的标准差 S_y，做出下述不同置信度的结论：

预测值的置信度为 68.27% 的近似置信区域为 $\hat{y}\pm S_y$；
预测值的置信度为 95.45% 的近似置信区域为 $\hat{y}\pm 2S_y$；
预测值的置信度为 99.73% 的近似置信区域为 $\hat{y}\pm 3S_y$。

在本例中，预测区间置信度若定为 95.45%，则 2018 年销售收入预测区间估计为

$$477.134\pm 2\times 3.569=477.134\pm 7.138 \text{(百万元)}$$

2019 年的销售收入的预测区间估计为

$$516.976\pm 2\times 3.569=516.976\pm 7.138 \text{(百万元)}$$

即当 2018 年企业的促销费用为 1 400 万元时，在置信度 95.45% 条件下，企业的销售收入预测区间在 46 999.6 万元 ~ 48 427.2 万元之间。当 2019 年企业的促销费用为 1 600 万元时，在置信度 95.45% 条件下，企业的销售收入预测区间在 50 983.4 万 ~ 52 411.5 万元之间。

4）多元线性回归预测法

在回归分析中，如果有两个或两个以上的自变量，就称为多元回归。事实上，一种现象常常是与多个因素相联系的，由多个自变量的最优组合共同来预测或估计因变量，比只用一个自变量进行预测或估计更有效，更符合实际。因此多元线性回归比一元线性回归的实用意义更大。

多元线性回归预测的基本过程如图 2-5 所示。

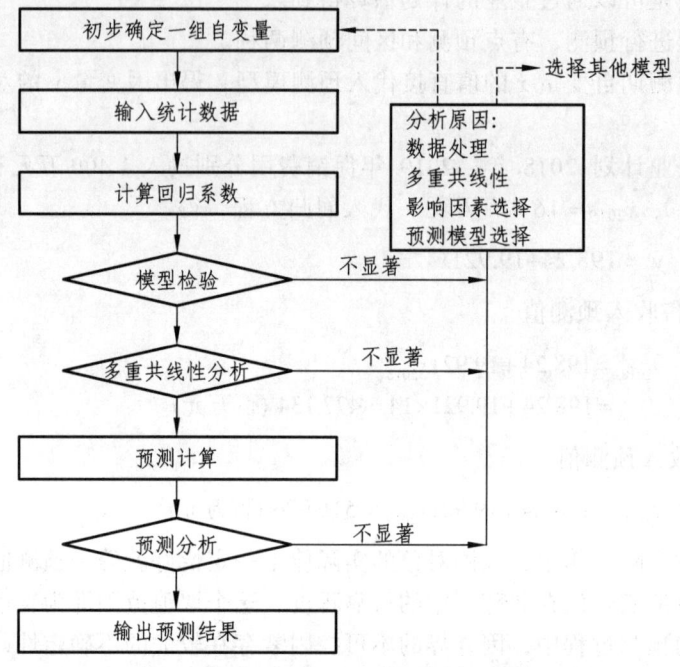

图 2-5 多元线性回归预测的基本过程

（1）建立模型。

以二元线性回归模型为例，其二元线性回归模型为

$$y_i = b_0 + b_1 x_1 + b_2 x_2 + \mu_i$$

类似的使用最小二乘法进行参数估计，得

$$\sum y = n b_0 + b_1 \sum x_1 + b_2 \sum x_1,$$
$$\sum x_1 y = b_0 \sum x_1 + b_1 \sum x_1^2 + b_2 \sum x_1 x_2,$$
$$\sum x_2 y = b_0 \sum x_2 + b_1 \sum x_1 x_2 + b_2 \sum x_2^2.$$

（2）拟合优度指标。

标准误差：对 y 值与模型估计值之间的离差的一种度量。其计算公式为

$$SE = \sqrt{\frac{\sum (y - y')^2}{n - 3}}$$

（3）置信范围。

置信区间的公式为

$$\text{置信区间} = y' \pm t_p SE$$

式中，t_p 是自由度为 $n-k$ 的 t 统计量数值表中的数值，n 是观察值的个数，k 是包括因变量在内的变量的个数。

3. 施工项目成本详细预测法

前面分别介绍了定性预测和定量预测的几种方法，但预测方法只是提供预测的手段，而不是目的，我们的目的是要科学地认识工程项目的成本变化，预测拟投标或准备或正在施工的项目成本，为项目的决策和经营管理提供准确而及时的依据。因此，接下来将综合采用上述方法，预测影响施工项目成本变化的因素及其结果。

施工项目成本预测方法也可以归纳为两类：第一类是近似预测法，即以过去的类似工程作为参照，预测目前施工项目成本，这类的方法主要有时间序列法和指数回归法（前文已介绍）；第二类是详细预测法，即以近期内的类似工程成本为基数，通过结构与建筑差异调整，以及人工费、材料费等直接费和间接费的修正来测算目前施工项目的成本。

1）近似预测法

（1）一元线性回归法。

线性回归的预测方法在上文中已叙述。该方法适用于物价波动不大时期内的成本预测，对于价格波动较大的，要进行价格口径换算，为对应下一部分的学习内容，对此方法再进行更深入的介绍，具体的方法如下。

【例2-12】 H建筑工程公司在某市投标承建某教学楼（以下简称K工程），主体是框架结构，建筑面积为2 200 m^2，工期为2017年11月至2018年5月。在投标之前，公司将对该项目进行施工成本的预测和分析。试用一元线性回归法预测成本。

【解】

（1）搜集近期的同类工程的成本资料。

① H建筑工程公司总结近期框架工程的成本资料。

② 将各年度的工程成本换算到预测期的成本水平。

由于成本水平主要受到材料价格的影响，所以可按建材价格上涨系数来计算。

H建筑工程公司测算的2017年度的建材价格上涨系数为23%，估计的2018年度上涨系数为10%。

③ 建立回归预测模型。

（2）时间序列分析预测。

计算各年度的同类施工项目的单位平方成本。

一个施工企业一般在同一年度内会有多个同类型的项目竣工，各个施工项目的单方成本也不可能一致。另外，许多项目是跨年度施工的，如果以一年为一个预测期，其成本实际上不仅仅反映了本年度的成本水平。针对这些问题，可采取下述的方法计算：

① 通常以一年为一个预测周期。

② 跨年度的工程，其实际成本作为竣工年份的成本资料。

③ 同年度有多个同类工程竣工，以其平均值作为该年度的成本实际值。

【例2-13】 接上例，假设2017年内竣工的砖混结构工程有四个项目，其单方成本分别是253、269、274和259，则2018年度的砖混结构工程的单方成本为

$$(253 + 269 + 274 + 259)/4 = 264 \text{ 元}/m^2$$

以类似的方法根据各年度竣工施工项目的成本资料，计算出各年度框架结构工程的施工

单方成本。

用时间序列分析法预测下一年度的成本。

在计算以前各年度的同类工程各年度平均单方成本之后,就可以采用时间序列分析方法中任一种方法预测下一年的同类工程单方成本。

具体的计算方法在前书中已专门介绍。在这里,我们建议采用指数平滑法计算,因为指数平滑法预测值的结果比其他方法更接近于实际值,且适用于中短期预测。

(3) 指数曲线回归法。

对于逐年按一定比例发展变化的未来值判断,就需用指数曲线趋势预测法进行预测。近年来,由于经济的迅速发展和国家的物价放开,物价以 10% 左右速度逐年增长,施工项目的成本也呈类似的趋势。因此,针对这种情况,可采取指数曲线回归法预测。

2) 详细预测法

这种预测方法,通常是对施工项目计划工期内影响其成本变化的各个因素进行分析,比照最近期已完工施工项目或将完工施工项目的成本(单位面积成本或单位体积成本),预测这些因素对工程成本中有关项目(成本项目)的影响程度。然后用比率法进行计算,预测出工程的单位成本或总成本。

这种方法,首先要计算最近期已完的或将近完工的类似施工项目(以下称为参照工程)的成本,包括各成本项目的数额;第二步要分析影响成本的因素,并分析预测各因素对成本有关项目的影响程度;第三步再按比率法计算,预测出目前施工项目(以下称为对象工程)的成本。其步骤如下:

(1) 近期同类施工项目的成本调查或计算。

(2) 结构和建筑上的差异修正。

由于建筑产品的单件性,每个施工项目在结构上和建筑上都有别于其他项目,故而利用同类项目成本进行预测时必须加以修正。修正公式为

工程总成本 = 参照工程单方成本 × 对象工程建筑面积 + $\sum$[结构或建筑上不同部分的量 ×
(工程该部分单位成本 − 参照工程该部分的单位成本)]

或

对象工程单方成本 = 参照工程单方成本 + $\sum$[结构或建筑上不同部分的量 ×
(对象工程该部分的单位成本 − 参照工程该部分的单位成本)] ÷
对象工程建筑面积

式中,参照工程有而对象工程没有的部分,对象工程该部分单位成本取值为 0;反之,参照工程没有而对象工程有的部分,则参照工程该部分单位成本取值为 0。

(3) 预测影响工程成本的因素。

为使预测的成本值与实际值更接近,需要进一步分析影响工程成本的各种因素,并确定其影响程度,对以上得到的预测值进行修正。

在工程施工中,影响工程成本的主要因素可以概括为以下几个方面:

① 建材、燃料、动力等消耗定额的增加或减少。由于采用新材料或材料代用,引起材料消耗的降低,或者采用新工艺、新技术或新设备,降低了必要的工艺性损耗,以及对象工程

与参照工程材料级别不同,消耗定额和单价之差引起的综合影响等。

② 物价的变化。物价的变化是影响工程成本的一个重要因素。有些工程成本超支的主要原因就是由于物价大幅度上涨。实行固定总价合同的工程往往会因此亏本。

③ 工资水平的变化。工资(包括奖金、附加工资等)的增长不可避免地使得工程成本增加,包括由于工期紧张而增加的加班工资。

④ 劳动生产率的变化。工人素质的增强或者是采用新的工艺,提高了劳动生产率,节省了施工总工时数,从而降低了人工费用;或者,可能由于工程所在地的地理和气候环境的影响,或施工班组工人素质与参照工程相比较低,使劳动生产率下降,从而增加了施工总工时数和人工费用。

⑤ 其他直接费的变化。其他直接费包括施工过程中发生的材料二次搬运费、临时设施费、生产工具用具使用费、检验试验费、工程定位复测费、工程点交费和场地清理费。这些费用对于不同工程,其发生的实际费用是不同的。在预测成本时,要根据对象工程与基于计算的参照工程之间在其他直接费上的差别进行修正。

⑥ 间接费用的变化。间接费用是项目管理人员及企业各职能部门在该施工项目上所发生的全部费用。这部分费用和其他直接费一样,不同工程之间也会有不同。比如,工程规模不同,施工项目管理人员人数也不同,其管理人员的工资、奖金,以及职工福利费等也都有差别。

以上这些因素对于具体的工程来说,不一定都可能发生,不同的工程情况也不会相同。例如,一个时期材料价格上涨,而另一个时期材料价格则会下跌。分别于这两个不同期的工程,成本因材料价格的变化就会向相反方面进行。因此,在确定影响成本因素对成本影响的程度之前,首先要分析预测影响该工程的因素有哪些。

预测影响成本的因素,主要采用定性预测方法,即召集有关专业人员,采用专家会议法,先由各位参加人员提出自己的意见,再对不同的意见进行讨论,最后确定主要影响因素。

(4)预测各因素的影响程度。

预测各因素的影响程度就是预测各因素的变化情况,再计算其对成本中有关项目的影响结果。

预测各因素的变化情况。各因素变化情况预测方法的选择,可根据各因素的性质,以及历史工程资料情况,并适应及时性的要求而决定。一般来讲,各因素使用预测方法如下:

① 材料消耗定额变化,适用经验估计方法和时间序列分析法。
② 材料价格变化,适用时间序列分析法、回归分析法和专家调查法。
③ 职工工资变化,适用时间序列分析法和专家调查法。
④ 劳动生产率变化,适用时间序列分析法和经验估计法。
⑤ 其他直接费变化,适用经验估计法和统计推断法。
⑥ 间接费用变化,适用经验估计法和回归预测法。

计算各因素对成本的影响程度。各因素对成本的影响程度分别用下列公式计算。
① 材料消耗定额变化而引起的成本变化率。

$$\gamma_1 = 材料费占成本的百分比 \times 材料消耗定额变化的百分比$$

② 材料价格变化而引起的成本变化率。

$$\gamma_2 = 材料费占成本的百分比 \times (1 - 材料消耗定额变化的百分比) \times \\ 材料价格变化的百分比$$

③ 劳动生产率变化而引起的成本变化率。

$$\gamma_3 = 人工费占成本的百分比 \times \left(\frac{1}{1+劳动生产率变化的百分比} - 1\right)$$

④ 劳动力工资增长引起的成本变化率。

$$\gamma_4 = 人工费占成本的百分比 \times \frac{平均工资增长的百分比}{1+劳动生产率变化的百分比}$$

⑤ 其他直接成本变化而引起的成本变化率。

$$\gamma_5 = 其他直接成本占成本的百分比 \times 其他直接成本变化的百分比$$

⑥ 间接成本变化而引起的成本变化率。

$$\gamma_6 = 间接成本占成本的百分比 \times 间接成本变化的百分比$$

（5）计算预测成本。

$$预测成本 = 结构和建筑修正成本 \times (1+\gamma_1+\gamma_2+\gamma_3+\gamma_4+\gamma_5+\gamma_6)$$

下面将以例 2-14 中 A 建筑工程公司预测 H 工程的成本为例说明以上预测过程。

【例 2-14】 A 建筑工程公司将要承建位于某市的商住楼主体结构（框剪结构，以下称为 H 工程），建筑面积为 10 000 m²，20 层，工期是 2017 年 1 月至 2018 年 2 月。A 建筑工程公司在该地区的最近期类似项目是外形仿古建筑、内部框剪结构的某饭店工程（以下称为 F 工程），其主体结构工程施工成本为 450 元/m²。

H 工程与 F 工程之间的建筑和结构上的差异：一是 F 工程采用的是木窗（成本为 980 元/m²），而 H 工程采用的是铝合金窗（成本为 6 490 元/m²）；二是 F 工程屋顶采用的是仿古歇山式屋顶（投影面积成本为 600 元/m²），而 H 工程采用的是钢筋混凝土屋顶（成本为 78 元/m²）。已知 H 工程铝合金窗面积为 1 200 m²，H 工程屋顶面积为 400 m²。

影响 H 工程主体结构施工成本的因素及影响程序预测见表 2-11 所示。

表 2-11　影响 H 工程主体结构施工成本因素及影响程度预测表

主要因素	变化范围	影响成本的项目
材料价格上涨	10%	材料费
劳动力工资上涨	20%	人工费
劳动生产率提高	5%	人工费
间接费减少	6%	间接费

请在施工之前进行 H 工程的成本预测工作。

【解】 以此为例说明预测过程，具体如下：

① 最近期类似施工项目的成本调查或计算。

经调查，A 公司在该地区的最近期类似项目是外形仿古建筑内部框剪结构的某饭店工程（F 工程），其主体结构工程施工成本为 450 元/m²。

② 结构和建筑上的差异修正。

由于建筑产品的特殊性，每项工程无论结构和建筑设计上都有所区别，这就是说利用最近期类似工程成本作为本工程的初始预测成本必须对其进行必要的修正。即应考虑两个方面：一是对象工程与参照工程结构上的差异，二是对象工程与参照工程建筑上的差异。

$$H 工程单方成本修正值 = 450 元/m^2 + [1\,200\,m^2 \times (649 元/m^2 - 98 元/m^2) + \\ 400\,m^2 \times (78 元/m^2 - 600 元/m^2)] \div 10\,000\,m^2 \\ = 495.24 元/m^2$$

$$H 工程总成本修正值 = 450 元/m^2 \times 10\,000\,m^2 + [1\,200\,m^2 \times (649 元/m^2 - \\ 98 元/m^2) + 400\,m^2 \times (78 元/m^2 - 600 元/m^2)] \\ = 4\,952\,400 元$$

即，H 工程主体结构部分的总成本为 4 952 400 元，单位面积成本为 495.24 元。

③ 预测影响工程成本的因素。

在上一步骤中估计的工程成本几乎不可能与工程实际成本完全一致，因为工程施工过程中受到众多因素的干扰，必须分析对象工程成本的影响因素，并在下步中确定影响程度，对第二步中估计出的成本加以修正；使其与实际成本更加接近，在工程施工管理中发挥作用。

首先，先计算成本构成的项目在成本中所占的比率。A 建筑工程公司根据以往的资料计算出框剪结构工程的成本构成比率，如表 2-12 所示。

表 2-12 框剪结构工程的成本构成比率

成本项目	构成比率
人工费	17%
材料费	52%
机械使用费	10%
间接费	12%

然后，再计算各因素对成本的影响程度各因素对成本影响程度。计算方法如下：一是采用参照工程的成本构成比率，二是采用历史同类工程的成本构成比率进行统计平均。A 公司根据以往的资料计算出框剪结构工程的成本构成比率。

H 建筑工程公司 H 工程的计算结果见表 2-13。

表 2-13 H 工程主要因素对成本的影响程度

主要因素	变化范围	影响成本的项目及所占比例	计算式	结果
材料价格上涨	10%	材料费（52%）	52%×10%	0.052
劳动力工资上涨	20%	人工费（17%）	17%×20%÷（1+5%）	0.0324
劳动生产率提高	5%	人工费（17%）	17%×[1÷(1+5%)−1]	−0.0081
间接费减少	6%	间接费（12%）	12%×（−6%）	−0.0072

④ 计算预测成本。

总成本 = 4 952 400 × (1 + 0.052+0.0324 − 0.0081 − 0.0072) = 5 293 620.36 元

单位面积成本 = 5 293 620.36 元 ÷ 10 000 m² = 529.36 元/m²

4. 施工项目成本预测中的不确定性分析方法

由于建材价格、工资水平、劳动生产率、间接成本等影响成本的因素不是一成不变的，而是具有不同程度的不确定性，据此做出的成本预测也就不可避免不确定性或风险。因此，有必要对成本预测值做不确定性分析。不确定性分析通常包括量本利分析、敏感性分析和概率分析。以下重点介绍量本利法。

1）量本利法

量本利分析是在一定市场、生产能力及经营管理条件下，通过对产品产量、成本、利润相互关系的分析，判断企业对市场需求变化适应能力的一种不确定性分析方法，故亦称为量本利分析。各种不确定性因素（如投资、成本、销售量、价格、项目寿命期）的变化会影响投资方案的经济效果，当这些因素的变化达到某一临界值时，就会影响到方案的取舍。量本利分析就是要找出这种临界值，判断投资方案对不确定性因素变化的承受能力，为决策提供依据。在工程项目成本管理中，这种方法可以分析项目的合同价格、工程量、单位成本及总成本之间的相互关系，为工程决策阶段提供依据。

（1）量本利分析的基础。

量本利分析中，把成本划分为固定成本和变动成本。

固定成本（Fixed Cost），是指成本总额在一定时期和一定业务量范围内，不受业务量增减变动影响而保持不变的成本。固定成本总额只有在一定时期和一定业务量范围内才是固定的。固定成本的固定性是有条件的。这里所说的一定范围叫作相关范围。例如，超过一定业务量，就需要增加生产设备的投资，从而导致其每月的固定折旧成本发生变化。

但是，相对于单位业务量而言，单位业务量所承担的固定成本与业务量的增减呈反方向变动。因为在成本总额固定的情况下，业务量小，单位业务量所负担的固定成本就高；业务量大，单位业务量所负担的固定成本就低。固定成本总额与单位固定成本的习性模型，如图2-6所示：

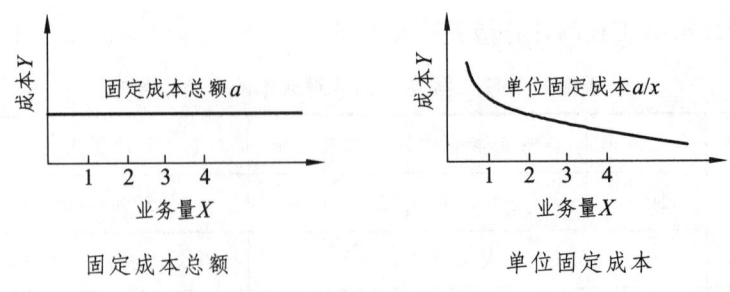

图 2-6 固定成本总额与单位固定成本习性图

变动成本（Variable Costing）是指成本总额随着业务量的增减变化而成正比例增减变化的成本。但是，其单位业务量的成本保持不变。在产品制造成本中，直接人工、直接材料都是典型的变动成本。变动成本总额与单位变动成本的习性模型，如图2-7所示。

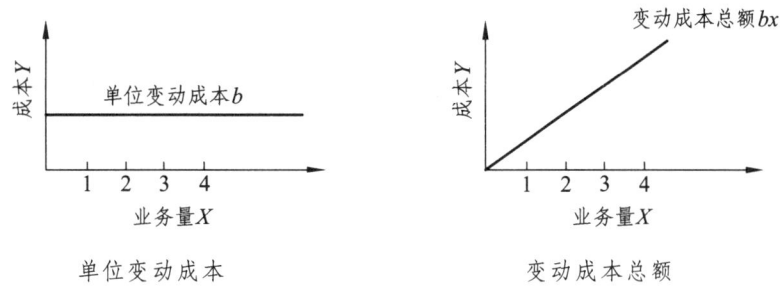

图2-7 变动成本总额与单位变动成本的习性图

除此之外，在工程项目成本管理中，量本利分析还需要了解量本利分析法的各个因素特征。

量：工程项目成本管理中，量本利分析的量不是一般意义上单件工业产品的生产数量或销售数量，而是指一个施工项目的建筑面积或建筑体积（以 S 表示）。对于特定的施工项目，由于建筑产品具有"期货交易"的特征，所以其生产量即是销售量，且固定不变。

成本：因为量本利分析是在成本划分为固定成本和变动成本的基础上发展起来的，所以进行量本利分析首先应从成本性态入手，即把成本按其与产销量的关系分解为固定成本和变动成本。在工程项目管理中，就是把成本按是否随工程规模大小而变化，划分为固定成本（以 C_1 表示）和变动成本（以 C_2 表示，这里指单位平方建筑面积变动成本）。问题在于 C_1 和 C_2 往往很困难，这是由于变动成本变化幅度较大，而且历史资料的计算口径不同。一个简便而适用的方法，是建立以 S 为自变量，C（总成本）为因变量的回归方程（$C = C_1 + C_2 \times S$），通过历史工程成本数据资料（以计算期价格指数为基础），用最小二乘法计算回归系数 C_1 和 C_2。

价格：不同的工程项目其单位平方价格是不相同的，但在相同的施工期间内，同结构类型的项目的单位平方价格则是基本接近的。因此，工程项目成本管理量本利分析中，可以按工程结构类型建立相应的盈亏分析图和量本利分析模型。某种结构类型项目的单方价格可以按历史数据资料计算并按物价上涨指数修正，或者和计算成本一样建立回归方程求解。

（2）量本利分析的原理。

与一般的量本利分析方法不同的是：建筑施工企业在建立了自己的各种结构类型工程的盈亏分析图之后，对于特定的工程项目来说，其量（建筑面积）是固定不变的，从成本预测和定价方面考虑，变化的是成本（包括固定成本和变动成本）以及投标价，其作用在于为项目投标报价决策和制定项目成本计划提供依据。

量本利分析所考虑的相关因素主要包括销售量、单价、销售收入、单位变动成本、固定成本和息税前利润等。这些因素之间的关系可以用下列基本公式来反映。

$$
\begin{aligned}
税前利润 &= 销售收入 - 总成本 \\
&= 销售收入 - (变动成本+固定成本) \\
&= 销售量 \times 单价 - 销售量 \times 单位变动成本 - 固定成本 \\
&= 销售量 \times (单价 - 单位变动成本) - 固定成本
\end{aligned}
$$

它含有五个相互联系的变量，给定其中四个变量，便可求出另外一个变量的值。

（3）量本利分析的模型。

基本公式的推导：

基本概念的字母表示：

固定总成本——C_1；单位变动成本——C_2（元/m²）；销售量（工程量）——S；销售收入——Y；总成本——C；单位价格——P；利润——TP。

成本、收入、利润之间存在的关系为

$$C = C_1 + C_2 \times S$$
$$Y = P \times S$$
$$TP = Y - C = P \times S - (C_1 + C_2 \times S) = (P - C_2) \times S - C_1$$

量本利分析如图 2-8 所示。

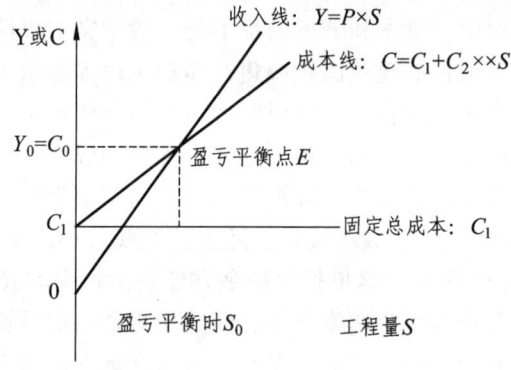

图 2-8 量本利分析图

上图为基本的量本利分析图，是根据量本利的基本关系绘制的，也称保本点图。在量本利分析图中，以横坐标代表销售量，以纵坐标代表收入和成本，则销售收入线和总成本线的交叉点就是盈亏平衡点。

基本的量本利分析图表达的意义有：固定成本与横轴之间的区域为固定成本值，它不因产量增减而变动，总成本线与固定成本线之间的区域为变动成本，它与产量呈正比例变化；总收入线与总成本线的交点是盈亏平衡点，通过图示可以直观地看出保本销售量和保本销售额；在盈亏平衡点以上的总收入线与总成本线相夹的区域为盈利区，盈亏平衡点以下的总收入线与总成本线相夹的区域为亏损区。因此，只要知道销售数量或销售金额信息，就可以在图上判明该销售状态下的结果是亏损还是盈利，易于理解，直观方便。

由收入等于成本 $C = Y$ 得

$$C_1 + C_2 \times S = P \times S$$

即

$$S_0 = C_1/(P - C_2)$$

此时的

$$Y_0 = S_0 \times P$$

另还可分析出：当 $S < S_0$ 时企业处在亏损状态；当 $S > S_0$ 时企业处在盈利状态。

理论分析：

由 $TP = (P - C_2) \times S - C_1$ 得

$$S = (TP + C_1)/(P - C_2)$$

可以得出：

当 $TP < 0$ 时，$S < S_0$；

当 $TP = 0$ 时，$S = S_0$；

当 $TP > 0$ 时，$S > S_0$。

有目标利润下建筑面积的计算：

由 $TP = (P - C_2) \times S - C_1$ 得

$$S = (TP+C_1)/(P - C_2)$$

项目保本规模

$$S_0 = C_1/(P - C_2)$$

项目保本合同价

$$Y_0 = P \times C_1/(P - C_2)$$

（4）量本利分析在工程项目成本管理中的运用。

① 预测成本。

量本利分析法在工程项目成本管理中的运用主要有以下几个方面：

【例 2-15】 A 建筑工程公司于 2018 年施工的砖混结构工程的量本利分析模型 C_1 = 138 266 元，C_2 = 211 元/m²，当年的砖混结构工程的合同价为 410 元/m²。请预测：将要承建的砖混结构项目 K 保本规模和保本合同价；假定其建筑面积为 1 000 m² 时的成本。

【解】

（1）根据已知资料，建立试公司施工的砖混结构工程的量本利分析模型：

总成本 $= C = C_1 + C_2 \times S = 138\ 266$ 元 $+ 211$ 元/m²

投标总价 $Y = P \times S = 410$ 元/m² $\times S$

（2）对将要承建的 K 项目（假定其建筑面积为 1 000 m²）预测：

总成本 $C = 138\ 266$ 元 $+ 211$ 元/m² $\times 1\ 000$ m² $= 349\ 266$ 元

投标总价 $Y = 410$ 元/m² $\times 1\ 000$ m² $= 410\ 000$ 元

利润总额 $= 410\ 000$ 元 $- 349\ 266$ 元 $= 60\ 734$ 元。

（3）保本工程量和保本合同价计算：

项目保本规模 $= 138\ 266$ 元 $\div (410$ 元/m² $- 211$ 元/m²$) = 695$ m²

项目保本合同价 $= 410$ 元/m² $\times 138\ 266$ 元 $\div (410$ 元/m² $- 211$ 元/m²$) = 284\ 870$ 元

A 建筑工程公司承建的砖混结构工程项目的建筑面积不能低于 695 m²，或者其合同价不能低于 284 870 元，否则不宜承建施工。如果承建施工，则会亏本。

② 分析预测固定成本和变动成本的变化对目标成本的影响程度。

基本公式 $C = C_1 + C_2 \times S$ 会发生的变化：

设变动成本变化率为 a（增加取正，降低取负），则公式变为：$C = C_1 + C_2(1 \pm a) \times S$

设固定成本变化率为 β（增加取正，降低取负），则公式变为：$C = C_1(1 \pm \beta) + C_2 \times S$

【例 2-16】 接例 2-15 已计算出 K 工程的预测成本为 349 266 元，其固定成本为 138 266 元，变动成本为 211 000 元。如果该公司以预测成本为目标成本，试分析固定成本和变动成本的变化对目标成本的影响。假定固定成本降低 5%，变动成本降低 5% 或变动成本增加 5%。

【解】

（1）变动成本变化对目标成本影响预测。

设单方变动成本变化率为 a（增加为正，降低为负），则目标成本

$$C = C_1 + C_2 \times (1 + a) \times S$$

若 $a = -5\%$,

$$C = 138\ 266 + 211 \times (1 - 5\%) \times 1\ 000 = 338\ 716（元）$$

目标成本降低率 = (349 266 - 38 716) ÷ 349 266 × 100% = 3.02%

若 $a = 5\%$,

$$C = 138\ 266 + 211 \times (1 + 5\%)1\ 000 = 359\ 816（元）$$

（2）固定成本变化对目标成本影响预测。

设国定成本变化率为 β（增加为正，降低为负），则目标成本

$$C = C = C_1(1 \pm \beta) + C_2 \times S$$

若 $\beta = -5\%$,

$$C_k = 138\ 266\ 元 \times (1 - 5\%) + 211\ 元/m^2 \times 1\ 000\ m^2 = 342\ 353\ 元$$

目标成本降低率 = (349 266 元 - 342 353 元) ÷ 349 266 元 × 100% = 2.00%

（3）固定成本和变动成本变化对目标成本的影响分析。

变动成本的变动对目标成本的影响大，一般工程的变动成本远比固定成本高，寻求降低成本的途径应从变动成本入手，取得的数果会比固定成本好，而且降低变动成本比降低固定成本更易于实现。

③ 在保持利润不变时，预测成本的变动对标价的影响。

【例 2-17】 接例 2-16，由于变动成本降低 5%，目标成本为 338 716 元；变动成本增加 5%，目标成本为 359 816 元。在保持利润不变的情况下，求投标价为多少。

【解】

（1）变动成本降低 5%，目标成本为 38 716 元，投标总价可由原来的 410 000 元，降低为

338 716 元 + 60 734 元 = 399 450 元。

（2）变动成本增加 5%，目标成本为 359 816 元，投标总价可由原来的 410 000 元，提高为

60 734 元 + 359 816 元 = 420 550 元。

（3）在已确定目标利润的情况下，预测工程投标价。

$$边际利润 = P - C_2$$

$$边际利润率\ i = (P - C_2) \div P$$

在已知边际利润率 i 时，

投标单价的最低额

$$P = C_2 \div (1 - i)$$

投标总价为

$$y = C_2 \times S \div (1 - i)$$

【例 2-18】 接例 2-17，若 A 建筑工程公司于 2018 年度砖混结构工程的目标边际利润率为 50%，请确定 K 工程的投标单价和总价。

【解】

K 工程投标单方造价为 $P = 211$ 元/m ÷ (1 - 50%)1 = 422 元/m²

标总价为 $Y = 422$ 元/m² × 1 000 = 422 000 元

（5）量本利分析综合案例。

【例2-19】某建筑企业的房屋建筑平均价格为777元/平方米,年固定费用为1 270万元,可变费用为650元/平方米。

(1)计算盈亏平衡点时的建筑面积。
(2)计算盈亏平衡点时的业务收入。
(3)若企业年完成竣工面积23万平方米,该企业能否盈利,盈亏多少?
(4)若企业年实现目标利润100万元,该企业年应完成多少建筑面积?

【解】

(1)计算盈亏平衡点时的建筑面积。

$$S_0 = C_1/(P - C_2)$$
$$= 1\ 270/(777 - 650) = 10\ (万平方米)$$

(2)计算盈亏平衡点时的业务收入。

$$Y_0 = S_0 \times P = 10 \times 777 = 7\ 770\ (万元)$$

(3)若企业年完成竣工面积23万平方米,计算该企业的盈例。

$$Y = S \times P = 777 \times 23 = 17\ 871\ (万元)$$
$$C = 1\ 270 + 650 \times 23 = 16\ 220\ (万元)$$
$$TP = Y - C = 17\ 871 - 16\ 220 = 1\ 651\ (万元)$$

(4)若企业年实现目标利润100万元,该企业年应完成的建筑面积。

$$S = (TP_目 + C_1)/(P - C_2)$$
$$= (100 + 1\ 270)/(777 - 650)$$
$$= 10.79\ (万平方米)$$

2)高低点法

成本预测的高低点法是指根据企业一定期间资金占用的历史资料,按照资金习性原理和 $y = a + bx$ 直线方程式程式,选用最高收入期和最低收入期的资金占用量之差,同这两个收入期的销售额之差进行对比,先求 b 的值,然后再代入原直线方程,求出 a 的值,从而估计推测资金发展趋势。

高低点法指在若干连续时期中,选择最高业务量和最低业务量两个时点的半变动成本进行对比,求得变动成本和固定成本的一种分解半变动成本的方法。

高低点法是利用代数式 $y = a + bx$,选用一定历史资料中的最高业务量与最低业务量的总成本(或总费用)之差 Δy,与两者业务量之差 Δx 进行对比,求出 b,然后再求出 a 的方法。

设以 y 代表一定期间某项半变动成本总额,x 代表业务量,a 代表半变动成本中的固定部分,b 代表半变动成本中依一定比率随业务量变动的部分(单位变动成本)。则

$$y = a + bx$$

最高业务量与最低业务量之间的半变动成本差额,只能与变动成本有关,因而单位变动成本为

$$b = \Delta y / \Delta x$$

即

单位变动成本 = (最高业务量成本 – 最低业务量成本)/(最高业务量 – 最低业务量)
= 高低点成本之差/高低点业务量之差

知道了 b，可根据公式 $y = a + bx$ 用最高业务量或最低业务量有关数据代入，求解 a。

$$a = 最高(低)产量成本 - b \times 最高(低)产量$$

用高低点法分解半变动成本简便易算，只要有两个不同时期的业务量和成本，就可求解，使用较为广泛。但这种方法只根据最高、最低两点资料，而不考虑两点之间业务量和成本的变化，计算结果往往不够精确。

2.3 工程项目成本计划

2.3.1 工程项目成本计划的概述

项目成本计划是项目计划的重要组成部分。它是项目经理部进行项目成本管理的基本依据和重要的工作内容，也是优化和实现项目目标成本（或计划成本）、总目标及其各分项目标并提高经济效益的基本保证。

1. 施工项目计划成本

1）计划成本的概念

计划成本是根据施工项目成本管理目标，以成本换测为基础，以企业生产经营目标和生产经营其他有关计划资料为依据确定的，以价值形式先规定项目计划期内施工成本耗费水平和成本降低任务，并提出节约费用开支的目标。计划成本是对企业成本进行考核的重要成本指标，是施工项目生产技术财务计划的重要组成部分。

计划成本一经确定，通常在一年之内不变，它反映了计划期内企业产品生产应达到的成本水平，有利于加强成本的计划管理，建立成本管理责任制和调动广大职工的积极性，不断降低成本。因此，认真做好计划成本的编制工作，是企业加强内部管理与控制的一项重要措施。

2）计划成本与预测成本

预测成本是成本预测工作的结果。所谓成本预测就是根据历史成本资料和有关经济信息，在认真分析当前各种技术经济条件，外界环境变化及可能采取的管理措施的基础上，对未来成本水平及其发展趋势所做的定量描述和逻辑推断。成本预测分为长期成本预测和短期成本预测。长期成本预测为企业产品生产成本管理奠定了良好的基础，是企业成本控制的长远大计。而短期成本预测是在长期成本预测的基础上，充分考虑企业生产经营现状以及与生产经营其他方面计划进行综合平衡，以选择达到成本降低目标的最优方案，为制订企业下一时期产品生产成本计划提供可靠的资料，并拟订实施计划的成本管理措施，以作为日常成本管理工作的指导。可见，成本预测是成本计划先进可行的重要保证。

计划成本是对预测成本运用决策手段进行调节和平衡的结果，它表明在现有的生产经营条件下，如何使成本水平既符合国民经济计划的宏观总体要求，同时又先进可行，以及为达到这一目的，对企业生产经营活动应采取的具体部署和安排。

3) 计划成本与目标成本

目标成本是项目或企业对未来时期产品成本所规定的奋斗目标,它比已经达到的实际成本要低,但又是经过努力可以达到的成本目标。目标成本管理是现代化企业经营管理的重要组成部分,是市场竞争的需要,是企业挖掘内部潜力、不断降低产品成本、提高企业整体工作质量的需要,是衡量企业实际成本节约或超支、考核企业在一定时期内成本管理水平高低的依据。

施工项目的成本管理实质上就是一种目标管理。项目管理的最终目标是低成本、高质量、短工期,而低成本是这三大目标的核心和基础。目标成本有很多形式,可以以计划成本、定额成本或标准成本作为目标成本,它随成本计划编制方法的不同而表现为不同的形式。一般来说,施工项目的目标成本的计算公式为

项目目标成本 = 预计结算收入 − 税金 − 项目目标利润

目标成本降低额 = 项目预算成本 − 项目目标成本

$$目标成本降低率 = \frac{目标成本降低额}{项目预算成本} \times 100\%$$

施工项目目标成本的制定及测定的工作程序如图 2-9 所示。

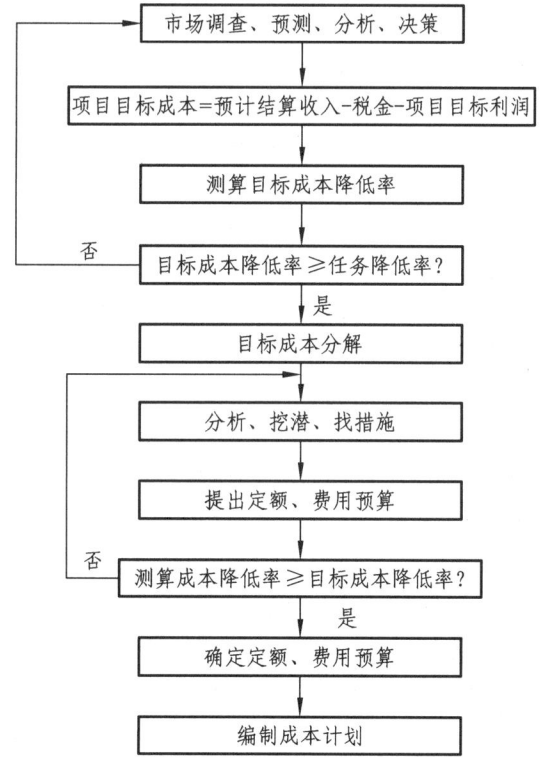

图 2-9 施工项目成本的制定及测定工作程序

4) 计划成本与成本计划

施工项目的成本计划与计划成本是两个不同的概念。施工项目的计划成本是与预算成本、实际成本相对应的概念。它是项目成本计划的核心内容,是项目组织以施工定额和采取可行

的技术措施为依托。

2.3.2 工程项目成本计划的内容

1. 施工项目成本计划的组成

施工项目的成本计划一般由施工项目降低直接成本计划和间接成本计划组成。如果项目设有附属生产单位（如加工厂、预制厂、机械动力站和汽车队等），成本计划还包括产品成本计划和作业成本计划。

（1）施工项目降低直接成本计划 施工项目降低直接成本计划主要反映工程成本的预算价值、计划降低额和计划降低率。一般包括以下几方面的内容。

① 总则 包括对施工项目的概述，项目管理机构及层次介绍，有关工程的进度计划、外部环境特点，对合同中有关经济问题的责任，成本计划编制中依据其他文件及其他规格也均应做适当的介绍。

② 目标及核算原则 包括施工项目降低成本计划及计划利润总额、投资和外汇总节约额（如有的话）、主要材料和能源节约额、货款和流动资金节约额等。核算原则是指参与项目的各单位在成本、利润结算中采用何种核算方式，如承包方式、费用分配方式、会计核算原则（权责发生制与收付实现制）、结算款所用何种币制等等，如有不同，应予以说明。

③ 降低成本计划总表或总控制方案 项目主要部分的分部成本计划，如施工部分，编写项目施工成本计划，按直接费、间接费、计划利润的合同中标数、计划支出数、计划降低额分别填入。如有多家单位参与施工时，要分单位编制后再汇总。

④ 对施工项目成本计划中计划支出数估算过程的说明。

要对材料、人工、机械费、运费等主要支出项目加以分解。以材料费为例，应说明：钢材、木材、水泥、砂石、加工订货制品等主要材料和加工预制品的计划用量、价格，模板摊销列入成本的幅度，脚手架等租赁用品计划付多少款，材料采购发生的成本差异是否列入成本等等，以便在实际施工中加以控制与考核。

⑤ 计划降低成本的来源分析。应反映项目管理过程计划采取的增产节约、增收节支和各项措施及预期效果。以施工部分为例，应反映技术组织措施的主要项目及预期经济效果。可依据技术、劳资、机械、材料、能源、运输等各部门提出的节约措施，加以整理、计算。

（2）间接成本计划 间接成本计划主要反映施工现场管理费用的计划数、预算收入数及降低额。间接成本计划应根据工程项目的核算期，以项目总收入费的管理费为基础，制定各部门费用的收支计划，汇总后作为工程项目的管理费用的计划。在间接成本计划中，收入应与取费口径一致，支出应与会计核算中管理费用的二级科目一致。间接成本的计划的收支总额，应与项目成本计划中管理费一栏的数额相符。各部门应按照节约开支、压缩费用的原则，制定"管理费用归口包干指标落实办法"，以保证该计划的实施。

2. 施工项目成本计划表

在编制了成本计划以后还需要通过各种成本计划表的形式将成本降低任务落实到整个项目的施工全过程，并且在项目实施过程中实现对成本的控制。成本计划表通常由成本计划任务表、技术组织措施表和降低成本计划表三个表组成,间接成本计划可用施工现场管理费计划表来控制。

(1)项目成本计划任务表它主要是反映工程项目预算成本、计划成本、成本降低额、成本降低率的文件。成本降低额能否实现主要取决于企业采取的技术组织措施。因此,计划成本降低额这一栏要根据技术组织措施表和降低成本计划表来填写。

(2)技术组织措施表它是预测项目计划期内施工工程成本各项直接费用计划降低额的依据,是提出各项节约措施和确定各项措施的经济效益的文件。由项目经理部有关人员分别就应采取的技术组织措施预测它的经济效益,最后汇总编制而成。编制技术组织措施表的目的,是为了在不断采用新工艺、新技术的基础上提高施工技术水平,改善施工工艺过程,推广工业化和机械化施工方法,以及通过采纳合理化建议来降低成本。

(3)降低成本计划表它是根据企业下达给该项目的降低成本任务和该项目经理部自己确定的降低成本指标而制定出项目成本降低计划。它是编制成本计划任务表的重要依据。它是由项目经理部有关业务和技术人员编制的。其根据是项目的总包和分包的分工,项目中的各有关部门提供降低成本资料及技术组织措施计划。在编制降低成本计划表时还应参照企业内外以往同类项目成本计划的实际执行情况。

3. 施工项目成本计划的风险分析

(1)施工项目成本计划的风险因素在编制施工项目成本计划时,我们不可避免地会考虑一定的风险因素。因为,目前我国是以社会主义市场经济为经济体制改革的目标,市场调节成为配置社会资源的主要方式,通过价格杠杆和竞争机制,使有限的资源配置到效益好的方面和企业去,这就必将促进企业间的竞争、加大风险。

在成本计划编制中可能存在着以下几方面的因素导致成本支出加大,甚至形成亏损:
① 由于技术上、工艺上的变更,造成施工方案的变化;
② 交通、能源、环保方面的要求带来的变化;
③ 原材料价格变化、通货膨胀带来的连锁反应;
④ 工资及福利方面的变化;
⑤ 气候带来的自然灾害;
⑥ 可能发生的工程索赔、反索赔事件;
⑦ 国际国内可能发生的战争、骚乱事件;
⑧ 国际结算中的汇率风险等等。

对上述各可能风险因素在成本计划中都应做不同程度的考虑,一旦发生变化能及时修正计划。

(2)成本计划中降低施工项目成本的可能途径降低施工项目成本可从以下几方面考虑:
① 加强施工管理,提高施工组织水平。主要是正确选择施工方案,合理布置施工现场;采用先进的施工方法和施工工艺,不断提高工业化、现代化水平;组织均衡生产,搞好现场调度和协作配合;注意竣工收尾,加快工程进度,缩短工期。

② 加强技术管理,提高工程质量。主要是研究推广新产品、新技术、新结构、新材料一新机器及其他技术革新措施,制订并贯彻降低成本的技术组织措施,提高经济效果,加强施工过程的技术质量检验制度,提高工程质量,避免返工损失。

③ 加强劳动工资管理，提高劳动生产率。主要是改善劳动组织，合理使用劳动力，减少窝工浪费；执行劳动定额，实行合理的工资和奖励制度；加强技术教育和培训工作，提高工人的文化技术水平和操作熟练程度；加强劳动纪律，提高工作效率，压缩非生产用工和辅助用工，严格控制非生产人员比例。

④ 加强机械设备管理，提高机械使用率。主要是正确选配和合理使用机械设备，搞好机械设备的保养修理，提高机械的完好率、利用率和使用效率，从而加快施工进度、增加产量、降低机械使用费。

⑤ 加强材料管理，节约材料费用。主要是改进材料的采购、运输、收发、保管等方面的工作，减少各个环节的损耗，节约采购费用；合理堆置现场材料，组织分批进场，避免和减少二次搬运；严格材料进场验收和限额领料制度；制订并贯彻节约材料的技术措施，合理使用材料，尤其是三大材，大搞节约利用，修旧利废和废料回收，综合利用一切资源。

⑥ 加强费用管理，节约施工管理费。主要是精减管理机构，减少管理层次，压缩非生产人员，实行定额管理，制定费用分项分部门的定额指标，有计划地控制各项费用开支。

积极采用降低成本的新管理技术，如系统工程、工业工程、全面质量管理、价值工程等，其中价值工程是寻求降低成本途径的行之有效的方法。

4. 降低成本措施效果的计算

降低成本的技术组织措施项目确定后，要计算其采用后预期的经济效果。这实际上也是降低成本目标保证程度的预测。

（1）由于劳动生产率提高超过平均工资增长而使成本降低。

（2）由于材料、燃料消耗降低而使成本降低。

$$成本降低率 = 材料、燃料等消耗降低率 \times 材料成本占工程成本的比重$$

（3）由于多完成工程任务，使固定费用相对节约而使成本降低。

$$成本降低率 = (1 - 1/生产增长率) \times 固定费用占工程成本的比重$$

（4）由于节约管理费而使成本降低。

$$成本降低率 = 管理费节约率 \times 管理费占工程成本的比重$$

（5）由于减少废品、返工损失而使成本降低。

$$成本降低率 = 废品返工损失降低率 \times 废品返工损失占工程成本的比重$$

（6）机械使用费和其他直接费的节约额，也可以根据要采用的措施计算出来。

将以上各项成本降低率相加，就可以测算出总的成本降低率。

2.3.3 工程项目成本计划的编制

1. 施工项目成本计划的编制程序

施工项目的成本计划工作，是一项非常重要的工作，不应仅仅把它看作是几张计划表的编制，更重要的是项目成本管理的决策过程，即选定技术上可行、经济上合理的最优降低成本方案。同时，通过成本计划把目标成本层层分解，落实到施工过程的每个环节，以调动全体职工的积极性，有效地进行成本控制。编制成本计划的程序，因项目的规模大小、管理要求不同而不同,大中型项目一般采用分级编制的方式,即先由各部门提出部门成本计划,再由项目经理部汇总编制全项目工程的成本计划;小型项目一般采用集中编制方式,即由项目经理部先编制各部门成本计划,再汇总编制全项目的成本计划。无论采用哪种方式,其编制的基本程序如下:

1)搜集和整理资料

广泛搜集资料并进行归纳整理是编制成本计划的必要步骤。所需搜集的资料也即是编制成本计划的依据。这些资料主要包括:

(1)国家和上级部门有关编制成本计划的规定。

(2)几项目经理部与企业签订的承包合同及企业下达的成本降低额、降低率和其他有关技术经济指标。

(3)有关成本预测、决策的资料。

(4)施工项目的施工图预算、施工预算。

(5)施工组织设计。

(6)施工项目使用的机械设备生产能力及其利用情况。

(7)施工项目的材料消耗、物资供应、劳动工资及劳动效率等计划资料。

(8)计划期内的物资消耗定额、劳动工时定额、费用定额等资料。

(9)以往同类项目成本计划的实际执行情况及有关技术经济指标完成情况的分析资料。

(10)同行业同类项目的成本、定额、技术经济指标资料及增产节约的经验和有效措施。

(11)本企业的历史先进水平和当时的先进经验及采取的措施。

(12)国外同类项目的先进成本水平情况等资料。

此外,还应深入分析当前情况和未来的发展趋势,了解影响成本升降的各种有利和不利因素,研究如何克服不利因素和降低成本的具体措施,为编制成本计划提供丰富具体和可靠的成本资料。

2)估算计划成本,即确定目标成本

财务部门在掌握了丰富的资料,并加以整理分析,特别是在对前期成本计划完成情况进行分析的基础上,根据有关的设计、施工等计划,按照工程项目应投入的物资、材料、劳动力、机械、能源及各种设施等等,结合计划期内各种因素的变化和准备采取的各种增产节约措施,进行反复测算、修订、平衡后,估算生产费用支出的总水平,进而提出全项目的成本计划控制指标,最终确定目标成本。确定目标成本以及把总的目标分解落实到各相关部门、班组大多采用工作分解法。

工作分解法又称工程分解结构,在国外被简称为 WBS（Work Breakdown Structure）,它的特点是以施工图设计为基础,以本企业做出的项目施工组织设计及技术方案为依据,以实际价格和计划的物资、材料、人工、机械等消耗量为基准,估算工程项目的实际成本费用,据以确定成本目标。

具体步骤是:首先把整个工程项目逐级分解为内容单一,便于进行单位工料成本估算的小项或工序,然后按小项自下而上估算、汇总,从而得到整个工程项目的估算。估算汇总后还要考虑风险系数与物价指数,对估算结果加以修正。结构形式为:

1.0 总工作

1.1 分工作 A

1.1.1 主任务 I

1.1.1.1 子任务 a
 1.1.1.2 子任务 b
 1.1.1.3 子任务 c
 1.1.2 主任务 2
 1.1.2.1 子任务 a
 1.1.2.2 子任务 b
 ....
 1.2 分工作 B
 1.2.1 主任务 I
 1.2.1.1 子任务 a
 1.2.1.2 子任务 b
 ....
 1.2.2 主任务 2
 1.2.2.1 子任务 a
 1.2.2.2 子任务 b
 ....

演绎成目标成本分解图

利用上述 WBS 系统在进行成本估算时，工作划分的越细、越具体，价格的确定和工程量估计越容易，工作分解自上而下逐级展开，成本估算自下而上，将各级成本估算逐级累加，便得到整个工程项目的成本估算。在此基础上分级分类计算的工程项目的成本，既是投标报价的基础，又是成本控制的依据，也是和甲方工程项目预算作比较和进行盈利水平估计的基础。

3）编制成本计划草案

对大中型项目，经项目经理部批准下达成本计划指标后，各职能部门应充分发动群众进行认真的讨论，在总结上期成本计划完成情况的基础上，结合本期计划指标，找出完成本期计划约有利和不利因素，提出挖掘潜力、克服不利因素的具体措施，以保证计划任务的完成。为了使指标真正落实，各部门应尽可能将指标分解落实下达到各班组及个人，使得目标成本的降低额和降低率得到充分讨论、反馈、再修订，使成本计划既能够切合实际，又成为群众共同奋斗的目标。

各职能部门亦应认真讨论项目经理部下达的费用控制指标，拟定具体实施的技术经济措施方案，编制各部门的费用预算。

4）综合平衡，编制正式的成本计划

在各职能部门上报了部门成本计划和费用预算后，项目经理部首先应结合各项技术经济措施，检查各计划和费用预算是否合理可行，并进行综合平衡，使各部门计划和费用预算之间相互协调、衔接；其次，要从全局出发，在保证企业下达的成本降低任务或本项目目标成本实现的情况下，以生产计划为中心，分析研究成本计划与生产计划、劳动工时计划、材料成本与物资供应计划、工资成本与工资基金计划、资金计划等的相互协调平衡。经反复讨论多次综合平衡，最后确定的成本计划指标，即可作为编制成本计划的依据，项目经理部正式编制的成本计划，上报企业有关部门后即可正式下达至各职能部门执行。

2. 施工项目成本计划的编制方法

施工项目成本计划工作主要是在项目经理负责下，在成本预、决策基础上进行的。编制中的关键前提——确定目标成本,这是成本计划的核心,是成本管理所要达到的目的。成本目标通常以项目成本总降低额和降低率来定量地表示。项目成本目标的方向性、综合性和预测性,决定了必须选择科学的确定目标的方法。

1)常用的施工项目成本计划方法

在概、预算编制力量较强、定额比较完备的情况下,特别是施工图预算与施工预算编制经验比较丰富的施工企业,工程项目的成本目标可由定额估算法产生。所谓施工图预算,它是以施工图为依据,按照预算定额和规定的取费标准以及图纸工程量计算出项目成本,反映为完成施工项目建筑安装任务所需的直接成本和间接成本。它是招标投标中计算标底的依据,评标的尺度,是控制项目成本支出、衡量成本节约或超支的标准,也是施工项目考核经营成果的基础。施工预算是施工单位(各项目经理部)根据施工定额编制的,作为施工单位内部经济核算的依据。

过去,通常以两算对比差额与技术组织措施带来的节约来估算计划成本的降低额,公式为

$$\text{计划成本降低额} = \text{两算对比定额差} + \text{技术组织措施计划节约额}$$

随着社会主义市场经济体制的建立,一些施工单位对这种定额估算法又作了其步骤及公式如下:

(1)根据已有的投标、预算资料,确定中标合同价与施工图预算的总价格施工图预算与施工预算的总价格差。

(2)根据技术组织措施计划确定技术组织措施带来的项目节约数。

(3)对施工预算未能包容的项目,包括施工有关项目和管理费用项目,参照估算。

(4)对实际成本可能明显超出或低于定额的主要子项,按实际支出水平估算出其实际与定额水平之差。

(5)充分考虑不可预见因素、工期制约因素以及风险因素、市场价格波动因素,加以试算调整,得出一综合影响系施工项目降低成本计划。

(6)综合计算整个项目的目标成本降低额及降低率。

$$\text{目标成本} = [(1) + (2) - (3) \pm (4)] \times [1 + (5)]$$

$$\text{降低额} = \text{预算成本} - \text{目标成本}$$

$$\text{目标成本降低率} = \text{目标成本降低额}/\text{项目的预算成本}$$

2)计划成本法

施工项目成本计划中的计划成本的编制方法,通常有以下几种:

(1)施工预算法。

施工预算法,是指主要以施工图中的工程实物量,套以施工工料消耗定额,计算工料消耗量,并进行工料汇总,然后统一以货币形式反映其施工生产耗费水平。以施工工料消耗定额所计算的施工生产耗费水平,基本是一个不变的常数。一个施工项目要实现较高的经济效益(即提高降低成本水平),就必须在这个常数基础上采取技术节约措施,以降低消耗定额的单位消耗量和降低价格等措施,来达到成本计划的目标成本水平。因此,采用施工预算法编制成本计划时,必须考虑结合技术节约措施计划,以进一步降低施工生产耗费水平。用公式来表示为

$$\text{施工预算法的计划} = \text{施工预算施工生产耗费} - \text{技术节约措施}$$

【例 2-20】 某施工项目按照施工预算的工程实际量,套以施工工料消耗定额,所计算消耗费用为 470.59 万元,技术节约措施计划节约额为 14.37 万元。计算计划成本。

【解】 施工项目计划成本 = 470.59 – 14.37 = 456.22 万元

(2) 技术节约措施法。

技术节约措施法是指以该施工项目计划采取的技术组织措施和节约措施所能取得的经济效果为施工项目成本降低额,然后求施工项目的计划成本的方法。用公式表示为

施工项目计划成本 = 施工项目预算成本 – 技术节约措施计划节约额(降低成本额)

【例 2-21】 某施工项目造价为 562.2 万元,扣除计划利润和税金以及企业管理独立费,经计算其预算成本为 484.82 万元,该施工项目的技术节约措施节约额为 28.75 万元。计算计划成本。

【解】 施工项目计划成本 = 484.22 – 28.75 = 456.07 万元。

(3) 成本习性法。

成本习性法,是固定成本和变动成本在编制成本计划中的应用,主要按照成本习性,将成本分成固定成本和变动成本两类,以此作为计划成本。具体划分可采用费用分解法。

材料费:与产量有直接联系,属于变动成本。

人工费:在计时工资形式下,生产工人工资属于固定成本。因为不管生产任务完成与否,工资照发,与产量增减无直接联系。如果采用计件超额工资形式,其计件工资部分属工变动成本,奖金、效益工资和浮动工资部分,亦应计入变动成本。

机械使用费:其中有些费用随产量增减而变动,如燃料、动力费,属变动成本。有些费用不随产量变动,如机械折旧费、大修理费、机修工、操作工的工资等,属于固定成本。此外还有机械的场外运输费和机械组装拆卸、替换配件、润滑擦拭等经常修理费,由于不直接用于生产,也不随产量增减成正比例变动,而是在生产能力得到充分利用,产量增长时,所分摊的费用就少些,在产量下降时,所分摊的费用就要大一些,所以这部分费用为介于固定成本和变动成本之间的半变动成本;可按一定比例划归固定成本与变动成本。

其他直接费:水、电、风、汽等费用以及现场发生的材料二次搬运费,多数与产量发生联系,属于变动成本。

施工管理费:其中大部分在一定产量范围内与产量的增减没有直接联系,如工作人员工资,生产工人辅助工费,工资附加费、办公费、差旅交通费、固定资产使用费、职工教育经费、上级管理费等,基本上属于固定成本。检验试验费、外单位管理费等与产量增减有直接联系,则属于变动成本范围,此外,劳动保护费中的劳保服装费、防暑降温费、防寒用品费,劳动部门都有规定的领用标准和使用年限,基本上属于固定成本范围,技术安全措施,保健费,大部分与产量有关,属无变动性质,工具用具使用费中,行政使用的家具费属固定成本,工人领用工具,随管理制度不同而不同,有些企业对机修工、电工、钢筋、车、钳、刨工的工具按定额配备,规定使用年限,定期以旧换新,属于固定成本,而对民工、木工、抹灰工、油漆工的工具采取定额人工数、定价包干,则又属于变动成本。

在成本按习性划分为固定成本和变动成本后,可用下列公式计算为

施工项目计划成本 = 施工项目变动成本总额(C_2Q) + 施工项目固定成本总额(C_1)

【例 2-22】 某施工项目,经过分部分项测算,测得其变动成本总额为 393.01 万元,固定成本总额 63.07 万元。计算计划成本。

【解】 施工项目计划成本 = 393.01 万元 + 63.07 万元 = 456.08 万元

(4）按实计算法。

按实计算法，就是施工项目经理部有关职能部门（人员）以该项目施工图预算的工料分析资料作与控制计划成本的依据。根据施工项目经理部执行施工定额的实际水平和要求，由各职能部门归口计算各项计划成本。

（1）人工费的计划成本，由项目管理班子的劳资部门（人员）计算。

$$人工费的计划成本 = 计划用工量 \times 实际水平的工资率$$

式中，计划用工量 = 某项工程量 × 工日定额，工日定额可根据实际水平，考虑先进性，适当提高定额。

（2）材料费的计划成本，由项目管理班子的材料部门（人员）计算。

$$材料费的计划成本 = (主要材料的计划用量 \times 实际价格) + (装饰材料的计划用量 \times 实际价格) + (周转材料的使用量 \times 日期 \times 租赁) + (构配)$$

【本章小结】

施工成本预测是指通过取得的历史数据资料、采用经验总结、统计分析和数学模型的方法对成本进行推测和判断。

施工项目成本预测是施工项目成本计划的基础，是施工项目成本管理的重要环节，是施工项目投标决策的依据。

施工项目成本预测方法主要有施工项目成本详细预测法和量本利分析法。施工项目成本预测法通常是通过对施工项目计划工期内影响其成本变化的各因素进行分析，参照近期已完工施工项目或将完工施工项目的成本，预测各因素对工程成本中有关成本项目的影响程度，之后用比率法进行计算，预测出工程的单位成本或总成本。量本利分析法通过揭示产量、成本、利润之间的内在联系来确定企业的保本点、保利点，以此来挖掘企业的内在潜力，寻求扩大生产、降低成本、增加盈利、提高效益的新途径。这是一个简单又实用的管理技术，用于施工项目成本管理中，可以分析项目的合同价格、工程量、单位成本及总成本之间的相互关系，为工程决策阶段提供依据。

项目成本计划是项目全面计划管理的核心。其内容涉及项目范围内的人、财、物和项目管理职能部门等方方面面，是受企业成本计划制约而又相对独立的计划体系，并且施工项目成本计划的实现又依赖于项目组织对生产要素的有效控制。

【复习题】

1. 什么是工程项目成本预测？成本预测的作用是什么？
2. 简述工程项目成本详细预测法的应用。
3. 什么是量本利分析法？
4. 简述工程项目成本计划的概念及作用。
5. 简述工程项目成本计划的内容。
6. 简述工程项目成本计划的编制程序。

3 工程项目成本控制

【本章目标】

1. 了解工程项目成本控制的概念、意义。
2. 了解工程项目成本控制的内容、原则。
3. 掌握工程项目成本控制的依据。
4. 熟悉工程项目成本控制的方法。
5. 熟练运用工程项目成本控制的挣值法与价值工程法。

【本章引例】

重庆市某建设集团有限公司招聘工程项目成本控制部门经理,职位描述如下:
1. 负责项目公司成本策划、成本目标制定、动态成本收集、成本预警和成本控制。
2. 编制项目营运的预算方案及各类成本报表,并监督预决算方案实施情况。
3. 负责项目公司合同的起草、谈判与会签,对其他部门的合同参与会签,并提出会签意见。
4. 审核项目的月报和进度款支付凭证。
5. 统计、核对和分析来自各部门成本相关的数据,进行成本核算,并提出成本的控制措施和建议。

任职要求:
1. 工程造价、土木工程等相关专业,统招大专及以上学历,持有国家注册一级建造师造价工程师优先;
2. 房地产开发企业造价预算、招投标合同管理经验丰富,年限不少于5年,具备至少两个及以上完成项目成本控制管理经验,有丰富的清算、结算经验,有大型房地产企业同等岗位管理经验者优先;
3. 具备工程造价专业知识,熟悉成本、财务方面的知识,熟悉房地产项目开发成本造价及招投标流程;熟悉房地产企业全过程业务运作流程体系,能够亲自算量复核、审核。
4. 沟通表达能力较好,团队协作能力强。

相信各位同学通过本章的学习,能认知工程项目成本控制岗位的工作,掌握工程项目成本控制的程序及方法。

3.1 工程项目成本控制概述

3.1.1 工程项目成本控制的概念及其特点

工程项目成本控制是收集、整理有关工程项目的成本信息，并利用成本工程项目进行成本控制的管理活动。工程项目成本管理包括提供成本信息、利用成本信息进行成本控制两大活动领域。

1. 工程项目成本控制的概念

施工项目成本按经济用途分析其构成，包括直接成本和间接成本。其中直接成本是构成施工项目实体的费用，包括材料费、人工费、机械使用费、其他直接费和现场经费；间接成本是企业为组织和管理施工项目而发生的经营管理性费用。按成本与施工所完成的工作量的关系分析其构成，它由固定成本与变动成本组成，其中固定成本与完成的工程量多少无关，而变动成本则随工程量的增加而增加。

施工项目成本控制，就是在其施工过程中，运用必要的技术与管理手段对物化劳动和活劳动消耗进行严格组织和监督的一个系统过程。施工企业应以施工项目成本控制为中心进行成本控制。施工项目成本控制既不是造价控制，更不是业主所进行的投资控制。要达到控制成本的目的，必须对人工费、材料费、机械费、其他直接费和现场管理费分别进行有效的控制。

2. 工程项目成本控制的特点

（1）工程参加者对成本控制的积极性和主动性是与他们对工程承担的责任形式相联系的。例如承包商对工程成本的责任由合同确定，不同的合同种类，有不同的成本控制积极性。如果订立的是成本加酬金合同，则他们没有成本控制的兴趣，甚至有时为了增加自己的盈利，千方百计地扩大成本开支；如果订立的是固定总价合同，则他们必须严格控制成本开支。

（2）成本控制的综合性成本目标不是孤立的，它只有与工程范围、质量目标、进度目标、效率、消耗等相结合才有价值，必须追求它们之间的平衡。

① 成本目标必须与详细的技术（质量）要求、进度要求、工作范围、工作量等同时落实到责任者，作为他们业绩评价的尺度。

② 在成本分析中必须同时分析进度、效率、质量状况，才能得到反映实际的信息，才有实际意义和作用，否则容易产生误导。有时虽然实际和计划成本相吻合，但却隐藏着很大的危险。成本变更可能导致质量、进度方面的问题，或者引起新的工程风险。

（3）不能片面强调成本目标，否则容易造成误导。例如，为降低成本（特别是建设期成本）而使用劣质材料、廉价的设备，结果造成工期拖延，损害工程的整体功能和效益。

在实际工作中，成本超支是很难弥补的，通常都以牺牲其他的项目目标为代价。

（4）成本控制必须与质量控制、进度控制、合同控制（包括索赔和反索赔）同步进行。实践证明，成本的超支常常并非是成本控制本身问题，而是由于如下原因引起的：

① 质量标准提高。

② 进度的调整。
③ 工程量的增加。
④ 业主由于工程管理失误造成的索赔。
⑤ 不可抗力因素等。

这些问题通常不是成本管理人员能够控制的。对成本超支情况的解决措施也必须通过合同措施、技术措施、管理措施综合解决。

（5）成本控制的周期不可太长，通常按月进行核算、对比、分析，而实施中的控制以近期成本为主。

（6）成本控制需要及时、准确的信息反馈，包括工程消耗、工程完成程度、质量资料。

3.1.2 工程项目成本的构成和分类

1. 工程项目成本的构成

工程项目成本是指施工企业为完成工程项目的建筑安装工程任务所耗费的各项费用的总和。具体包括两部分内容，一是施工生产过程中转移的生产资料的价值；二是工人的劳动耗费所创造的价值，它是以工资和附加类的形式分配给劳动者的个人消费。具体内容分为直接成本、间接成本。

（1）直接成本 直接成本是指施工过程中直接耗费的构成工程实体或有助于工程完成的各项支出，包括人工费、材料费、机械使用费和其他直接费。所谓其他直接费是指直接费以外施工过程中的其他费用。

① 人工费用包括从事建筑安装工程施工人员的工资、奖金、工资附加费、工资性质的津贴、劳动保护费等。

② 材料费用包括从事施工过程中，耗用构成的工程实体的原材料、辅助材料、构配件、零件、半成品的费用和周转材料及租赁费用。

③ 机械使用费用包括施工过程中，使用企业拥有施工机械，所发生的机械使用费用和租用外单位施工机械的租赁费用，以及施工机械的安装、拆卸和进出场费用。

④ 其他直接费用包括施工过程中，发生的材料二次搬运费用、临时设备费用、生产工具使用费用、检验试验费用、工程定位复测费用、工程点交费用、场地清理费用等。

（2）间接成本 间接成本是指企业的各项目部为施工准备、组织和管理施工生产所发生的全部施工间接费支出。施工项目间接成本包括：

① 施工管理人员工资、奖金及按规定提取的职工福利费用。

② 工程项目部所使用的固定资产折旧费及修理、物料消耗和低值易耗品费用。

③ 工程项目部所发生的取暖费、水电费、办公费、差旅费、应酬费、财产保险费、检验试验费、劳动保护费、工程保修费、排污费及其他费用。

2. 工程项目成本的分类

按成本的核算方法，可将成本划分为预算成本、实际成本和目标成本。

（1）预算成本 预算成本是指根据施工图计算的工程和预算单价确定的工程预算成本，反映了为完成工程项目建筑安装任务所需的直接费用和间接费用。

（2）实际成本 实际成本是指按成本对象和成本项目归集的生产费用支出的总和。指项目在施工生产过程中实际发生的，按一定的成本核算对象和成本项目归集的生产费用支出的总和。

（3）目标成本 目标成本是指按企业的施工预算确定的目标成本，这一目标成本是在项目经理领导下组织施工、充分挖掘潜力、采取有效的技术组织措施和加强管理经济核算的基础上，预先确定的工程项目的成本目标。

3.1.3 工程项目成本控制的内容和措施

1. 工程项目成本控制的内容

工程项目成本控制的全过程包括施工项目成本预测与决策、成本计划的编制和实施、成本核算和成本分析等主要环节，其中以成本计划的实施为关键环节。因此，进行施工项目成本控制，必须具体研究每个环节的有效工作方式和关键控制措施，从而取得施工项目整体的成本控制效果。

（1）成本预测 施工项目成本预测是其成本控制的首要环节，是事前控制的环节之一也是成本控制的关键。本预测的目的是预见成本的发展趋势，为成本管理决策和编制成本计划提供依据。

（2）施工项目成本决策 施工项目成本决策是根据成本预测情况，经过认真分析做出决定，确定成本管理目标。成本决策是先提出几个成本目标方案，然后再从中选择理想的成本目标做出决定。

（3）施工项目成本计划的编制 成本计划是实现成本目标的具体安排，是成本管理工作的行动纲领，是根据成本预测、决策结果，并考虑企业经营需要和经营水平编制的，它也是事先成本控制的环节之一。成本控制必须以成本计划作标准。

（4）成本计划实施 即是根据成本计划所做的具体安排，对实施项目的各项费用实施有效控制，不断收集实施信息，并与计划比较，发现偏差，分析原因，采取措施纠正偏差，从而实现成本目标。

（5）成本核算 施工项目成本核算是对施工中各种费用支出和成本的形成进行核算。项目经理部应作为企业的成本中心，大力加强施工项目成本核算，为成本控制各环节提供必要的资料。成本核算应贯穿于成本控制的全过程。

（6）成本分析与考核 施工项目成本分析为中间成本分析和竣工成本分析，是为了对成本计划的执行情况和成本状况进行的分析，也是总结经验教训的重要方法和信息积累的关键步骤。成本考核的目的在于通过考察责任成本的完成情况，调动责任者成本控制的积极性。

2. 工程项目成本控制的措施

有效控制工程项目成本、力争工程项目成本最低化的控制措施，应该是增收有节支。只开源不节流，或者只节流不开源，都不可能取得理想的降低成本的效果。控制工程项目主要从组织措施、技术措施以及经济措施三方面入手。

（1）组织措施。工程项目成本控制的组织措施，主要指建立成本控制组织保证体系，有明确的项目组织机构，使成本控制有专门机构和人员管理，任务职责明确，工作流程规范化。从目前情况看工程项目的项目经理应是工程项目成本管理的第一责任人，全面负责成本管理工作，应及时掌握和分析盈亏状况，并迅速采取有效措施；工程项目技术部是整个工程项目施工技术和进度的负责部门，应在保证质量、按期完成任务的前提下尽可能采取先进技术，以降低工程成本；经营部主管合同实施和合同管理工作，负责工程项目进度货款的申报和催款工作，处理施工赔偿问题；经济部应注重加强合同预算管理，增创工程预算收入；财务部主管工程项目的财务工作，应随时分析项目的财务收支情况，合理调度资金；项目部经理的各部门应精心组织、密切配合，为增收节支尽责尽职。组织措施是其他各类措施的前提和保障，而且一般不需要增加什么费用，运用得当。

（2）技术措施。技术措施不仅对解决施工成本管理过程中的技术问题是不可缺少的，而对纠正施工成本管理目标偏差也有相当重要的作用。因此，运用技术纠偏措施的关键，一是要能提出多个不同的技术方案，二是要对不同的技术方案进行技术经济分析。在实践中，要避免仅从技术角度选定方案而忽视对其经济效果的分析论证。具体来说，应做到以下几点：

① 制定先进的、经济合理的工程项目施工方案，以达到缩短工期、提高质量、降低成本的目的。施工方案包括四大内容：施工方法的确定、施工机具的选择、施工顺序的安排和流水施工的组织。正确选择施工方案是降低工程项目成本的关键所在。

② 在施工过程中努力寻求各种降低消耗的技术措施，不断提高工效的新工艺、新技术、新材料等，以期降低成本。

③ 严把质量关，杜绝返工现象，缩短验收时间，节省费用开支。

（3）经济措施。经济措施是最易为人接受和采用的措施。管理人员应编制资金使用计划确定、分解施工成本管理目标。推行经济承包责任制，将计划目标进行层层分解并落实，动态地对工程项目成本的计划值与实际支出值进行比较分析，严格各项费用的审批和支付程序，对节约成本的行为采取奖励措施。对施工成本管理目标进行风险分析，并制定防范性对策。通过偏差原因分析和未完工程施工成本预测，可发现一些潜在的问题将引起未完工程施工成本的增加，对这些问题应以主动控制为出发点，及时采取预防措施。

具体包括：

① 人工成本控制管理主要是改善劳动组织，减少窝工浪费；实行合理的奖惩制度；加强技术教育和培训工作；加强劳动纪律，压缩非生产用工和辅助用功，严格控制非生产人员的比例。

② 材料成本控制管理主要是改进材料的采购、运输、收发、保管等方面的工作，减少各个环节的损耗，节约采购费用；合理堆置现场材料，避免和减少二次搬运；严格材料进场验收和限额领料制度；制定并贯彻节约材料的技术措施，合理使用材料，综合利用一切资源。

③ 机械成本控制管理主要是正确选配和合理利用机械设备，搞好机械设备的保养修理，提高机械的完好率、利用率和使用效率，从而加快施工进度、增加产量、降低机械使用费。

④ 间接费及其他成本控制主要是精简管理机构，合理确定管理幅度与管理层次，节约施工管理费等。

工程项目成本控制的组织措施、技术措施和经济措施，三者融为一体、相互作用。工程项目经理部是项目成本控制中心，制定项目成本控制目标，各部门通力合作，形成工程项目施工方案经济优化、物资采购经济优化、劳力配备经济优化的工程项目成本控制体系。

（4）合同措施成本管理要以合同为依据，因此合同措施就显得尤为重要。对于合同措施从广义上理解，除了参加合同谈判、修订合同条款、处理合同执行过程中的索赔问题、防止和处理好与业主和分包商之间的索赔之外，还应分析不同合同之间的相互联系和影响，对每一个合同做总体和具体分析等。

加强合同管理，通过合同条款的制定、明确和约束，在设计施工阶段严格控制工程项目成本，并采用计算机辅助管理工作，也成为现今工程项目成本控制措施的发展趋势。

3.1.4 工程项目成本控制的原则

1. 节约的原则

节约就是项目施工用人力、物力和财力的节省。它表示用较少的人力、物力和财力的投入可以得到较多的产出。节约是提高项目经济效益的核心，是成本控制的一项基本原则。

在施工过程中，我们不但要加强成本的反馈控制和事后检查分析，还要着眼于成本的事前控制，优化施工方案，深入研究项目的设计文件和具体施工条件，拟定有关预防成本失控的技术、组织和经济措施，消灭成本控制工作的先天性不足，做到防患于未然，有效地发挥前馈控制的作用。

2. 全面性原则

影响成本的因素是多方面的，这就要求成本控制要贯穿于成本形成的各个阶段和影响成本的各个环节，需要企业职工自上而下的共同参与。这就是成本控制的全面性原则。施工项目成本的全面性，首先体现在对建筑产品成本形成的全过程进行控制上，即从施工准备开始，经过工程施工，到竣工交付使用后的保修期结束。成本控制的全面性还表现在成本控制的全方位上。成本控制还是一项要求企业全体职工都积极参与的管理活动。

3. 动态控制原则

施工项目是一次性的，成本控制应强调项目的中间控制，即动态控制，因为施工准备阶段的成本控制只是根据施工组织设计的具体内容确定成本目标、编制成本计划、制订成本控制的方案，为今后的成本控制做好准备；而竣工阶段的成本控制，由于成本盈亏已基本定局，即使发生了偏差，也已来不及纠正。

4. 责、权、利相结合的原则

成本管理人员肩负着成本控制的责任，同时对应于这种责任也应当赋予其相应的权力，当其发现施工过程中出现不合理的成本开支和费用时，有权进行纠正，否则成本控制就很难取得效果。工程项目成本管理与控制方法研究同时，还需要有相应的利益机制来调动成本管理人员的工作积极性，将成本控制的结果与他们的收入挂钩。

5. 分级归口管理原则

成本问题牵涉到企业生产经营的每一个单位和个人。建立成本管理责任制，实行成本指标的分级归口管理，使企业所有部门、单位和个人都有明确具体可计量考核的成本责任。

实行成本的分级归口管理，就是将企业的成本目标层层分解，落实到各车间、部门、班组、机台、岗位和个人。成本目标指标下达采用纵向对口、横向结合、逐级下达、层层分解的办法。

分级归口管理的内容包括：目标的设定和分解，目标的责任到位和执行，检查目标的执行结果，评价目标和修正目标，形成目标管理的 P（计划）D（实施）C（检查）A（处理）循环。

6. 例外管理原则

在工程项目建设过程的诸多活动中，由于项目所处环境的复杂性和多变性，有许多活动是例外的，是项目计划不能预见到的，其中还有关键性的问题，需要"例外处理"，并且他们对项目成本目标的顺利完成影响重大，要予以高度重视。

为了提高成本控制的效率，管理人员应把工作重点放在那些属于不正常的、不符合常规的关键性差异上，对它们追根求源，查明发生的原因，及时反馈给有关责任中心，使之迅速采取有效措施，消除这些不正常差异。

3.1.5　工程项目成本管理的任务

工程项目成本管理就是要在保证工期和质量满足要求的情况下，利用组织措施、经济措施、技术措施、合同措施把成本控制在计划范围内，并进一步寻求最大程度地成本节约。施工成本管理的任务主要包括：成本预测、成本计划、成本控制、成本核算、成本分析和成本考核。

1. 工程项目成本预测

工程项目成本预测就是根据成本信息和施工项目的具体情况，运用一定的专门方法，对未来的成本水平及其可能发展局势做出科学的估计，其实质就是在施工以前对成本进行估算。通过成本预测，可以使项目经理部在满足业主和施工企业要求的前提下，选择成本低、效益好的最佳成本方案，并能够在施工项目成本形成过程中，针对薄弱环节，加强成本控制，克服盲目性，提高预见性。因此，施工项目成本预测是施工项目成本决策与计划的依据。预测时，通常是对施工项目计划工期内影响其成本变化的各个因素进行分析，比照近期已完工施工项目或将完工施工项目的成本（单位成本），预测这些因素对工程成本中有关项目（成本项目）的影响程度，预测出工程的单位成本或总成本。

2. 工程项目成本计划

工程项目成本计划是以货币形式编制施工项目在计划期内的生产费用、成本水平、成本降低率以及为降低成本所采取的主要措施和规划的书面方案，它是建立施工项目成本管理责任制开展成本控制和核算的基础。一般来说，一个施工项目成本计划应包括从开工到竣工所必需的施工成本，它是该施工项目降低成本的指导文件，是设立目标成本的依据。可以说，成本计划是目标成本的一种形式。

3. 工程项目成本控制

工程项目成本控制是指在施工过程中，对影响施工项目成本的各种因素加强管理，并采用各种有效措施，将施工中实际发生的各种消耗和支出严格控制在成本计划范围内，及时揭示并及时反馈，严格审查各项费用是否符合标准，计算实际成本和计划成本之间的差异并进行分析，消除施工中的损失浪费现象，发现和总结先进经验。工程项目成本控制应贯穿于施工项目从投标阶段开始直到项目竣工验收的全过程，它是企业全面成本管理的重要环节。因此，必须明确各级管理组织和各级人员的责任和权限，这是成本控制的基础之一，必须给以足够的重视。工程项目成本控制可分为事先控制、事中控制（过程控制）和事后控制。

4. 工程项目成本核算

工程项目成本核算是指按照规定开支范围对施工费用进行归集，计算出施工费用的实际发生额，并根据成本核算对象，采用适当的方法，计算出该施工项目的总成本和单位成本。施工项目成本核算所提供的各种成本信息是成本预测、成本控制、成本分析和成本考核等各个环节的依据。

5. 工程项目成本分析

工程项目成本分析是在成本形成过程中，对施工项目成本进行的对比评价和总结工作。它贯穿与施工成本管理的全过程，主要利用施工项目成本核算资料，与计划成本、预算成本以及类似施工项目的实际成本等进行比较，了解成本的变动情况，同时也要分析主要技术经济指标对成本的影响，系统地研究成本变动原因，检查成本计划的合理性，深入揭示成本变动的规律，以便有效地进行成本管理。

影响工程项目成本变动的因素有两个方面，一是外部的属于市场经济的因素，二是内部的属于企业经营管理的因素。作为项目经理，应该了解这些因素，但应将施工项目成本分析的重点放在影响施工项目成本升降的内部因素上。

6. 工程项目成本考核

工程项目成本考核是指施工项目完成后，对施工项目成本形成中的各责任者，按施工项目成本目标责任制的有关规定，将成本的实际指标与计划、定额、预算进行对比和考核，评定施工项目成本计划的完成情况和各责任者的业绩，并以此给以相应的奖励和处罚。通过成本考核，做到有奖有惩，赏罚分明，才能有效地调动企业的每一个职工在各自的施工岗位上努力完成目标成本的积极性，为降低施工项目成本和增加企业的积累，做出自己的贡献。

3.1.6 我国工程项目成本管理与控制中存在的问题

当前我国施工企业在工程项目成本管理与控制方面，普遍存在着制度不完善，效率低下，管理水平不高等问题。具体表现为以下几个方面：

（1）技术部门无成本意识，在制定施工方案时过于注重施工质量，不考虑成本，造成工程成本加大。

(2) 成本管理责任不明确，成本控制流于形式。

(3) 材料消耗随意性强，无计划控制，限额领料制度无法实行，导致材料浪费严重。

(4) 材料部门不能及时对材料进行量与价的统计分析。都是竣工阶段的事后算账，过程中不控制或无控制手段。

(5) 施工过程中的成本分析，只进行账账核实，不做账实核实，最终导致过程中的成本不实，只有到竣工结算后才清楚工程实际盈亏状况。

(6) 施工项目部虽然制定了成本管理制度，但无人监督执行，成本控制办法不完善。

(7) 工程数据和工程资料只是作为存档需要，无专人对数据进行归纳、整理和分析，起不到经验数据的作用。

3.1.7 工程项目成本控制的意义

在市场经济中，项目的成本控制不仅在项目控制中，而且在整个项目管理以至于整个企业管理中都有着重要的地位，人们追求企业和项目的经济效益，企业成就通常通过项目成就来实现。而项目的经济效益通常通过赢利的最大化和成本的最小化实现的。特别是当承包商通过投标竞争取得工程，签订合同，同时确定了合同价格，他的工程经济目标（营利性）完全通过成本控制实现。在实际工程中成本控制经常被忽视，或由于控制技术问题，成本处于失控状态，许多项目管理者只有在项目结束是才知道实际开支和盈亏，而这时其损失常常已无法弥补。

(1) 工程项目成本控制是施工项目工作质量的综合反映。

施工项目成本的降低，表明施工过程中物化劳动和活劳动消耗的节约。活劳动的节约表明劳动生产率提高；物化劳动节约，说明固定资产利用率提高和材料消耗率降低。所以，抓住施工项目成本控制这项关键，可以及时发现施工项目生产和管理中存在的问题，以便采取措施，充分利用人力和物力，降低施工项目成本。

(2) 工程项目成本控制是增加企业利润的主要途径。

在施工项目价格一定的前提下，成本降低，盈利提高。施工企业以施工为主业，因此其施工利润是企业经营利润的主要来源，也是企业盈利总额的主体，故降低施工项目成本即成为施工企业盈利的关键。

(3) 工程项目成本控制是推行项目经济责任制的动力。

项目经理责任制中，规定项目经理必须对项目质量、工期与成本三大约束性目标负责。成本目标是经济目标的综合体现。项目经理要履行其经济责任，就必须充分利用生产要素市场机制，管好项目，控制投入，降低消耗，提高效率，将质量、工期和成本三大相关目标结合起来进行综合控制。这样，既实现了成本控制。又带动了施工项目的全面管理。

工程成本控制是为实现工程项目的成本目标，在工程项目成本形成的过程中，对所消耗的人力资源、物质资源和费用开支进行指导、监督、调节和限制，及时控制与纠正即将发生和已经发生的偏差，把各项费用控制在规定的范围内。以最小的投入得到一定的产出，使项目获得最佳的经济效益。

工程项目成本管理是工程项目管理的重要组成部分，两者相辅相成。具体表现在只有加强工程项目管理，才能控制工程项目成本；而只有达到工程项目成本控制的目的，加强工程项目管理才有意义。工程项目成本管理体现了工程项目管理的本质特征，并代表着工程项目管理的核心内容。工程项目成本管理是工程项目管理绩效评价的客观、公正的标尺。

3.2 工程项目成本控制方法

工程项目进行成本控制需要科学的方法，方法是否科学、得当是能否顺利进行成本控制的关键。随着科学水平的进步和市场经济的发展，成本控制的方法也在不断改进和发展，形成了一个比较完善的科学方法体系。

成本控制的方法形形色色、多种多样，本书主要介绍控制图法、挣值法、偏差分析法、价值工程法、质量成本控制法。我们可以认为只要在满足质量、工期、安全的前提下，能够达到成本控制目的的方法都是好方法。但是，在什么情况下应该采用何种控制方法，就是值得深思的问题了。因此，要根据不同的情况，选择与之相适应的控制手段和控制方法。以下将逐一介绍成本控制的几种常用方法。

3.2.1 控制图法

1. 控制图法的概念

世界上第一张控制图是由美国贝尔电话实验室（Bell Telephone Laboratory）质量课题研究小组过程控制组学术领导人休哈特博士提出的不合格品率 p 控制图。随着控制图的诞生，控制图就一直成为科学管理的一个重要工具，特别方面成了一个不可或缺的管理工具。它是一种有控制界限的图，用来区分引起的原因是偶然的还是系统的，可以提供系统原因存在的资讯，从而判断生产过程处于受控状态。控制图按其用途可分为两类，一类是供分析用的控制图，用来控制生产过程中有关质量特性值的变化情况，看工序是否处于稳定受控状；再一类的控制图，主要用于发现生产过程是否出现了异常情况，以预防产生不合格品。

控制图（Control Chart）又叫管制图，是对过程质量特性进行测定、记录、评估，从而监察过程是否处于控制状态的一种用统计方法设计的图。图上有三条平行于横轴的直线：中心线（CL，Central Line）、上控制线（UCL，Upper Control Line）和下控制线（LCL，Lower Control Line），并有按时间顺序抽取的样本统计量数值的描点序列。UCL、CL、LCL统称为控制线（Control Line）。中心线是所控制的统计量的平均值，上下控制界限与中心线相距数倍标准差。若控制图中的描点落在 UCL 与 LCL 之外或描点在 UCL 和 LCL 之间的排列不随机，则表明过程异常。

2. 工程项目成本控制图法的原理

将控制图法原理引入工程项目成本的日常控制之中，称为成本控制图法，以此作为成本过程控制的一种常用方法。在工程项目成本控制中，有关成本的偏差有三种：

第一是目标偏差，即计划成本与项目的实际成本之间的偏差；

第二是实际偏差,即实际成本与项目的预算成本之间的偏差;

第三是计划偏差,即预算成本与项目的计划成本(目标成本)之间的偏差;

它们的计算公式分别如下:

$$目标偏差 = 实际成本 - 计划成本$$
$$实际偏差 = 实际成本 - 预算成本$$
$$计划偏差 = 预算成本 - 计划成本$$

成本控制的目的是力求减少目标偏差,目标偏差越小,说明成本控制的效果越好。计划成本、预算成本和实际成本三者之间的关系如图3-1所示。

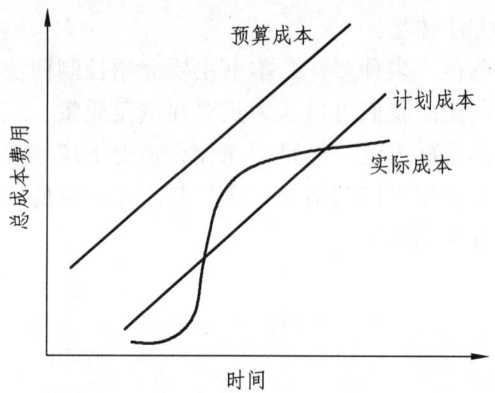

图3-1 计划成本、预算成本和实际成本三者之间的关系

从图3-1可知,工程项目的实际成本总是围绕计划成本上下波动,但不超过预算成本,表明该工程项目系统运行状态是正常的。

3. 工程项目成本控制图法的基本程序

(1)根据计划成本、预算成本,在成本控制图中绘制各自相应的曲线。

(2)根据实际成本核算资料,及时在图中描点连线,绘制实际成本曲线。

(3)对实际成本曲线的变化趋势进行分析。

施工项目成本控制图法的基本程序如图3-2所示。

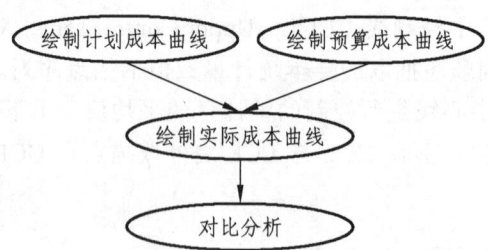

图3-2 施工项目成本控制图法的基本程序

4. 应用控制图法注意的问题

应用控制图时需要考虑以下一些问题:

（1）控制图用于何处？原则上讲，对于任何过程，凡需要对质量进行控制管理的场合都可以应用控制图。但这里还要求：对于所确定的控制对象—质量指标应能够定量，这样才能应用计量值控制图。如果只有定性的描述而不能够定量，那就只能应用计数值控制图。所控制的过程必须具有重复性，即具有统计规律。对于只有一次性或少数几次的过程显然难于应用控制图进行控制。

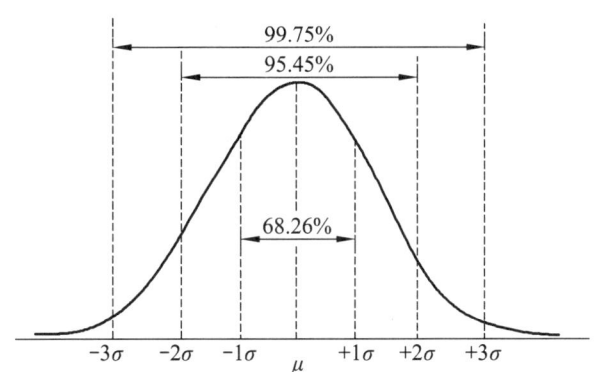

图 3-3　质量改进工具控制图（Control Charts）

（2）如何选择控制对象？在使用控制图时应选择能代表过程的主要质量指标作为控制对象。一个过程往往具有各种各样的特性，需要选择能够真正代表过程情况的指标。例如，假定某产品在强度方面有问题，就应该选择强度作为控制对象。在电动机装配车间，如果对于电动机轴的尺寸要求很高，这就需要把机轴直径作为我们的控制对象。

（3）怎样选择控制图？选择控制图主要考虑下列几点：首先根据所控制质量指标的数据性质来进行选择；其次，要确定过程中的异常因素是全部加以控制（全控）还是部分加以控制（选控），若为全控应采用休哈特图等；若为选控，应采用选控图。

（4）如何分析控制图？如果控制图中点子未出界，同时点子的排列也是随机的，则认为生产过程处于稳态或控制状态。如果控制图中点子出界（或不出界）而点子的排列是非随机的（也称为排列有缺陷），则认为生产过程失控。

（5）对于点子出界或违反其他准则的处理。若点子出界或点子的排列是非随机的，则应立即追查原因并采取措施防止它再出现。

（6）对于过程而言，控制图起着报警铃的作用，控制图点子出界就好比报警铃响，告诉是应该进行查找原因、采取措施、防止再犯的时刻了。一般来说，控制图只起报警铃的作用，而不能告诉这种报警究竟是由什么异常因素造成的。要找出造成异常的原因，除去根据生产和管理方面的技术与经验来解决外，应该强调指出，应用两种质量诊断理论和两种质量多元诊断理论来诊断的方法是十分重要的。

（7）控制图的重新制定。控制图是根据稳定状态下的条件 5MIE 来制定的。如果上述条件变化，如操作人员更换或通过学习操作水平显著提高，设备更新，采用新型原材料或其他原材料，改变工艺参数或采用新工艺，环境改变等，这时，控制图也必须重新加以制定。由于控制图是科学管理生产过程的重要依据，所以经过相当时间的使用后应重新抽取数据，进行计算，加以检验。

5. 控制图法在工程项目中的应用分析

在实际工程项目施工过程中，依据以上程序绘制出计划成本、预算成本、实际成本关系图后，可能出现以下四种情况：

（1）实际成本线并未超过预算成本线，如图 3-4 所示，但实际数据点连续呈上升趋势排列，这表示成本控制过程已出现异常，应迅速查明原因，采取相应措施，否则就会出现亏损。

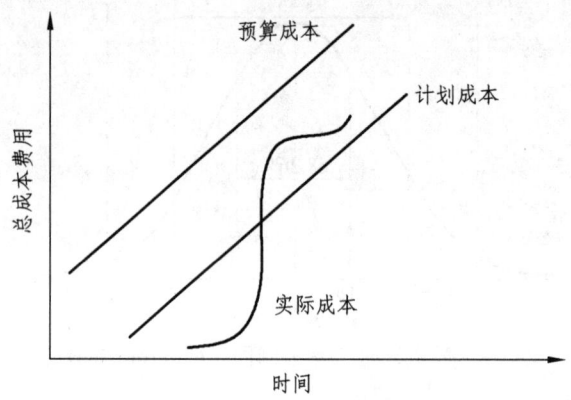

图 3-4　实际成本线未超过预算成本线

（2）实际成本线始终位于计划成本线的上侧，如图 3-5 所示，这种情况也不能说明成本控制过程处于正常状态。有可能存在两种问题：一是预算成本偏低而导致计划成本制定不合理；二是计划成本制定得不合理，与预算成本无关。不管哪一种情况，都要及时进行调整，否则会影响成本控制工作的深入开展。

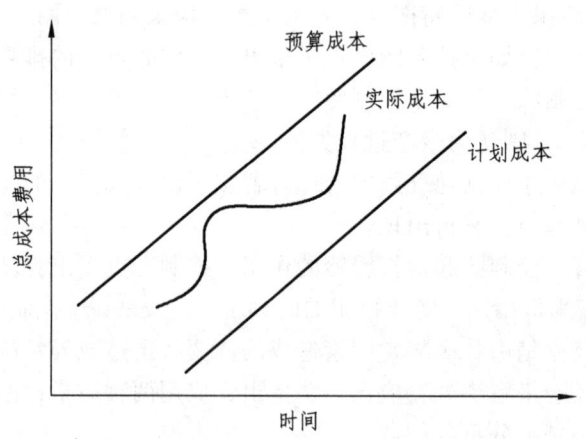

图 3-5　实际成本线总在计划成本线上侧

（3）实际成本线始终位于计划成本线的下侧，如图 3-6 所示。如果出现这样的情况要注意两个问题，一是计划成本制定合理性的问题；二是会不会造成质量低劣而导致返工影响后续作业的问题。

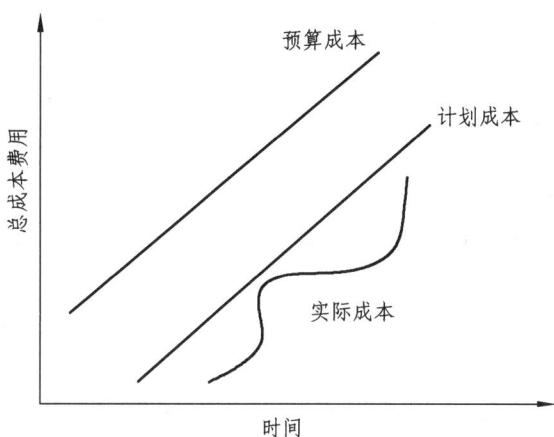

图 3-6　实际成本线总在计划成本线下侧

（4）实际成本超出预算成本线，或虽未超越界限，而数据点的跳动幅度大，出现忽高忽低的现象，如图 3-7 所示，要迅速查明原因。

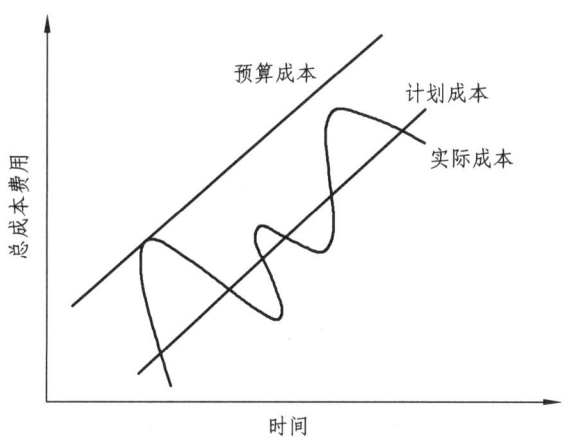

图 3-7　实际成本超出预算成本线

3.2.2　偏差分析法

1. 偏差分析法的概念

成本控制要求在整个项目的实施过程中，定期性的、经常性的收集项目的实际成本数据，进行成本的计划值（目标值）和实际值的动态比较分析，包括总目标和分目标等多层次的比较分析，并进行成本预测，如果发现偏差，则及时采取纠偏措施——包括经济、技术、合同、组织管理等综合措施，以使项目的成本目标尽可能好地实现。偏差分析方法是成本控制的重要方法。

偏差分析法是通过分析项目目标实施与项目目标期望之间的差异，从而判断项目实施的成本、进度、绩效的一种方法，又称挣值法或赢得值法。它是对项目进度和成本进行综合控制的一种有效方法。它的独特之处在于将成本和进度统一起来考虑，是项目成本和进度控制系统的重要组成部分。这种方法之所以叫挣值法是因为它使用到一个关键要素—挣值，也称为已完工作预算费用。

2. 偏差分析法的三个基本参数

1）已完工作预算费用

已完工作预算费用（Budgeted Cost for Work Performed），记为 BCWP，是指在某一时间已经完成的工作（或部分工作），以批准认可的预算为标准所需要的资金总额。由于业主正是根据这个值为承包人完成的工作量支付相应的费用，也就是承包人获得（挣得）的金额，故称挣得值或系得值

$$已完工作预算费用 = 已完成工作量 \times 预算单价$$

2）计划工作预算费用

计划工作预算费用（Budgeted Coat for Work Schedule），记为 BCWS，是指根据进度计划，在某一刻应当完成的工作（或部分工作），以预算为标准所需要的资金总额。一般来说，除非合同有变更，计划工作预算费用在工程实施过程中应保持不变。

$$计划工作预算费用 = 计划工作量 \times 顶算单价$$

3）已完工作实际费用

已完工作实际费用（Actual Cost fof Work Performed），记为 ACWP，是指到某一时刻为止，已完成的工作（或部分工作）所实际花费的总金额。

$$已完工作实际费用 = 已完成工作量 \times 实际单价$$

3. 偏差分析法的四个评价指标

1）成本偏差（Cost Variance）

成本偏差记为 CV，是指在某个检查点上 BCWP 与 ACWP 之间的差异，即

$$CV = BCWP - ACWP$$

当 CV 为负值时，表示超支，实际成本超过预算成本，若在几个不同的检查点上都出现此问题，则说明项目执行效果不好；

当 CV 为正值时，表示节支，实际成本没有超出算成本，项目执行效果良好。

2）进度偏差（Schedule Variance）

进度偏差记为 SV，是指在某个检查点上 BCWP 与 BCWS 之间的差异，即

$$SV = BCWP - BCWS$$

当 SV 为负值时，表示进度延误；
当 SV 为正值时，表示进度提前。

3）成本效指数（Cost Performance Index）

成本绩效指数记为 CP，是指 BCWP 与 ACWP 的比值，即：

$$CPI = BCWP/ACWP$$

当 CPI > 1 时，表示节支，即实际成本低于预算成本；
当 CPI < 1 时，表示超支，即实际成本高于预算成本。

4）进度效指数（Schedule Performed Index）

进度绩效指数记为 SP，是指 BCWP 与 BCWS 的比值，即：

$$SP = BCWP/BCWS$$

当 SP > 1 时，表示进度提前，即实际进度比计划进度快；
当 SP < 1 时，表示进度延误，即实际进度比计划进度慢。

成本（进度）偏差反映的是绝对偏差，结果很直观，有助于成本管理人员了解项目成本出现偏差的绝对数额，并依此采取一定的措施，制订或调整成本支出计划和资金筹措计划。但是，绝对偏差有其不容忽视的局限性。如同样是 10 万元的成本偏差，对于总成本 1 000 万元的项目和总成本 1 亿元的项目而言，其严重性显然是不同的。因此，成本（进度）偏差仅适合于对同一项目做偏差分析。成本（进度）缆效指数反映的是相对偏差，它不受项目规模的限制，也不受项目实施时间的限制，因而在同一项目和不同项目比较中均可采用。

在项目的成本、进度综合控制中引入偏差分析法，可以克服过去进度、成本分开控制的缺点，即当我们发现成本超支时，很难立即知道是由于成本超出预算，还是由于进度提前，相反，当我们发现成本低于预算时，也很难立即知道是由于成本节省，还是由于进度拖延。而引入赢得值法即可定量地判断进度、成本的执行效果。

【例 3-1】某项目共有 9 项任务，在第 20 周结束时有一个检查点。项目经理在该点对项目实施检查时发现，一些任务已经完成，一些任务正在实施，另外一些任务还没有开工，如表 3-1 所示（图中的百分数表示任务的完成程度）。各项任务已完成工作量的实际耗费成本在表 3-2 中的第 3 列给出，假设项目未来情况不会有大的变化，请计算该检查点的 BCWP 和 BCWS，并判断项目在此时的成本和进度情况。

表 3-1 项目在第 21 周时进度图

任务	时间/周											
	1~8	9~18	19	20	21~24	25~36	37	38	39	40	41	42	43~48
1	100%												
2			90%										
3				30%									
4						5%							
5								0%					
6								0%					
7							0%						
8								0%					
9						0%							

表 3-2 项目跟踪表（未完成）

序号	成本预算/万元	ACWP/万元	BCWP/万元	BCWS/万元
1	45	47		
2	60	48		
3	80	22		
4	72	5		
5	90	0		
6	120	0		
7	40	0		
8	60	0		
9	50	0		
合计				

【解】

在利用偏差分析法分析项目实施状况时，一定要紧扣有关概念。概念清楚，计算思路才会清楚。以任务 2 为例，计算过程如下：

BCWP = 工作预算费用 × 已完成工作量 = 60 万元 × 90% = 54（万元）

BCWS = 工作预算费用 × 计划完成工作量 = 60 万元 × 100% = 60（万元）

按此方法，依次计算其余各项任务的 BCWP、BCWS，填入表 3-3 中。

表 3-3 项目跟踪表（已完成）

序号	成本预算/万元	ACWP/万元	BCWP/万元	BCWS/万元
1	45	47	45	45
2	60	48	54	60
3	80	22	24	40
4	72	5	3.6	0
5	90	0	0	0
6	120	0	0	0
7	40	0	0	0
8	60	0	0	0
9	50	0	0	0
合计	617	122	126.6	145

根据表 3-3 数据计算，

CV = BCWP − ACWP = 126.6 − 122 = 4.6 > 0，故项目成本节约。

SV = BCWP − BCWS = 126.6 − 145 = − 18.4 < 0，故项目进度拖延。

4. 偏差分析的表达方法

偏差分析可以采用不同的表达方法，常用的有横道图法、表格法和曲线法。

1）横道图法

用横道图法进行费用偏差分析，是指用不同的横道标识已完工作预算费用（BCWP）、计划工作预算费用（BCWS）和已完工作实际费用（ACWP），横道的长度与其金额成正比例关系，如图 3-8 所示。

横道图法具有形象、直观、一目了然等优点，它能够准确表达费用的绝对偏差，而且能直观感受到偏差的严重性。但这种方法反映的信息量少，一般在项目较高管理层应用。

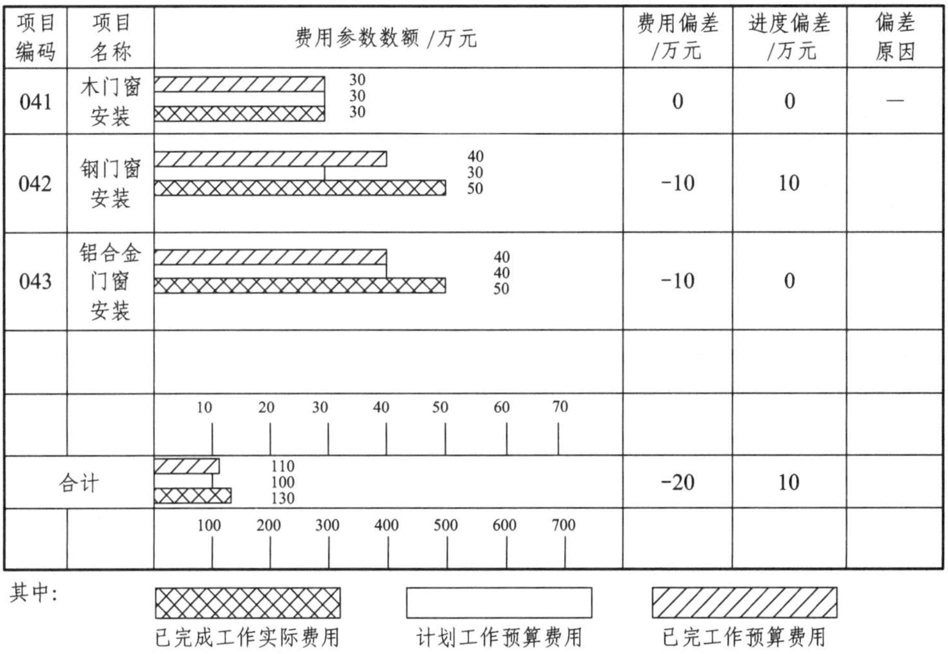

项目编码	项目名称	费用参数数额/万元	费用偏差/万元	进度偏差/万元	偏差原因
041	木门窗安装	30 / 30 / 30	0	0	—
042	钢门窗安装	40 / 30 / 50	-10	10	
043	铝合金门窗安装	40 / 40 / 50	-10	0	
		10 20 30 40 50 60 70			
合计		110 / 100 / 130	-20	10	
		100 200 300 400 500 600 700			

其中：

▨▨▨ 已完成工作实际费用　　☐ 计划工作预算费用　　⧄⧄⧄ 已完工作预算费用

图 3-8　偏差分析的横道图法

2）表格法

表格法是进行偏差分析最常用的一种方法。它将项目编号、名称、各成本参数以及成本偏差数综合归纳填入一张表格中，并且直接在表格中进行比较。由于各偏差参数都在表中列出，使得成本管理者能够综合了解并处理这些数据。

用表格法进行偏差分析具有如下优点。

（1）灵活、适用性强。可根据实际需要设计表格，进行增减项。

（2）信息量大。可以反映偏差分析所需的资料，从而有利于成本控制人员及时采取针对性措施，加强控制。

（3）表格处理可借助于计算机，从而节约大量数据处理所需的人力，并大大提高分析速度。

3）曲线法

在项目实施过程中，上述三个参数可以形成三条曲线，即计划工作预算费用（BCWS）

曲线、已完工作预算费用（BCWP）曲线、已完工作实际费用（ACWP）曲线，如图3-9所示。

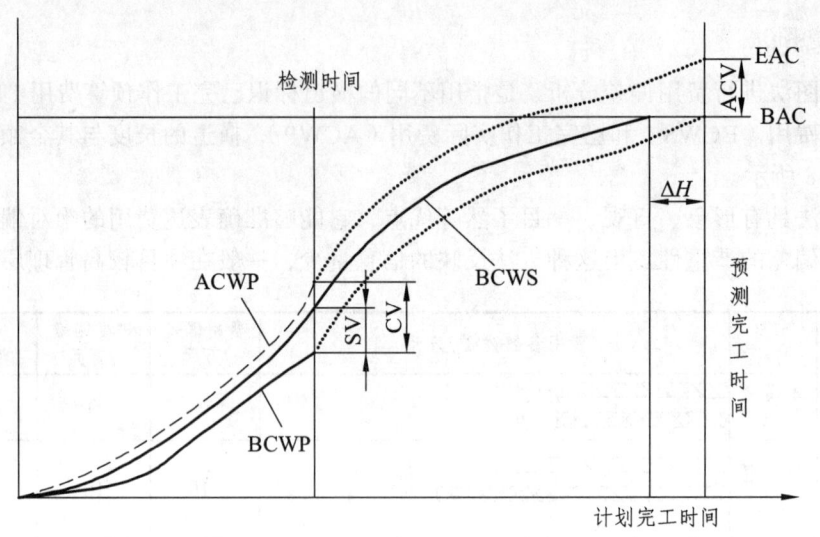

图 3-9　赢得值法评价曲线

图 3-10 中，CV = BCWP − ACWP，由于两项参数均以已完工作为计算基准，所以两项参数之差，反映项目进展的成本偏差；SV = BCWP − BCWS，由于两项参数均以预算值（计划值）作为计算基准，所以两者之差，反映项目进展的进度偏差。

采用偏差分析法进行成本、进度综合控制，还可以根据当前的进度、成本偏差情况，通过原因分析，对趋势进行预测，预测项目结束时的进度、成本情况。

图 3-10 中，BAC——项目完工预算（Budget at Completion），指编制计划时预计的项目完工费用；EAC——预测的项目完工估算（Estimate at Completion），指计划执行过程中根据当前的进度、费用偏差情况预测的项目完工总费用；ACV——预测项目完工时的费用偏差（at Completion Variance）

$$ACV = BAC − EAC$$

【例 3-2】某工程项目有 200 m² 缸砖面层地面施工任务，交由某分包商承担，计划于 6 个月内完成，计划各工作项目单价和计划完成的工作量如表 3-4 所示，该工程进行了三个月以后，发现某些工作项目实际已完成的工作量及实际单价与原计划有偏差，其数值如表 3-4 所示。

表 3-4　各工作项目单价和计划完成的工作量

工作项目名称	平整场地/m²	室内夯填土/m²	垫层/m²	缸砖面砂浆结合/m²	踢脚/m²
计划工作量（三个月）	15 000	2 000	600	10 000	1 355
计划单价（元/单位）	1 600	4 600	4 500	152 000	162 000
已完成工作量（三个月）	15 000	1 800	480	7 000	950
实际单价（元/单位）	1 600	4 600	4 500	180 000	165 000

问题：

（1）试计算并用表格法列出至第三个月末时各工作的计划工作预算费用（BCWS）、已完工作预算费用（BCWP）和已完工作实际费用（ACWP），并分析成本局部偏差、成本绩效指数（CPD）、进度局部偏差、进度绩效指数（SP）以及成本累计偏差和进度累计偏差。

（2）用横道图法表明各项工作的进展以及偏差情况，分析并在图上标明其偏差情况。

（3）用曲线法表明该项施工任务总的计划和实际进展情况，标明其成本及进度偏差情况（说明：假设各工作项目在三个月内均是以等速、等值进行的）

【解】

（1）用表格法分析费用偏差，如表 3-5 所示。

表 3-5 表格法分析费用偏差

（1）项目编码		001	002	003	004	005	总计
（2）项目名称	计算方法	平整场地	室内夯填土	垫层	缸砖面结合	踢脚	
（3）单位		100 m²	100 m²	10 m²	100 m²	100 m²	
（4）计划工作量（三个月）	(4)	150	20	60	100	13.55	
（5）计划单价（元/单位）	(5)	16	46	450	1 520	1 620	
（6）计划工作预算费用（BCWS）	(6)=(4)×(5)	2 400	920	27 000	152 000	21 951	204 271
（7）已完成工作量（三个月）	(7)	150	18	48	70	9.5	
（8）已完工作预算费用（BCWP）	(8)=(7)×(5)	2 400	828	21 600	106 400	15 390	146 618
（9）实际单价（元/单位）	(9)	16	46	450	1 800	1 650	
（10）已完工作实际费用（ACWP）	(10)=(7)×(9)	2 400	828	216 000	126 000	15 675	166 503
（11）费用局部偏差	(11)=(8)−(10)	0	0	0	−19 600	−285	
（12）费用绩效指数 CPI	(12)=(8)÷(10)	1.0	1.0	1.0	0.847	0.98	
（13）费用累计偏差	(13)=∑(11)	−19 885					
（14）进度局部偏差	(14)=(8)−(6)	0	−92	−5 400	−45 600	−6 561	
（15）进度绩效指数 SPI	(15)=(8)÷(6)	1.0	0.90	0.8	0.70	0.70	
（16）进度累计偏差	(16)=∑(14)	−57 653					

（2）横道图费用偏差分析，见表 3-6，其中各横道形式表示为：

计划工作预算费用（BCWS）■■■；

已完工作预算费用（BCWP）□□□；

已完工作实际费用（ACWP）▨▨▨。

前三个月累计：

BCWS = 150×16+20×46+60×450+100×1 520+13.55×1 620 = 204 271

BCWP = 150×16+18×46+48×450+70×1 520+9.5×1 620 = 146 618

ACWP = 150×16+18×46+48×450+70×1 800+9.5×1 650 = 166 503

表 3-6 费用偏差分析横道图

项目编码	项目名称	费用数额/千元	费用偏差/千元	进度偏差/千元
001	平整场地	2.40 / 2.40 / 2.40	0	0
002	夯填土	0.92 / 0.83 / 0.83	0	-0.09
003	垫层	27.00 / 21.60 / 21.60	0	-5.40
004	缸砖面结合	152.00 / 106.40 / 126.00	-19.6	-45.60
005	踢脚	21.95 / 15.39 / 15.68	-0.29	-6.56
	合计	204.27 / 146.62 / 166.50	-19.89	-57.65

（3）用曲线法表明该项施工任务在第三个月末时，其费用及进度的偏差情况见图 3-10 所示。用曲线法分析时，由于假定各项工作均是等速进行，故所绘曲线呈直线形。

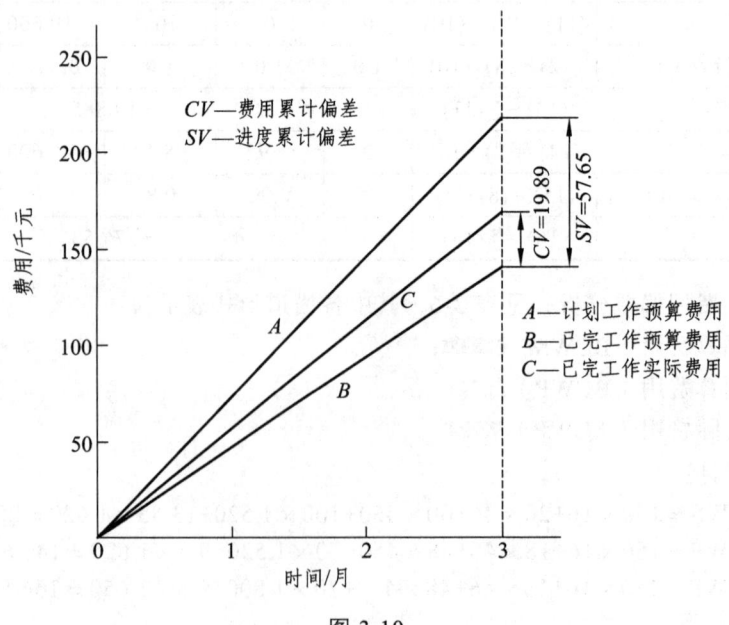

图 3-10

SV = BCWP − BCWS = 146 618 − 204 271 = − 57 653

CV = BCWP − ACWP = 146 618 − 166 503 = − 19 885

5. 偏差分析法的一般步骤

应用偏差分析法的一般步骤如下。

（1）确定参数 BCWS、ACWP 和 BCWP 的值。

根据成本基线确定检查点上的 BCWS；记录到检查点为止项目成本使用的实际情况，确定 ACWP；度量到检查点为止项目任务完成情况，确定 BCWP。

（2）计算 CV 和 SV（或者 CP 和 SP），判断项目偏差。

偏差分析法要求在项目实施过程中定期地（如每日或每周），不间断地寻找和计算三种偏差，并以目标偏差为对象进行控制。通常可用成本对比方法寻找偏差。通过在施工过程中不断记录实际发生的成本，然后将记录的实际成本与计划成本进行比较，从而发现目标偏差。还可将实际成本、计划成本二者的发展变化用图形表示出来。成本控制的目的是尽量减少目标偏差。目标偏差越小，说明控制效果越好。由于目标偏差 = 实际偏差 + 计划偏差，又因为计划偏差一经制定在执行过程中不再改变，因此要减少项目的目标偏差，只有采取措施减少施工中发生的实际成本偏差。

（3）分析偏差产生的原因。

在实际项目执行过程中，最理想的状态是已完工作实际费用（ACWP）、计划工作预算费用（BCWS）、已完工作预算费用（BCWP）三条曲线靠得很近，平稳上升，表示项目按预定计划目标进行。如果三条曲线离散度不断增加，则预示可能发生关系到项目成败的重大问题。

偏差分析的一个重要目的就是要找出引起偏差的原因，从而采取有针对性的措施，减少或避免相同原因引起的偏差再次发生。在进行偏差原因分析时，首先应当将已经导致和可能导致偏差的各种原因逐一列举出来。导致不同工程项目产生成本偏差的原因具有一定的共性，因而可以通过对已建项目的成本偏差原因进行归纳、总结，为当前项目采用预防措施提供依据。

一般来说，产生成本偏差的原因有以下几种，如图 3-11 所示。

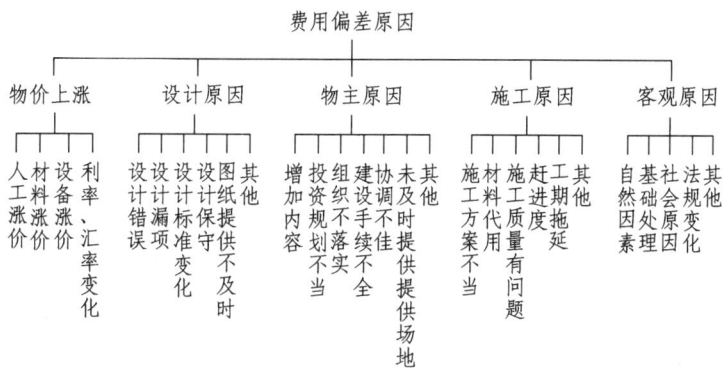

图 3-11 费用偏差产生的原因

分析偏差产生原因的方法，常用的有两种：因素分析法与图像分析法。

① 因素分析法。

因素分析法就是将成本偏差的原因归纳为几个相互联系的因素，然后用特定的计算方法从数值上测定各种因素对成本产生偏差程度的影响。找出偏差的产生是哪种成本引起的。如当一个项目成本受几个因素影响时，先假定一个因素在变动，其他因素不变，计算出此因素的影响额，然后再依次替换其他因素，从而找出各因素的影响程度。

② 图像分析法。

图像分析法就是通过绘制线图和成本曲线的形式，通过总成本和分项成本的比较分析，找出总成本偏差是由哪些分项成本偏差造成的，以便采取措施及时纠正。

（4）修正偏差。

通常要压缩已经超支的成本，而不损害其他目标是十分困难的，一般只有当给出的措施比原计划已选定的措施更为有利，或使工程范围缩小，或使生产效率提高时，成本才能降低，例如下列措施通常可以降低成本。

① 寻找新的、更好的、效率更高的设计方案。
② 购买部分产品，而不是全部采用由自己生产的产品。
③ 重新选择供应商，但会产生供应风险，而且选择需要时间。
④ 改变实施过程。
⑤ 变更工程范围。
⑥ 索赔，例如向业主、承（分）包商、供应商索赔以弥补成本超支。

3.2.3 挣值法

1. 挣值法的概念

赢得值法（Earned Value Management，EVM）作为一项先进的项目管理技术，最初是美国国防部于1967年首次确立的。到目前为止，国际上先进的工程公司已普遍采用赢得值法进行工程项目的费用、进度综合分析控制。用赢得值法进行费用、进度综合分析控制，基本参数有三项，即已完工作预算费用、计划工作预算费用和已完工作实际费用。

2. 挣值法的三个基本参数

1）已完工作预算费用 BCWP

已完工作预算费用（Ageted Cost for Work Performed，BCWP），是指在某一时间已经完成的工作（或部分工作），以批准认可的预算为标准所需要的资金总额，由于业主正是根据这个值为承包人完成的工作量支付相应的费用，也就是承包人获得（挣得）的金额，故称赢得值或挣值。

$$已完工作预算费用(BCWP) = 已完成工作量 \times 预算(计划)单价$$

2）计划工作预算费用 BCWS

计划工作预算费用（Budgeted Cost for Work Scheduled，BCWS），即根据进度计划，在

某一时刻应当完成的工作(或部分工作),以预算为标准所需要的资金总额,一般来说,除非合同变更,BCWS 在工程实施过程中应保持不变。

$$\text{计划工作预算费用(BCWS)} = \text{计划工作量} \times \text{预算(计划)单价}$$

3) 已完工作实际费用 ACWP

已完工作实际费用(Actual Cost for Work Performed,ACWP),即到某一时刻为止,已完成的工作或部分工作)所实际花费的总金额。

$$\text{已完工作实际费用(ACWP)} = \text{已完成工作量} \times \text{实际单价}$$

3. 挣值法的四个评价指标

在以上三个基本参数的基础上,可以确定赢得值法的四个评价指标,它们也都是时间的函数。

1) 费用偏差 CV

费用偏差 CV(Cost Variance)的计算公式为

$$\text{用偏差(CV)} = \text{已完工作预算费用(BCWP)} - \text{已完工作实际费用(ACWP)}$$

当费用偏差 CV 为负值时,表示项目运行超出预算费用。
当费用偏差 CV 为正值时,表示项目运行节支,实际费用没有超出预算费用。

2) 进度偏差 SV

进度偏差 SV(Schedule Variance)的计算公式为

$$\text{进度偏差(SV)} = \text{已完工作预算费用(BCWP)} - \text{计划工作预算费用(BCWS)}$$

当进度偏差 F 为负值时,表示进度延误,即实际进度落后于计划进度。
当进度偏差 S 为正值时,表示进度提前,即实际进度快于计划进度。

3) 费用绩效指数 CPI

费用绩效指数 CPI(Coat Perfomned Inde)的计算公式为

$$\text{费用绩效指数(CPI)} = \text{已完工作预算费用(BCWP)} - \text{已完工作实际费用(ACWP)}$$

当费用效指数(CPI)<1 时,表示超支,即实际费用高于预算费用。
当费用效指数(CPI)>1 时,表示节支,即实际费用低于预算费用。

4) 进度绩效指数 SPI

进度绩效指数 SPI(Schedule Performel Index)的计算公式为

$$\text{进度绩效指数(SPI)} = \text{已完工作预算费用(BCWP)} - \text{计划工作预算费用(BCWS)}$$

当进度绩效指数(SPI)<1 时,表示进度延误,即实际进度比计划进度拖后。
当进度绩效指数(SPI)>1 时,表示进度提前,即实际进度比计则进度快。

费用偏差 CV 和进度偏差 SV 反映的是绝对偏差,结果很直观,有助于费用管理人员了解项目费用的对数,并依此采取一定制订或调整费用支出计划和资金等措计划,但是,绝对偏差有其不容忽视的局限性。如同样是 10 万元的费用偏差,对于总费用 1 000 元的项目和总费用 1 亿元的项目而言，其严重性显然是不同的。因此，费用偏差 CV 和进度偏差 SV 仅适合于对同一项目做偏差分析。费用绩效指数 CPI 和进度绩效指数 SPI 反映的是相对偏差，它不受项目层次的限制，也不受项目实施时间的限制，因而在同一项目和不同项目比较中均可采用。

在施工项目的费用、进度综合控制中引入赢得值法，可以克服过去进度、费用分开控制的缺点，即当发现费用超支时，很难立即知道是由于费用超出预算，还是由于进度提前。相反，当发现费用低于预算时，也很难立即知道是由于费用节省，还是由于进度拖延。而引入赢得值法即可定量地判断进度、费用的执行效果。

4. 挣值法的具体应用

挣值分析方法应用注意事项：

（1）应用挣值方法时，当整个项目的成本和进度没有出现偏差时，不等于没有问题（由于是对整个项目使用了累计数据）。

（2）各个工作包之间的数据可能存在相互抵消的问题，导致难于发现问题的真正所在。

（3）因此，建议将挣值分析用于所有大的、关键的工作包以及整个项目。

（4）时刻抓住以下三种工作包：

① 偏差大的；

② 近期就要进行的；

③ 预算成本高的。

【案例分析】

某项目进展到 11 周时，对前 10 周的工作进行统计，情况见表 3-7。

表 3-7　前 10 周工作统计表　　　　　　　　　　　　　　万元

工作	计划完成工作预算费用	已完成工作量/%	实际发生费用	挣得值
A	400	100	400	
B	450	100	460	
C	700	80	720	
D	150	100	150	
E	500	100	520	
F	800	50	400	
G	1000	60	700	
H	300	100	300	
I	120	100	120	
J	1 200	40	600	
合计				

（1）求出前10周每项工作的BCWP及10周末的BCWP。
（2）计算10周末的合计ACWP、BCWS。
（3）计算10周末的CV、SV，并进行分析。
（4）计算10周末的CPI、SPI，并进行分析。

【解】
（1）计算前10周每项工作的BCWP及10周末的BCWP，如表3-8所示。

表3-8

工作	计划完成工作预算费用	已完成工作量/%	实际发生费用	挣得值
A	400	100	400	400
B	450	100	460	450
C	700	80	720	560
D	150	100	150	150
E	500	100	520	500
F	800	50	400	400
G	1 000	60	700	600
H	300	100	300	300
I	120	100	120	120
J	1 200	40	600	480
合计				3 960

（2）计算10周末的合计ACWP、BCWS，如表3-9所示。

表3-9

工作	计划完成工作预算费用	已完成工作量/%	实际发生费用	挣得值
A	400	100	400	400
B	450	100	460	450
C	700	80	720	560
D	150	100	150	150
E	500	100	520	500
F	800	50	400	400
G	1 000	60	700	600
H	300	100	300	300
I	120	100	120	120
J	1 200	40	600	480
合计	5 620		4 370	3 960

（3）计算10周末的CV、SV，并进行分析。

CV = BCWP − ACWP = 3 960 − 4 370 = −410　超支；

SV = BCWP − BCWS = 3 960 − 5 620 = −1 660　进度拖后；

BCWS>ACWP>BCWP　效率低,增加高效人员的投入。

(4) 计算 10 周末的 CPI、SPI,并进行分析。

CPI = 3 960/4 370 = 0.906　　超支;

SPI = 3 960/5 620 = 0.704　　进度拖后

实际发生费用比已完工预算多,但工作进度还是拖后了,因此项目状况不好,须加快进度并控制费用。

(5) 假设项目计划的预算的总成本是 6 400 万元,根据前 10 周的执行情况,求 EAC。

EAC = 总预算成本×(ACWP/BCWP) = 6 400×4 370/3 960 = 7 062.63(万元)

3.2.4　价值工程法

1. 价值工程的概念

价值工程是一种科学的管理方法,20 世纪 50 年代末至 60 年代初,在日本、欧洲等许多工业发达国家开始推广、普及,被公认为是成熟和有效的技术经济分析方法。70 年代末价值工程被引入我国,在一些行业的企业中迅速地推广使用,取得了显著的效果。

价值工程(Value Engineering,VE),也可称为价值分析(Value Analysis,VA),是指以产品或作业的功能分析为核心,以提高产品或作业的价值为目的,力求以最低寿命周期成本实现产品或作业所要求的必要功能的一项有组织的创造性管理活动。我国有些人也称其为功能成本分析。价值工程研究的是在提高产品功能的同时不增加成本,或在降低成本的同时不影响功能,把提高功能和降低成本统一在最佳方案之中。

长期以来,在理论学习中,我们把质量管理和成本管理分成两个学科。在实际工作中,更把提高质量看成是技术部门的职责,而把降低成本看成是财务部的职责。由于这两个部门的分工不同、业务要求不同,因而处理问题的观点和方法也不会相同。例如:技术部门为了提高质量往往不惜工本,而财务部门为了降低成本又很少考虑保证质量的需要。通过价值工程的应用,能使产量与质量、质量与成本的矛盾得到完美的统一。

由于价值工程是把技术与经济结合起来的管理技术,需要多方面的业务知识和技术数据,也涉及许多部门(如设计、施工、质量等)和经济部门(如预算、劳动、材料、财会等)。因此,在价值工程的应用过程中,必须按照系统工程的要求,把有关部门组织起来,通力合作,才能取得理想效果。

2. 价值工程的基本原理

根据价值工程的定义,我们可以把价值工程的基本原理归结为以下三个方面。

1) 价值工程的目的

价值工程的目的是力图以最低的成本使产品或作业具有适当的价值,即实现其应具备的必要功能。

价值工程中所述的价值,是指产品或作业具有的功能与取得该功能的总成本的比值,是对研究对象的功能和成本进行的一种综合评价。价值不是从价值构成的角度来理解的,而是从价值的功能角度出发,表现为功能与成本之比。其表达式为

价值(V) = 对象(产品或作业)的功能(F)/该对象的寿命周期成本(C)

对于上式需要说明的是：

（1）价值不是从价值构成的角度来理解的，而是从价值的功能角度出发，表现为功能与成本之比；

（2）功能是一种产品或作业所负担的职能和所起的作用，这里有一个观念问题，即用户购买产品或作业，并不是购买其本身，而是购买它所具有的必要功能。功能过全、过高，必然会导致成本费用提高，而用户并不需要，从而造成功能过剩；反之，又会造成功能不足；

（3）上式中的成本，也不是一般意义上的成本，而是产品全寿命周期的总成本，它不仅包括产品研制成本和生产后的储存、流通、销售的各种费用，还包括整个使用过程的费用和残值。其表达式为

$$C = C_1 + C_2 + C_3$$

式中：C_1 设计制造费

C_2 使用费用

C_3 残值费用（残值收入为"－"，清理费用为"＋"）。

如工程项目的寿命周期，应从可行性研究开始到保修期结束，其寿命成本也应包括这期间的全部成本（见表3-10）。

表 3-10 工程项目寿命周期成本

施工项目寿命期						
可行性研究成本	勘察设计成本	施工成本	非施工成本	运行成本	维修成本	保修成本
生产成本				使用成本		
寿命周期成本						

一般产品或作业的功能越高，制造成本也越高，但用户在使用中所花费的使用成本会越低；若产品或作业的功能越差，制造成本越低，但是使用成本会越高。价值工程的目的就是以最低的寿命周期成本可靠地实现用户所需求的功能。即达到所需要的功能时，应满足寿命周期成本最小为：

$$C_{\min} = \min(C_1 + C_2)$$

由于残值费用较小，为方便分析而将其省略了。其思路如图 3-12 所示。

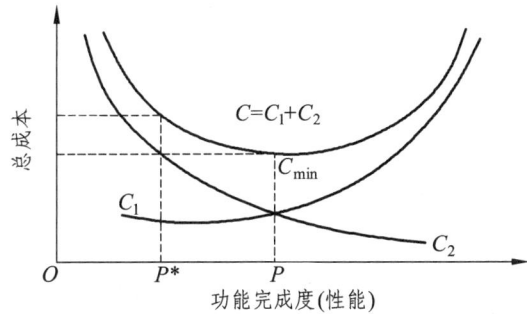

图 3-12　价值-功能分析图

（4）从价值工程观点看，一方面，用户购买产品或作业，都想买到物美价廉的产品或作业，因而必须考虑功能和成本的关系。即价值的高低；另一方面，又提示产品的生产者和作业的提供者，可以从下列途径提高产品或作业的价值。

① 功能不变，成本降低。
② 成本不变，功能提高。
③ 功能提高，成本降低。
④ 成本略有提高，功能大幅度提高。
⑤ 功能略有下降，成本大幅度下降。

2）价值工程的核心是对产品或作业进行功能分析

在项目设计时，要在对产品或作业进行结构分析的同时，还要对产品或作业的功能进行分析，从而确定必要功能和实现必要功能的最低成本方案（工程概算）；在项目施工时，在对工程结构、施工条件等进行分析的同时，还要对项目建设的施工方案及其功能进行分解，以确定实施施工方案及其功能的最低成本计划（施工预算）。

价值工程将确保功能和降低成本作为一个整体同时来考虑，以便创造出总体价值最高的产品。

价值工程强调不断改革和创新，开拓新构思和新途径，获得新方案，创造新功能载体，从而简化产品结构，节约原材料，提高产品的技术经济效益。

3）价值工程是以集体的智慧开展的有计划、有组织的活动

因为提高产品价值涉及产品的设计、制造、采购和销售等环节，为此必须集中人才，依靠集体的智和力量，发挥各方面、各环节人员的积极性，有计划、有组织地开展活动。在项目施工中，把价值工程活动同质量管理活动结合起来进行，不失为一种值得推荐的方法。

3．价值工程在企业管理中的作用

据有关资料反映，企业开展价值工程活动一般能降低成本 10%～30%，活动的收益与支出之比可以高达数十倍以上。价值工程在企业的生产经营中起到十分广泛的作用，不仅能用于改进企业产品，降低产品成本，还可以用于改进设备、工具、作业、库存和管理等，它的作用具体表现为以下几个方面。

1）可以有效地提高经济效益

价值工程以功能分析为核心，通过功能分析，保证必要的功能，剔除不必要的过剩功能、重复功和无用功能，从而去掉不必要的成本，提高产品的竞争力。

2）可以延长产品市场寿命期

产品的市场寿命期是指一种产品投放市场到被淘为止所持续的时间，是一个从生、成长、成到衰亡的过程。产品的成熟期越长，获利越多。要维持和延长产品的成熟期，改进产品功能是十分必的。通过开展价值工程，改进产品的式样、结构、品种、质量、提高产品的功能，可以延长产品市场命（如图 3-13 所示）。

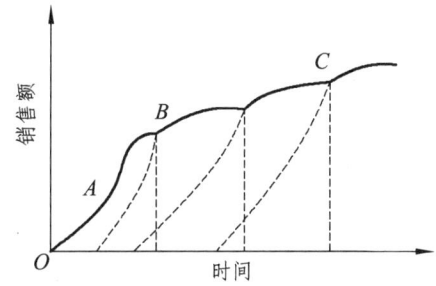

图 3-13 产品的改进与延长市场寿命期曲线

3）有利于提高企业管理水平

价值工程活动涉及范围广，贯穿于企业生产的各个环节。通过开展价值工程活动，可对企业各方面的管理工作起到推动的作用，促进企业管理水平的提高。

4）可以促进技术与经济相结合、软技术与硬技术相结合

价值工程既要考虑技术问题，又要考虑经济问题。提高产品功能、降低产品成本，既要发挥技术人员的智慧，又要发挥材料采购人员、财会人员的智慧。所以，开展价值工程活动，能使以上人员更紧密地结合在一起，共同研究问题，大大促进软技术与硬技术的结合。

4. 价值工程在工程项目成本控制中的应用步骤

价值工程也像其他技术一样具有一套自身独特的工作程序。其工作步骤及具体内容见表 3-11。

表 3-11 价值工程的实施步骤

工作阶段	价值工程的实施步骤		价值工程的问题
	基本步骤	详细步骤	
准备阶段	确定对象	1. 工作对象选择	研究对象是什么
		2. 信息资料收集	
分析阶段	功能分析	3. 功能定义	它的功能是什么
		4. 功能整理	
	功能评价	5. 功能成本分析	它的成本是什么
		6. 功能评价	它的价值是什么
		7. 确定改进范围	
创新阶段	制定方案	8. 方案创造	有无其他方法实现同样功能
		9. 概略评价	
		10. 调整完善	新方案的成本是什么
		11. 详细评价	
		12. 提出方案	新方案能满足功能的要求吗
实施阶段	方案实施与成果评价	13. 方案审批	实现预定目标了吗
		14. 方案实施与检查	
		15. 成果评价	

1) 价值工程准备阶段

价值工程准备阶段的主要工作为对象选择与信息资料收集，目的是确定价值工程的研究对象。

（1）价值工程对象选择原则。开展价值工程活动，首先要解决的就是价值工程的对象是什么。企业生产产品的种类很多，而每种产品又由许多零部件构成，因而在价值工程对象选择时，应抓住主要矛盾。其原则是：优先考虑对企业生产经营有重要影响或对国计民生有重大影响的产品或项目；在改善价值上有较大潜力，可取得较大经济效益的产品或项目。具体来说应从以下几个方面考虑：

① 设计方面。考虑结构复杂、体大、量重、材料昂贵、性能较差的产品或构配件。

② 施工生产方面。考虑产量较大、工艺复杂、原材料消耗高、成品率低的产品或构配件。

③ 销售方面。考虑用户意见多、竞争能力差、未投入市场的新产品、需扩大销路的老产品等。

④ 成本方面。考虑成本高于同类产品或高于功能相近的产品等。

（2）价值工程对象选择方法。价值工程对象选择的方法有很多种，应根据不同价值工程对象的特点及企业自身条件选用适宜的方法。常用的方法有经验分析法、ABC分析法、强制确定法、百分比分析法、价值指数法等。这里仅介绍常用的几种：

① 经验分析法。这种方法是一种定性分析方法。它是依据分析人员的经验而做出的选择，优点是简便易行，考虑问题综合全面；缺点是缺乏定量的数据，准确性较差，对象选择的正确与否主要取决于参加者的水平与态度。为了消除和克服缺点，可以挑选经验丰富、熟悉业务的人员参加，通过集体研究，共同确定分析对象。该方法特别适用于研究对象彼此相差比较大以及时间紧急的情况。在实际中，也可将经验分析法与其他方法结合使用，以取得更好的经济效果。

② ABC分析法。ABC分析法也称为成本比重法，重点法、巴雷特法。用ABC分析法选择价值工有对象时，将产品、零件成工序按其成本大小进行排队，通过分析比较局部成本在总成本中所占的比重大小，用"关键的占少数和次要的占多数"的关系确定价值工程对象。

一般按如下方式对产品、零件成工序进行A、B、C分类：

A类，数量比率占10%左右，而它的成本费用占总成本的比重为70%左右，一般作为价值工程的研究对象。

B类，数量比率占20%左右，它的成本占总成本比重为20%左右，如果人力、财力、物力允许，也可以作为价值工程的研究对象。

C类，数量比率占70%左右，它的成本占总成本比重为10%左右，一般不宜作为价值工程的研究对象。

ABC分析法，抓住成本比重大的零部件成工序作为研究对象，有利于集中精力重点突破，取得较大效果，同时简便易行，因此，广泛为人们所采用。但在实际工作中，有时由于成本分配不合理，造成成本比重不大但用户认为功能重要的对象可能被选成排序推后，ABC分析法的这一缺点可以通过经验分析法、强制确定法等方法补充修正。

【例3-3】某工项目基分部工程包含17个分项工程，各分项工程的价及基地部分的直接费,见表 3-12,试采用 ABC 分析法,确定该项目基础分部工程中可能作为价值工程研究对象的分项工程。

表 3-12 某工程项目基础工程分项工程 ABC 分类

分项目工程名称	成本/元	累计分项工程数	累计分项工程百分比	累计成本/元	累计成本百分比	分类
C20 带形钢筋混凝土基础	63 436	1	5.88%	63 436	39.5%	A
干铺土石屑垫层	29 119	2	11.76%	92 555	57.64%	A
回填土	14 753	3	17.65%	107 308	66.83%	A
商品混凝土运费	10 991	4	23.53%	118.299	73.67%	B
C10 混凝土基础垫层	10 952	5	29.41%	129 251	80.49%	B
排水费	10 487	6	35.29%	139 738	87.02%	B
C20 独立式钢筋混凝土基础	6 181	7	41.18%	145 919	90.87%	B
C10 带形无筋混凝土基础	5 638	8	47.06%	151 557	94.38%	C
C20 矩形钢筋混凝土柱	2 791	9	52.95%	154 348	96.12%	C
M5 砂浆砌砖基础	2 202	10	58.82%	156 550	97.49%	C
挖土机挖土	2 058	11	64.71%	158 608	98.77%	C
推土机场外运费	693	12	70.59%	159 301	99.20%	C
履带式挖土机场外运费	529	13	76.47%	159 830	99.53%	C
满堂脚手架	241	14	82.35%	160 071	99.68%	C
平整场地	223	15	88.24%	160 294	99.82%	C
槽底钎探	197	16	94.12%	160 491	99.94%	C
基础防潮底	89	17	100%	160 580	100%	C
总成本	160 580					

基础分项工程的 ABC 分类见表 3-10,其中,C20 带形钢混土基础、干铺土石屑垫、回填土三项工程为 A 类工程,应考虑作为价值工程分析的对象。

③ 强制确定法。强制确定法是以功能重要程度作为选择价值工程对象的一种分析方法。其具体步骤是:首先进行功能评分,求出功能系数和成本系数,依据价值系数的计算结果分析对象的功能与成本是否相称,若不相称,应选为价值工程的研究对象。

此方法是从功能与成本两方面来考虑问题的,所以比较全面且方法简便易行,能够将功能由定性表达提升到定量分析。但这种方法是依据人的主观打分,不能准确地反映功能差距的大小,只适用于部件间功能差别不太大且比较均匀的对象,而且一次分析的部件数量也不能太多,以不超过 10 个为宜。在零部件很多时,可先用经验分析法、ABC 分析法选出重点零部件，再用强制法细选。

④ 百分比分析法。这是一种通过分析某种费用或资源对企业的某个技术经济指标的影响程度的大小，来选择价值工程对象的方法。

⑤ 价值指数法。这是通过比较各对象（或零部件）之间的功能水平位次和成本位次，寻找价值较低对象（零部件），并将其作为价值工程研究对象的一种方法。

（3）信息资料收集。价值工程信息资料是指与价值工程有关的记录，利用有价值的报道、消息、见闻、图表、图像、知识等。收集价值工程信息资料时应满足五个方面的要求：一是目的性，即收集的信息资料应满足价值工程活动的目的要求；二是时间性，即收集的信息资料是近期的、较新的资料；三是准确性，即所收集的信息资料必须是可靠的，能真实反映客观事物的实际；四是完整性，即能保证全面、充分和完善地评价研究对象；五是经济性，即尽量用最少的开支收集所需的信息资料。

2）价值工程分析阶段

价值工程分析阶段的主要工作有功能定义、功能整理与功能评价。

依据功能的特性，可以将功能分为以下几类：

① 使用功能与美学功能。这是从功能性质的角度进行的分类。使用功能从功能的内涵上反映其使用属性，是一种动态功能；美学功能是从产品的外观反映功能的艺术属性，是一种静态的外观功能。

② 基本功能与辅助功能。这是从功能重要程度的角度进行的分类。基本功能是产品的主要功能，对实现产品的使用目的起着最主要和必不可少的作用；辅助功能是次要功能，是为了实现基本功能而附加的功能。

③ 必要功能与不必要功能。这是从用户需求的角度进行的分类。必要功能是用户要求的功能，美学功能、基本功能、辅助功能等均为必要功能；不必要功能是不符合用户要求的功能，又包括三类，一是多余功能，二是重复功能，三是过剩功能。

④ 过剩功能与不足功能。这是相对于功能的标准而言，从定量角度对功能采用的分类。过剩功能是指某些功能虽属于必要，但满足需要有余，在数量上超过了用户要求或标准功能水平；不足功能是相对于过剩功能而言的，表现为产品整体功能或零部件功能水平在数量上低于标准功能水平，不能完全满足用户需要。

（1）功能定义。功能定义就是用简明的语言对价值工程对象的每一项功能做一个确切的描述。通过这种描述，把功能的本质、内容及其水平准确地表达出来。功能定义的语言应简明准确，通常用一个动词加一个名词表述，如梁的功能是传递荷载，隔墙的功能是分隔空间，灯的功能是发光等。通过对功能下定义，可以加深对产品功能的理解，并为以后提出功能代用方案提供依据。

（2）功能整理。产品的结构间、功能间都有着复杂的联系。因此，仅仅把产品的功能定义出来是不够的，价值工程还要求在大量的功能定义基础上进行功能整理。

功能整理就是用系统的观点将已经定义了的功能加以系统化，找出各局部功能相互之间的逻辑关系，并用图表形式表达，如图3-14所示，以明确产品的功能系统，从而为功能评价和方案构思提供依据。

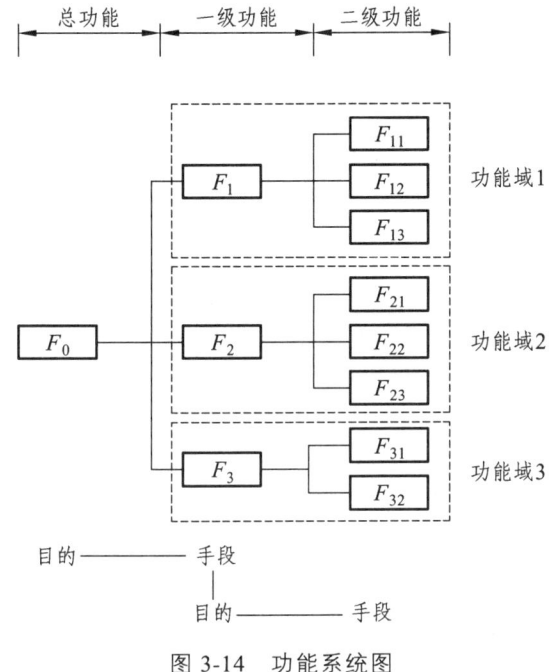

图 3-14 功能系统图

在图 3-14 中,从总功能 F_0 开始,由左向右逐级展开,在位于不同级的相邻两个功能之间,左边的功能(上级)是右边功能(下级)的目标,而右边的功能(下级)是左边功能(上级)的手段。

(3)功能评价。

① 功能评价的概念。功能评价就是确定功能的现实成本、目标成本、目标成本与现实成本的比值、目标成本与现实成本的差值,然后选择功能价值低、改善期望值大的功能作为价值工程活动的重点对象。功能评价工作可以更准确地选择价值工程研究对象,同时,制定目标成本,有利于提高价值工程的工作效率,并增加工作人员的信心。

② 功能的现实成本。功能成本是按产品或零部件的功能计算的,产品的一个零部件往往具有多种功能,如墙体除具有围护功能外,还具有保温、隔热、挡风雨、传递荷载等多种功能;而一种功能往往要通过多个零部件予以实现,如保温功能要由墙体门窗、屋面等予以实现。功能的现实成本就是将产品或零部件的实际成本分配到功能成本上去。

③ 功能的目标成本。功能的目标成本。功能的目标成本又称为功能评价值,是指可靠地实现用户要求功能的最低成本,它可以理解为是企业有把握,或者说应该达到的实现用户要求功能的最低成本。从企业目标的角度看,功能评价值可以看成是企业预期的、理想的成本目标值,功能评价值一般以货币价值形式表达。

④ 功能价值 V 的计算及分析。功能价值 V 的计算及分析。通过计算和分析对象的价值 V,可以分析成本功能的合理匹配程度。功能价值 V 的计算方法有两大类:功能成本法和功能指数法。

⑤ 确定价值工程对象的改进范围。

3）方案创新阶段

① 方案创造。方案创造是在已对改进对象进行功能分析评价的基础上，寻找和构思实现功能的新方案，这是价值工程能否取得成效的关键步骤。方案创造的方法很多，如头脑风暴法、歌顿法、专家意见法、专家检查法等。

② 方案评价与选择。对方案创新阶段所提出的各种方案进行分析、比较、论证、选优的过程称为方案评价。

方案评价是指对新构思的方案进行技术、经济和社会三个方面的评价，包括方案的概略评价和方案的详细评价，如图 3-15 所示。概略评价是对新构思方案进行初步研究，其目的是从众多方案中进行粗略的筛选，以减少详细评价的改进量。详细评价是在概略评价所得的比较抽象的方案中，评选出拟实施的最佳方案。方案评价结论是方案审批的依据。

技术评价围绕功能进行，内容是方案能否实现所需功能以及实现程度；经济评价围绕经济效果进行，内容是以成本为代表的经济可行性；社会评价围绕社会效果进行，内容是方案对社会的利弊；最后进行综合评价，选出最佳方案。

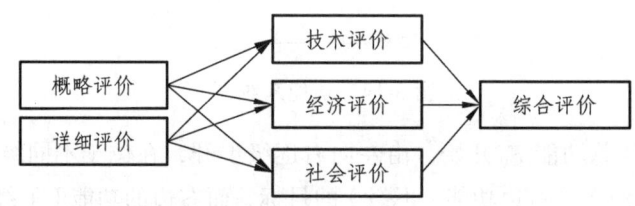

图 3-15　方案评价步骤示意图

4）价值工程实施阶段

价值工程实施阶段的主要工作是方案实施与成果评价。方案实施过程中，要经常检查，以保证实施的质量，达到预期目标。方案实施之后，需全面总结价值工程活动的成果，比较新方案实施所取得的实际效果和原方案的效果，以利于开展今后的价值工程活动。

5. 价值系数的计算

价值工程研究的目的是产品或作业的功能与成本之间的最佳比例。于是，对产品或作业的功能描述、整理及功能计算问题都是价值工程工作开展过程中的关键问题。特别是功能计算问题，由于功能本身大部分都没有量的概念，与成本无法进行直接的比较，因而必须采取一些特殊的方法对功能进行定量，然后与成本进行比较，才能计算出价值系数。

6. 价值工程在施工项目成本控制中的应用

价值工程在刚开始创立时，仅用于材料的采购和替代，如今，在世界范围内，价值工程已被广泛应用于航空、造船、汽车、电子、军火工业、机械制造和建筑等行业。在项目施工过程的成本控制中，价值工程应用的主要内容有以下几项。

（1）从控制项目的寿命周期费用出发，结合施工，研究工程设计的技术经济合理性，探索有无改进的可能性，包括功能和成本两个方面，以提高施工项目的价值系数。降低成本，不仅仅是降低工时、材料、机械设备使用等费用支出，同时，也可以通过价值分析来发现并消除工程设计中的不必要功能，达到降低成本、降低造价的目的。表面看起来，这样做对施工项目并没有太多的益处，甚至还会因为降低了造价而减少工程结算收入。但是，我们应看到，其带来的有利影响确实是重要的，主要有以下三方面。

① 项目经理部能在满足业主对项目的功能要求，甚至提高功能的前提下，降低施工项目的造价，业主通常都会给予降低部分一定比例的奖励，这个奖励则是施工项目的净收入。

② 通过对设计进行分析的价值工程活动，对提高项目组织的素质，改善内部组织管理，降低不合理消耗等有着直接的影响。通过该项活动，能使项目经理部更加明确业主的要求，更加熟悉项目的设计要求、结构特点、项目所在地的自然地理条件，从而有利于施工方案的制订，组织和控制施工也得心应手。

③ 替业主着想，能赢得业主的信任，从而大大有利于双方的和谐协作关系，能够提高自身的信誉及知名度，用户回头率也能大大提高。

（2）结合价值工程活动，制订技术先进可行、经济合理的施工方案。这主要表现在以下几个方面。

① 通过价值工程活动，进行技术经济分析，确定最佳的施工方案。

② 结合施工方法，进行材料使用的比选，在满足功能要求的前提下，通过代用、改变配合比、使用添加剂等方法降低材料消耗。

③ 结合施工方法，进行机械设备选型，确定最合适的机械设备的使用方案。例如：施工机械要选用功能相同、台班费最低或台班费相同、功能最高的模板，要联系结构特点在组合钢模、大钢模、滑模中选择最合适的一种。

④ 通过价值工程活动，结合项目的施工组织设计和所在地的自然地理条件，降低材料的库存成本和运输成本，及确定最合理的材料储备。

3.2.5 质量成本控制法

1. 施工项目质量成本控制的概念

质量成本的概念是由美国质量专家 A·V·菲根保姆在 20 世纪 50 年代提出来的。质量成本又称为质量费用。ISO9000 系列国际标准对质量成本的定义是：将产品质量保持在规定的质量水平上所需的有关费用。质量成本是指项目为保证和提高产品质量而支出的一切费用，以及未达到质量指标而发生的一切损失费用之和。

任何产品都会包含质量和成本两项基本属性，施工项目也不例外。质量作为产品的重要属性，在市场经济条件下，随着买方市场的出现，商品供大于求，顾客对质量的要求越来越高，企业只有加强质量管理，才能生存和发展，但企业毕竟是经济组织，质量重要，成本同样重要。因此，更要注重质量的成本经济型，即探求与成本相协调的相对最佳质量水平。

评价建筑工程质量时，通常采用的指标是工程的合格率。这种指标反映的是工程质量与规定的技术标准的符合性，不能反映质量的经济性，尤其是对经返工后工程质量才达到合格标准时的情况，更不能反映质量的成本经济性，因此，需要对工程质量成本的经济性进行分析。

施工项目质量成本控制是对质量成本费用的形成过程进行监督，及时发现质量成本计划执行过程中的偏差和问题，并适时采取控制和处理措施，尽力保证质量成本计划目标的实现。

2. 施工项目质量成本的构成

施工项目质量成本由预防成本、鉴定成本、内部损失成本和外部损失成本构成。通常把前面两项称为质量保证成本，把后面两项称为质量损失成本。质量损失成本会随着产品质量的提高而下降，质量保证成本却会随着产品质量的提高而提高。因此，项目在实施成本控制的过程中，要寻求既达到预定的质量水平，而又能使质量成本相对较低的方法。

施工项目质量成本构成的具体费用名目如下：

（1）预防成本是指为了确保施工项目质量而采取预防措施所耗费的费用，即为使质量内部、外部损失成本和鉴定成本减到最低限度所需要的一切费用，包括质量管理人员人工费用、质量宣传费用、质量评审费用、质量信誉费用、质量培训费用、质量奖励费用、质量改进费用、供方质量保证费用。

（2）鉴定成本是指原材料进场检验、各分部分项工程和项目全面完工后的验收和为质量鉴定而发生的一切费用，包括检验人员的人工费用、质量检验部门的办公费用、试验、检验费用、检测设备、校验和折旧等费用。

（3）内部损失成本是指出现的不合格在分部分项工程交验前被检出，企业内部为达到合格而进行处理的费用损失，包括内部返修损失、内部返工损失、内部停工损失、质量故障处理费用、材料降级损失、加固成本。

（4）外部损失成本是指出现的不合格在工程交验后被检出而构成的损失，包括外部返修损失、外部返工损失、外部停工损失、保修费用、质量罚金等。

施工项目质量成本的构成见表3-13。

表3-13 施工项目质量成本构成表

成本构成项目	具体子目	含义	包含的费用项目
质量保证成本	预防成本	为了确保施工项目质量而采取预防措施所耗费的费用	质量管理人员人工费用
			质量宣传费用
			质量评审费用
			质量信誉费用
			质量培训费用
			质量奖励费用
			质量改进费用
			供方质量保证费用
	鉴定成本	原材料进场检验，各分部分项工程和项目全面完工后的验收和为质量鉴定而发生的一切费用	检验人员的人工费用
			质量检验部门的办公费用
			实验、检验费用
			检测设备、校检和折旧等费用

续表

成本构成项目	具体子目	含义	包含的费用项目
质量损失成本	内部损失成本	出现的不合格在分部分项工程校验前被检出,企业内部为达到合格而进行处理的费用损失	内部返修损失
			内部返工损失
			内部停工损失
			质量故障处理费用
			材料降级损失
			加固成本
	外部损失成本	出现的不合格在工程校验后被检出而构成的损失	外部返修损失
			外部返工损失
			外部停工损失
			保修费用
			质量罚金

3. 施工项目质量成本的特征曲线

施工项目质量成本特征曲线的基本模式如图 3-16 所示。

图 3-16 中质量成本曲线 QC 呈马鞍状,在此曲线的最低点时,总的质量成本才达到最低,此时 QC 曲线最低点 N 所对应的成本为质量成本的最低值,即 QC,该点所对应的横坐标 Q 值称为最低质量成本的相应质量水平。

各项目之间存在着相互影响、相互作用的关系,比如预防成本和鉴定成本(QC1)的增加,会导致质量损失成本(QC2)的减少。质量成本特性曲线显示了质量成本最佳值,及其对应的适宜质量水平的概念。将表示质量成本的曲线 QC 上的最低点附近的区域加以放大,如图 3-16 所示。将此区域划分为三个活动区域,分别为质量改进区、质量适宜区、质量过剩区。

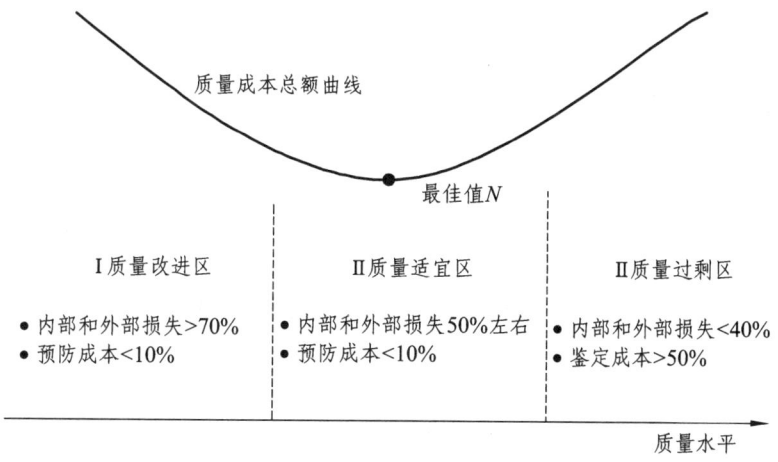

图 3-16 质量成本区域图

图 3-18 中把最佳值 N 附近的曲线划分为Ⅰ、Ⅱ、Ⅲ三个区域,它们分别对应着质量成本各项费用的不同比例。

(1)Ⅰ区是质量损失成本较大的区域,一般来说,内外部损失成本占项总成本的 70%,而预防成本不足 10% 的属于这个区域。这时,损失成本是影响达到最佳质量成本的主要因素。因此,质量管理工作的重点应放在加强质量预防措施,加强质量检验,以提高质量水平,降低内外部损失成本,这个区域称为质量改进区。

(2)Ⅱ区是基本处于最佳水平的区域。这时、内外损失成本约占总成本的 50%,而预防成本达到总成本的 10%,如果用户对这种质量水平表示满意,认为已达到要求,而进一步改善质量又不能给企量带来新的经济效益,则这时的质量管理重点应是维持或控制现有的质量水平,使总成本处于最低点 N 附近的区域,这个区域称为质量适宜区。

(3)Ⅲ区是固定成本较大的区域,鉴定成本成为影响质量总成本的主要因素。这时质量管理的重点在于分析现有的标准,降低质量标准中过严的部分,减少检验程序和提高检验工作效率,使质量总成本于最低点 N,这个区域称为质量过剩区。

据上述的分析,处于不同的质量成本区,随施工项目的质量成本控制措施不同,具体见表 3-14。

表 3-14　不同区域施工项目质量成本控制表

质量成本区域		特　征	质量成本控制措施
Ⅰ区	质量改进区	内外部损失成本占质量总成本的 70%,预防成本不足 10%。	加强质量预防措施,加强质量检验,以提高质量水平,降低内外部损失成本。
Ⅱ区	质量适宜区	内外部损失成本约占总成本的 50%,预防成本达总成本的 10%。	应维持现有的质量措施,使质量水平处于最佳状态。
Ⅲ区	质量过剩区	鉴定成本成为影响质量总成本的主要因素。	降低质量标准中过严的部分,减少检验程序和提高检验工作效率,使质量总成本趋于最低点 N。

4. 施工项目质量成本控制的类型

施工项目质量成本控制一般分为三种,即事前、事中和事后控制。

(1)质量成本事前控制。根据质量成本计划所定的目标,确定质量成本各项费用开支标准、资源消耗数量,形成质量成本费用指标计划,作为控制的主要标准,以便对质量成本各项费用开支进行检查和评价。

(2)质量成本事中控制。监督质量成本的形成过程,对于日常发生的各种费用都要按照既定的标准进行控制监督,力求做到所有直接费、间接费都不突破控制标准,施工过程中,要及时对项目质量成本进行计算和分析,有针对性地采取控制措施,使实际成本控制在计划成本之内。

(3)质量成本事后控制。质量成本事后控制是指伴随施工活动过程的质量成本费用发生后,要对质量成本费用进行核算、分析、考核和处理,查明造成实际质量成本偏离目标的原因,然后在此基础上提出切实可行的措施,使实际质量成本更好地达到目标质量成本的要求。

【案例分析】

施工项目质量成本控制案例分析

一、资料

某海滨洗浴中心项目位于海南省,工程总建面积为 4 080 m²,建筑主体为六层,工程建筑总高度为 21 m。质量目标为优良,承包合同价为 1 200 万元,采用固定单价合同。从 2017 年 10 月 1 日起开始施工,工期为 180 天,2018 年 1 月,主体结构工程施工完毕。项目经理对施工项目进行例行检查时,发现质量成本剧增,为此,项目经理必须对质量成本进行分析,了解引起质量成本上涨的原因,找到相应的补救措施。

二、要求

根据施工项目成本过程控制的程序,对某海滨洗浴中心项目质量成本进行分析。

三、分析过程

质量作为项目管理的目标之一,与成本息息相关,质量成本控制是施工项目成本过程编制的重要一环。质量成本控制应遵循施工项目成本过程控制的程序。

1)确定项目总成本目标

在工程项目开工前,公司与项目经理签订《项目管理目标责任书》。该项目经理编制的总计划成本为 946 万元,详见单元 2 课题 3 案例分析(成本目标在《项目管理目标责任书》中明确落实,然后以文件的形式下达项目经理实选)。

2)目标分解

成本确定以后,以此为上限,由项目经理分配到各取能部门、班组,签订成本承包合同,然后由各承包者提出保证成本计划完成的具体措施,确保承包成本目标的实现,表 3-15 是某海滨洗浴中心项目计划成本汇总。

表 3-15 某海滨洗浴中心项目计划成本汇总表 万元

分部工程	人工费	材料费	机械使用费	其他直接费	间接费用	合计
打桩工程	13.900	82.850	25.410	3.540	16.340	142.040
基础工程	14.220	70.870	7.730	2.670	11.400	106.890
主体结构工程	38.910	316.260	46.820	17.120	41.590	460.700
门窗工程	4.370	33.610	2.380	1.000	5.680	47.400
装饰工程	17.850	57.460	3.690	1.650	12.160	92.810
水电安装工程	12.450	64.190	6.400	1.700	11.420	96.160
合　计	102.060	625.240	92.430	27.680	98.590	946.00

3)工程实施

成本目标确定后,项目开始实施。

4)收集实际成本数据

为了最终实现目标成本,成本管理人员要及时收集项目施工过程发生的实际成本数据和其他相关的项目成本信息,将各种成本数据和其他相关项目成本信息进行整理、分类和综合,提出项目质量、成本等状态报告。表 3-16 是某海滨洗浴中心项目实际成本汇总。

表 3-16　某海滨洗浴中心项目实际成本汇总表　　　　　　　　万元

分部工程	人工费	材料费	机械使用费	其他直接费	间接费用	合计
打桩工程	14.62	80.02	20.71	3.72	17.77	136.84
基础工程	15.18	87.14	9.28	3.76	12.53	118.89
主体结构工程	65.76	337.32	33.36	11.17	49.84	497.45
合　计	95.56	495.48	63.35	18.65	80.14	753.18

5）实际值与目标值对比

在施工过程中，由于外部环境和内部系统各种因素变化的影响，实际成本偏离了目标成本。将成本计划值与成本实际值逐项进行比较，以发现成本是否超支。表 3-17 是某海滨洗浴中心项目计划与实际成本对比表。

表 3-17　某海滨洗浴中心项目计划与实际成本对比表

分部工程名称	计划成本	实际成本	差异
打桩工程	142.04	136.84	5.20
基础工程	106.89	118.89	-12.00
主体结构工程	460.70	497.45	-36.75
合　计	709.63	753.18	-43.55

6）分析偏差

对比较的结果进行分析，以确定偏差的严重性及偏差产生的原因。该主体结构工程计划成本为 460.7 万元，实际成本为 497.45 万元，实际成本超支 36.75 万元，其中，质量成本是 282 656 元。

现场收集的质量成本数据见表 3-18。

由表 3-18 数据可知，质量成本总额为

质量成本 = 预防成本 + 鉴定成本 + 内部损失成本 + 外部损失成本
　　　　 = 26 711 元 + 28 909 元 + 128 344 元 + 98 692 元 = 282 656 元

质量损失成本为 128 344 元 + 98 692 元 = 227 036 元；质量损失成本占质量成本总额的 80.32%。

各质量成本占总质量成本百分比分别为：预防成本为 9.45%；鉴定成本为 10.23%；内部损失成本为 45.41%；外部损失成本为 34.91%。

根据表 3-18，可列出该主体结构工程的质量损失成本分析见表 3-19。

表 3-18 某海滨洗浴中心项目主体结构工程质量成本数据

质量成本科目		金额/元	质量成本率		对比分析
			占本项	占总额	
预防成本	质量管理人员人工费用	16 779	62.82%	5.94%	
	质量宣传费用	150	0.56%	0.05%	
	质量评审费用	1 018	3.81%	0.36%	
	质量信誉费用	3 522	13.19%	1.25%	
	质量培训费用	372	1.39%	0.13%	
	质量奖励费用	1 480	5.54%	0.52%	
	质量改进费用	620	2.32%	0.22%	
	供方质量保证费用	2.770	10.37%	0.98%	
	小计	26 711	100.00%	9.45%	计划成本为 460.7 万元
鉴定成本	检验人员的人工费用	19 000	65.72%	6.72%	实际成本为 497.45 万元 成本增加额为 36.75 万元 成本增加率为 7.98%
	质量检验部门的办公费用	1.098	3.80%	0.39%	质量成本/实际成本 = 282 656/4 4974 500×100% = 5.68%
	实验、检验费用	6 816	23.58%	2.41%	质量成本/计划成本 = 282 656/4 607 000×100% = 6.14%
	检测设备、校检和折旧等费用	1 995	6.90%	0.71%	预防成本/计划成本 = 26 711/4 607 000×100% = 0.58%
	小计	28 909	100.00%	10.23%	
内部损失成本	内部返修损失	37 420	29.16%	13.24%	鉴定成本/计划成本 = 28 909/4 607 000×100% = 0.63%
	内部返工损失	66 036	51.45%	23.36%	内部故障成本/计划成本 = 128 344/4 607 000×100% = 2.79
	内部停工损失	22 893	17.84%	8.10%	外部故障成本/计划成本 = 98 692/4 4974 500×100% = 2.14%
	质量故障处理费用	340	0.26%	0.12%	
	材料降级损失	305	0.24%	0.11%	
	加固成本	1 350	1.05%	0.48%	
	小计	128 344	100.00%	45.41%	
外部损失成本	外部返修损失	29 349	29.74%	10.38%	
	外部返工损失	14 087	14.27%	4.98%	
	外部停工损失	53 416	54.12%	18.90%	
	保修费用	1 240	1.26%	0.44%	
	质量罚金	600	0.61%	0.21%	
	小计	98 692	100.00%	34.91%	
质量成本支出额		282 656	100.00%	100.00%	

表 3-19　某海滨洗浴中心项目主体结构工程质量损失成本分析表

类　别	明细项	金额/元	占质量损失成本比例	占质量成本比例
内部损失成本	内部返修损失	37 420	16.48%	13.24%
	内部返工损失	66 036	29.09%	23.36%
	内部停工损失	22 893	10.08%	8.10%
	质量故障处理费用	340	0.15%	0.12%
	材料降级损失	305	0.13%	0.11%
	加固成本	1 350	0.60%	0.48%
外部损失成本	外部返修损失	29 349	12.93%	10.38%
	外部返工损失	14 087	6.20%	4.98%
	外部停工损失	53 416	23.53%	18.90%
	保修费用	1 240	0.55%	0.44%
	质量罚金	600	0.26%	0.21%
损失成本总额		227 036	100%	80.32%

根据表 3-19 中各质量损失内容占总质量成本的比率，将质量损失成本额由大到小排列，可以找出工程质量损失的主要原因，并加以控制。如图 3-17 所示，损失成本的主要因素为内部返工损失、外部停工损失、内部返修损失、外部返修损失、内部停工损失和外部返工损失。可见，返工、停工和返修损失是造成该项目质量损失的主要原因。

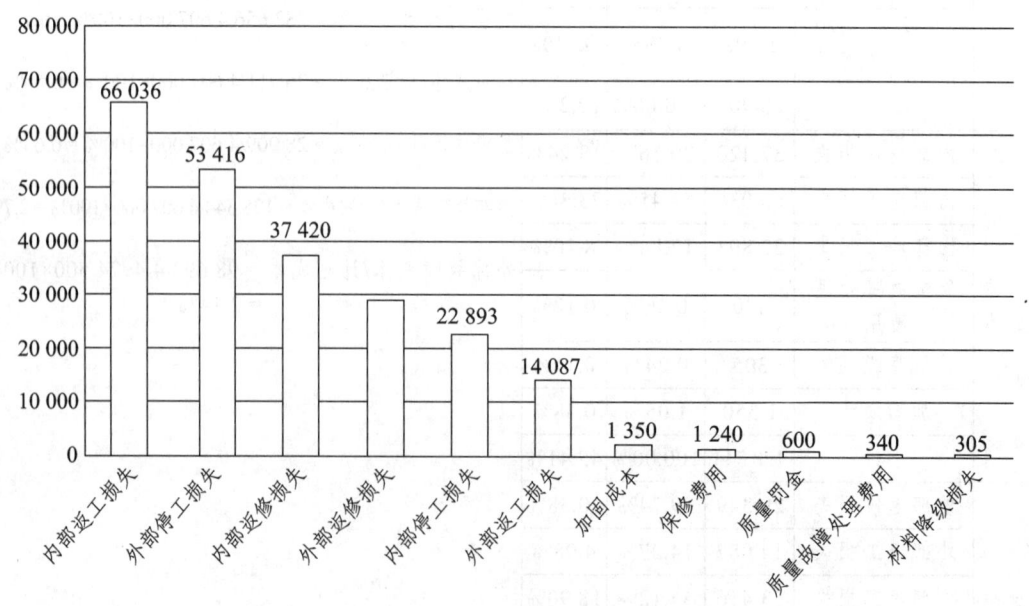

图 3-17　主要质量损失分析图

通过计算可以得到以下结果：
（1）该主体结构工程实际成本比计划成本高了 36.75 万元，成本超支为 7.98%。
（2）质量成本占计划成本的 6.14%，占实际成本的 5.68%；特别是内外部损失成本（占计划成本的 4.93%，占实际成本的 4.56%）更为突出，质量损失所占比重大。

（3）预防成本占计划成本的 0.58%，占质量成本的比率也只有 9.45%。

从图 3-18 质量成本构成比率来看，该项目预防和鉴定成本所占比重偏小，质量损失成本比重过大。损失成本是影响达到最佳质量成本的主要因素，属于质量改进区。根据现场情况反馈，在砌筑施工过程中，部分砌筑墙体经检查不符合优良要求，造成大量返工重砌，是造成损失成本所占比例大的原因。因此，质量控制的重点应放在加强质量预防措施，加强质量检验，以提高质量水平，降低内外部损失成本。

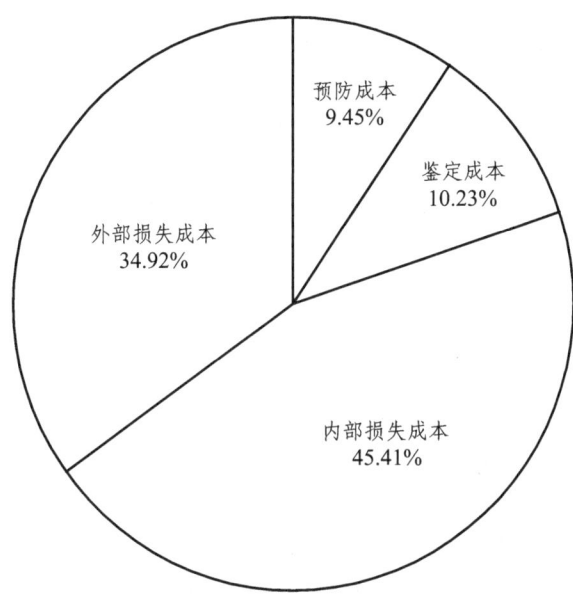

图 3-18 质量成本构成分析图

7）采取纠偏措施

当工程项目的实际施工成本出现了偏差，应当根据工程的具体情况、偏差分析的结果采取适当的措施，以期达到使施工成本偏差尽可能小的目的。通过对主体结构工程质量成本的核算、分析，给出相应的质量成本控制措施，以达到经济目的。施工项目质量成本控制见表 3-20。

表 3-20 施工项目质量成本控制表

施工项目质量成本区域	关键因素	措 施	执行人	检查人
Ⅰ区质量改进区	降低返工，停工损失	1. 对每道工序事先进行技术质量交底		
		2. 加强班组技术培训		
		3. 设置班组质量干事，把好第一道关		
		4. 设置施工队技监点，负责对每道工序进行质量复检和验收		
		5. 建立严格的质量奖惩制度，调动班组的积极性		
		6. 返修发生的修复费用，在成本计算中应单独计算并加以控制		
		7. 因质量事故造成的返工和停工损失，要进行预见性的控制，即事先要准备好预防措施，避免施工中因质量问题而出现大量的返工和停工事件		

【本章小结】

工程项目成本控制是指在项目成本形成过程中运用一定的技术和管理手段对生产经营所消耗的人力、物资和费用进行组织、监督、调节和限制，及时纠正将要发生和已经发生的偏差，把各项施工费用控制在计划成本的范围内，以保证成本目标实现的一个系统过程。

工程项目成本控制对象有多种分类，如以施工项目成本形成的过程作为控制对象；以工程项目的职能部门、施工队和生产班组作为成本控制的对象；以分部分项工程作为项目成本控制的对象；以对外经济合同作为成本控制的对象。

工程项目成本控制原则有节约原则、全面控制原则、全程监控原则、风险分担原则、目标管理原则、因地制宜原则。

工程项目成本控制内容包括投标阶段成本控制、施工准备阶段成本控制、施工阶段成本控制、竣工验收及保修阶段成本控制。

工程项目成本控制常用的方法有控制图法、偏差分析法、挣值法、质量成本法、价值工程法。

【复习题】

1. 工程项目成本控制的原则是什么？
2. 对工程项目进行成本控制，要遵守哪些原则？
3. 工程项目成本控制的原则是什么？
4. 简述不同区域工程项目质量成本控制的措施？
5. 简述价值工程法在工程项目成本控制过程中的应用步骤。

4 工程项目成本核算

【本章目标】
1. 了解工程项目成本核算的概念、意义。
2. 了解工程项目成本核算的任务及要求。
3. 掌握工程项目成本核算的基本程序。
4. 熟悉工程项目成本核算的具体内容。
5. 掌握工程项目不同对象成本核算的方法。

【本章引例】
江苏省某建设集团有限公司招聘工程项目成本核算专员,职位描述如下:
任职要求:
1. 会计、财经、造价、工程管理、财务管理等相关专业,大专及以上学历;
2. 熟悉工程施工企业成本核算和管理。
岗位职责:
1. 遵守财经纪律,执行公司相关财务规定和制度。
2. 负责项目财务审核监督,项目成本核算、资金管理、税费申报。
3. 负责编制项目年度财务计划,根据项目生产计划,编制年、季度财务收支计划和成本降低计划,定期分析成本节超原因,提出整改意见。
4. 负责项目往来核对,督促提示项目收款。
5. 负责项目工程成本核算、盈亏分析、季度财务经济活动分析,协助做好竣工决算、竣工财务决算。
6. 良好的协调、沟通和指导能力高度责任心和敬业精神,良好的逻辑思维能力、判断与决策能力。

相信各位同学通过本章的学习,能认知工程项目成本核算专员岗位的工作,掌握工程项目成本核算的程序及方法。

4.1 工程项目成本核算概述

4.1.1 工程项目成本核算的概念

工程项目成本核算是对发生的施工费用和形成的工程成本所进行的会计处理工作,它是施工费用核算和工程成本计算的总称，其重要的部分是工程成本计算。

建筑工程企业在一定时期内（某一个会计期间）从事建筑安装工程施工过程中所发生的各项耗费的货币表现，叫作施工费用。将施工费用按一定的成本核算对象及其成本项目进行归集，即构成该对象的成本。施工费用是形成工程成本的基础。

所谓工程项目成本计算，就是按照成本核算对象和成本开支范围的规定，对应列入工程成本的施工费用，经过分类、归集和分配等一系列的计算程序，从而计算出全部工程总成本和每项工程成本的工作。

工程项目成本计算的内容，包括预算成本计算和实际成本计算两个方面。预算成本是根据已完工程数量，按施工图预算所列单价和成本项目的核算内容进行分析、归类和计算的工程成本。它是控制成本支出，考核成本超节的依据。实际成本是根据工程施工过程中实际发生的施工费用，按照成本核算对象和成本项目归集的工程。已完工程的实际成本与预算成本相比较，就可以确定工程项目成本的超支或节约额。

4.1.2 工程项目成本核算的意义

工程成本核算，就是对建筑企业一定时期内施工费用的核算，包括工程施工成本和期间费用的核算。它是工程成本会计的中心内容，可以反映和监督建筑企业各项施工费用的发生情况和工程成本的水平，为分析工程成本的节超原因和挖掘降低成本的潜力提供科学依据，它在建筑企业的经营管理中具有十分重要的意义。具体有：

1. 工程成本核算可以综合反映施工企业的经营管理水平

由于工程成本是工程施工中各种耗费的货币表现，集中反映了建筑企业的经济效果，劳动生产率的高低、施工机械设备的利用程度、材料消耗的多少、施工工期的长短以及施工过程中的管理水平，最终都反映到工程成本指标中。工程成本核算出的工程实际成本与预算成本、计划成本比较分析、可以考核施工管理中取得的成绩和找出存在的问题，总结经验，吸取教训，加强管理、不断降低工程成本、提高企业的经济效益。

2. 工程成本核算可以保证国家各项相关政策法规的执行

在工程核算过程中、对各项费用支出必须进行认真的审核，凡符合成本开支范围的各项支出要积极支持、否则就应予以抵制。只有这样，才能保证国家的政策、法令、制度的贯彻落实，避免和减少不应有的浪费和损失，保证建筑企业经营活动的正确方向。

3. 工程成本核算可以确定施工耗费的补偿尺度

为了保证建筑企业再生产的不断进行，必须对施工过程中的资金耗费进行补偿。建筑企业在取得工程结算收入后，必须把相当于工程成本的数额划分出来，用于补偿施工过程中的资金耗费，维持资金周转按原定规模进行，剩余部分就是企业实现的净利润。在工程结算收入一定的条件下，成本降低利润就高，反之利润就低。因此，成本作为补偿施工耗费的尺度，对企业的发展有重要影响。

4. 工程成本核算能充分挖掘企业内部潜力，为生产经营决策提供重要的依据

在激烈的市场竞争中，企业为了获得工程订单，除了在工程质量与施工工期等方面竞争外，更多的是工程价格的竞争。由于工程成本是决定工程价格的基础，因而工程成本的高低在一定程度上影响着企业的生存和发展，企业只有认真做好工程成本核算工作，及时为企业的经营决策提供成本信息，从而充分挖掘内部潜力，才能不断降低成本，提高企业的市场竞争力。

4.1.3 工程项目成本核算的任务及要求

1. 工程项目成本核算的任务

（1）根据国家的政策、法规、制度和企业的消耗定额及工程成本计划，审核和控制企业各项工程施工费用的支出，促使节约工程施工费用，降低工程成本。

（2）正确、及时归集和分配工程施工过程中发生的各项工程施工费用，按照规定的成本核算程序和方法计算工程的实际施工成本。

（3）正确计算工程预算成本和实际成本，考核和分析成本消耗定额和成本计划的执行情况，为进行成本预测、修订消耗定额和编制新的成本计划提供数据。

（4）通过工程成本核算，反映和监督企业工程施工过程中工程在产品的动态，保护工程在产品的安全和完整。

（5）正确编制工程竣工结算，及时总结工程施工管理的经验和不足，改进经营管理工作，降低工程成本，提高经济效益。

2. 工程项目成本核算的基本要求

在工程项目成本核算中，还应该严格遵循以下要求。

1）做好成本核算的各项基础工作

为保证成本核算资料的真实性、完整性、准确性和及时性，便于对成本实施有效控制，应做好以下几方面的基础工作。

（1）建立健全原始记录。

成本核算的重要任务是对构成成本的各项耗费进行数据处理，为此就要取得各项耗费的原始资料。原始记录是反映施工生产经营活动的原始资料，是工程成本核算和管理的基础。涉及工程成本核算的原始记录主要有：领（退）料单、限额领料单等材料耗用记录，工程任务单、考勤表等人工耗用记录，施工机械使用记录、未完施工盘点单和其他费用支出记录。施工单位要认真制定原始记录制度，做好原始记录凭证的填制、传递、审核和保管工作，为工程成本核算提供准确的第一手资料。

（2）加强定额管理。

定额是对工程施工过程中人力、物力和财力消耗所规定的数量标准。施工企业的定额一般有预算定额和施工定额两种。预算定额一般是由国家或各省、市、自治区建设主管部门统一制定，是建筑行业的平均定额，是施工企业编制工程预算、计算工程造价的依据；施工定额一般是由施工企业自行制定，它既是编制单位工程施工预算和成本计划的依据，又是衡量和控制工程施工过程中人工、材料、机械耗费和费用支出等的标准。施工定额主要包括劳动定额、材料消耗定额、机械设备利用定额、工具消耗定额和费用定额等。实行定额管理，对于合理利用劳动力，节约材料消耗，提高机械设备利用率和降低费用支出，从而降低工程成本都有重要的意义。

（3）健全物资管理工作制度。

物资是工程成本中的一个重要组成部分，要正确计算工程成本，必须建立健全物资管理制度，凡涉及物资材料的收发，低值易耗品和周转材料的领用、保管、转移和退库，都要办理相关的凭证手续，对库存材料物资要进行定期清查和盘点工作，发生废料应及时回收处理，在物资的发放、转移时，还要做好计量工作，保证数量的准确，以正确计算工程成本。

（4）建立健全内部结算制度。

为明确企业内部各部门的经济责任，便于分析和考核内部各单位的经济成果，企业应建立和健全内部结算制度。内部结算要以合理的内部价格为依据。施工企业的内部结算价格主要有：材料结算价格、结构件结算价格、机械作业结算价格、劳动力结算价格和劳务结算价格等。这些内部结算价格可以是计划价格、市场价格，也可以成本加成（一定比例的利润），但无论采用什么形式，内部结算价格应保持相对的稳定，但也要定期根据各时期的变化进行调整。

（5）建立健全企业内部成本管理责任制。

施工企业应根据内部组织分工和岗位责任，建立和健全上下衔接、左右结合的全面成本管理责任制，对工程成本实行分级归口管理。把工程成本管理的职责和降低成本指标横向分解落实到各职能部门，纵向层层分解落实到项目经理部、施工单位、施工班组和职工个人，只有这样才能调动全体职工的积极性，促使全体职工关心工程成本，降低工程成本。

2）正确划清成本费用之间的界限

为正确计算工程成本，在进行工程成本核算时，应正确划清以下几个方面的界限。

（1）划清资本性支出与经营性支出的界限。

企业当期发生的资本性支出，形成企业的资产，只有按受益原则由当期分摊的部分才能形成当期的成本，而不能全部计入当期成本。企业为取得当期收益而发生的各项营业性支出，应全部作为当期的成本。

（2）划清营业性支出和营业外支出的界限。

营业性支出是与日常生产经营有关的支出，构成企业的成本。而企业发生的营业外支出，是与企业施工生产经营活动没有直接关系的支出，因而不构成企业的成本，例如：罚款支出等。

（3）划清工程成本和期间费用的界限。

施工企业在施工过程中发生的消耗是多种多样的，有些可以归集到一定的工程项目上，则这些消耗就是该工程项目的成本，但有些消耗是无法以工程项目为对象进行归集的，则这些消耗就是期间费用。企业在组织工程成本核算中，各部门要严格按照成本对象归集成本，填写原始的记录，不能相互混淆。

（4）划清不同成本计算期的工程成本界限。

根据企业会计制度的规定，企业是按期计算成本，以便分析考核生产经营计划的执行情况，因此必须正确划清各个时期的成本界限。按权责发生制原则的要求，成本是按其所属期进行归集的，凡属当期的成本，不论支付与否，都是当期成本，凡不属当期成本，即使已经支付，也不能计入当期成本。只有这样，才能保证各个时期工程成本的真实性和可靠性。

（5）划清不同成本核算对象之间的成本界限。

计算工程成本，必须分别计算各单位工程的实际成本，才能更好地分析和考核各单位工程成本计划的执行情况，满足成本管理的需要。因此，每期发生的施工费用，都要在各成本核算对象之间按照一定的原则、程序和方法进行分配。凡能直接确定应由某工程负担的成本，应直接计入该工程成本，不能直接确认应由某项工程负担的成本，应选择合理的分配方法进行分配并计入各项工程成本。

（6）划清完工工程和未完工工程的成本界限。

工程施工周期与会计核算周期的不一致性，使期末有未完施工存在。将施工费用归集和分配到各成本对象后，某一成本对象只是部分完工，则应在完工和未完工工程之间进行成本分配，正确计算已经完工工程成本和未完工工程成本，不得随意调整，以便与工程结算收入相配比，为计算工程利润提供可靠的依据。

3）完善工程成本的结算工作

为了便于分析和考核企业的经营成果，明确企业的经营责任，应建立和健全企业的结算制度。必须按期计算工程成本，工程成本的计算期一般应与工程价款结算的时间相一致。采用按月结算工程价款办法的工程，企业一般按月计算已完工程成本；采用竣工后一次结算或分段结算工程价款办法的工程，企业一般应按合同确定的工程价款结算期计算已完工程成本。

（1）必须根据各成本计算期内已完工程成本的实物数量以及实际消耗和实际价格，计算各期已完工程的实际成本，不能以估计成本、预算成本或计划成本代替实际成本。

（2）进行工程成本核算时，其实际成本的核算范围、成本项目的设置和计算口径，应与国家有关财务制度、施工图预算、施工预算或成本计划相一致。

（3）在工程成本核算过程中所采用的各种会计处理方法，包括材料的计价、材料成本差异的调整、周转材料和低值易耗品的摊销、费用的分配、已完工程和未完工程成本的计算等，前后各期均应保持一致，不得随意变更。

（4）企业及其内部各独立核算单位，对施工生产经营过程中所发生的各项费用，必须设置必要的账册，以审核无误、手续齐备的原始凭证为依据，按照成本核算对象、成本项目、费用项目进行核算，做到真实、准确、完整、及时。

4.1.4 工程项目成本核算的基本程序

工程项目成本核算的基本程序是指根据工程项目成本核算的基本要求，对施工费用进行分类核算，并按成本项目进行归类，直至计算出每一个工程成本项目的基本工作过程。因而，工程项目成本的核算应按照一定程序进行。

1. 确定工程项目成本计算对象

工程项目成本的计算对象是施工费用的承担者，即归集和分配施工耗费的具体对象。合理地确定成本计算对象,是组织工程项目成本核算的前提。

由于建筑施工企业承包建造的工程项目的单件性、流动性和买方(业主)的确定性,因此应根据施工工程项目的地点、用途、结构、施工组织和工程价款结算办法等因素,确定成本计算对象。

建筑施工企业承包建造的工程项目都必须签订建造合同(或施工合同),建造合同甲方(建设单位或业主)通常总是事先按合同编制工程预算,建造合同乙方(建筑承包商或建筑企业)也总是按合同规定的工程价款、结算方式,按进度与甲方结算工程价款,建造合同是建筑施工企业组织工程施工和管理的依据,因而应当以建造合同为工程项目成本计算的对象。具体地说包括以下几点。

(1)以单项建造合同为工程项目成本计算对象。一般情况下,建筑施工企业应当以所签订的单项建造合同为工程项目成本计算的对象,分别计算和确认各单项合同的成本,以利于分析工程预算和施工合同的完成情况,并为核算合同损益提供依据。

(2)以合同分立后的单项资产为工程项目成本计算对象。如果一项建造合同包括建造数项资产,在同时具备下列条件的情况下,包括有独立的单项合同处理。

① 每项资产均有独立的建造计划,包括有独立的施工图预算。

② 建筑企业与业主就每项资产单独进行谈判,双方能够接受或拒绝与每项资产有关的合同条款。

③ 每项资产的收入与成本均可单独辨认,如每项资产均有单独的造价和预算成本。

④ 对该项建造合同进行分立,应将分立后的单项资产作为一个成本计算对象,单独核算其成本,有利于正确计算建造每项资产的损益。

(3)以合同合并后的一组合同为工程项目成本计算对象。

如果一组建造合同无论对应单个业主或几个业主,在同时具备下列条件的情况下,应合并为单项合同处理。

① 该组合按一揽子交易签订。

② 该组合同密切相关,每项合同实际上已构成一项综合利润率的组成部分。

③ 该组合同同时或依次履行。

由于在同一地点同时成依次施工,建筑企业对施工队伍、工程计量、随工质量与进度实行统一管理,将符合合同合并条件的一组合同合并作为一个成本计算对象,有利于工程管理和简化核算。工程成本核算对象一经确定后,建筑施工企业内部的各有关部门必须共同遵守,所有原始记录和核算资料应按照统一确定的成本计算对象填写清楚,以确保工程项目成本的真实性和准确性。

(4)对于规模特别大的工程,可以以分部工程作为成本核算对象,但不宜再分到分项工程。

工程项目单件性生产的特点决定了成本核算对象的独特性,因此,项目管理实践中划分成本核算应注意以下几点。

① 一个单位工程由几个施工单位共同施工时,各施工单位都应以同一单位工程为成本核算对象,各自核算自行完成的部分。

② 规模大、工期长的单位工程,可以分部位的工程(分部工程)作为成本核算对象。

③ 同一建设项目,由同一施工单位施工,并在同一施工地点,属同一结构类型,开工时

间重合的若干单位工程，可以合并作为一个成本核算对象。

④ 改建、扩建的零星工程，可以将开竣工时间相接近，属于同一建设项目的各个单位工程合并作为一个成本核算对象。

⑤ 土石方工程、桩基工程，可以根据实际情况和管理需要，以一个单项工程为成本核算对象，将同一施工地点的若干个工程量较少的单项工程合并作为一个成本核算对象。

以单位工程或分部分项工程为对象，建立项目成本核算制，是构建和完善项目管理体系的重要内容。按照工程项目的性质实行分项核算，包括施工前期准备、正在施工中的建筑工程、安装工程、技术工程等。按照实际发生的支出确定其工程成本，并单独核算。

2. 确定工程成本项目

工程成本项目是施工费用按经济用途进行分类而划分成的若干项目。成本项目可以反映工程成本的经济构成及工程施工过程中不同的资金耗费情况，为进行工程成本分析提供依据。

根据现行制度的规定，工程成本项目包括如下几项。

（1）人工费：指建筑企业直接从事工程建造人员的工资、奖金、工资性津贴以及职工福利费和劳动保护费等。

（2）材料费：指工程施工过程中耗用的、构成工程实体或有利于形成工程实体的原材料、辅助材料、构配件、零件、半成品的成本和周转材料的摊销租赁费用。

（3）机械使用费：指工程施工过程中使用机械设备所发生的各项开支，如自有施工机械所发生的各项耗费等。

（4）其他直接费：指工程施工过程中发生的除上述三项费用以外的其他可以直接计入合同成本核算对象的开支，如技术援助费、生产工具器具使用费等。

以上四项费用构成直接成本。

间接成本指建筑企业下属的施工单位（如分公司、施工队、项目经理等）为组织和管理施工活动所发生的各项开支。如管理人员工资、办公费、差旅费等。

3. 确定工程项目成本计算期

成本计算期是指每计算一次成本的间隔时间。一般情况下，工程项目成本计算期间应与会计期间相一致，即按月计算。同时，由于工程施工的长期性，还应按施工周期计算，以便考核建造合同项目的施工与管理效果。

4. 设置工程项目成本核算的会计账户

为了归集施工费用，计算工程项目成本，在工程项目成本核算中应当设置和运用以下会计账户。

（1）工程施工。该账户核算建筑施工企业进行建筑安装工程施工所发生的各项资金耗费。工程施工费用主要包括建筑工程和设备安装工程等的施工费用。其中房屋等建筑工程施工费用，除了包括其本身的施工成本费用外，还应当包括列入房屋工程算内的暖气、卫生、通风、照明、煤气等设备的价值。设备安装工程的施工费用还应当包括为测定安装工程质量对单个设备进行的试车费用,一般不包括被安装设备自身的价值。工程施工过程中发生的各项施工费用,应按成本核算对象和成本项目进行归集,凡实际发生的各项施工费用记入本账户的借方;贷方核算结转的完工工程成本;借方余额为期末未完施工。

（2）机械作业。该账户核算建筑施工企业使用自有施工机械和运输设备进行机械作业所发生的各项耗费。实际发生的机械作业成本,记入本账户的借方,月终按受益对象分配辅助生产成本时,记入本账户的货方,月份终了时,本账户无余额。

（3）辅助生产。该账户核算非独立核算的辅助生产部门为工程施工等提供材料和劳务时所发生的各项耗费。实际发生的各项辅助生产成本,记入本账户的借方,按受益对象分配辅助生产成本时,记入本账户的贷方,月份终了时,本账户无余额。

（4）工程施工—间接费用。该账户核算施工单位为组织和管理施工活动而发生的各项耗费用支出。实际发生的各项施工间接费用,记入本账户的借方,月终时将施工间接费用分配计入各工程成本核算对象时,计入本账户的贷方,月份终了时,本账户无余额。

（5）待摊费用、预提费用。待摊销费用账户核算已经支出但应由本月以及以后各月分别负担的费用,借方登记费用的发生数,贷方登记费用的摊销数,余额表示尚待摊销的费用。预提费用账户核算预先提取但尚未实际支出的各项费用,预先提取费用时记入本账户的贷方,实际支付费用时记入本账户的借方,余额表示已经提取但尚未支付的费用。

5. 归集和分配施工费用

工程项目成本的核算,就是将施工过程中所发生的各项要素费用,根据经过严格审核的有关原始凭证所确定的对象,通过一定的处理程序,按照经济用途归集和分配到施工生产成本中去。归集和分配施工费用时,应注意以下几点。

（1）直接成本应直接根据原始凭证确定的成本核算对象和成本项目归集,间接成本则需先单独归集至月终时再进行分配。

（2）严格遵守成本开支范围和执行各项费用开支标准,不得扩大成本开支范围和提高费用开支标准。

根据上述要求,将应计入本月工程项目成本的各项费用在各成本核算对象之间,按照成本项目进行归集和分配,直接或间接地计入工程项目成本。其基本程序如下。

第一步,为工程施工直接发生的施工费用,直接作为工程项目成本的构成内容,直接计入该成本核算对象中去,即记入"工程施工"总分类账和明细分类账。

第二步,为工程施工服务所发生的间接费用,可先按发生地点和用途进行归集汇总,即记入"工程施工""机械作业""工程施工—间接费用"等账户。

第三步,"辅助生产"账户归集的辅助生产成本,按其用途分配计入各受益对象,即记入"工程施工""辅助生产""工程施工—间接费用"等账户

第四步,将"机械作业"账户归集的机械作业成本,按其用途分配计入各受益对象,即记入"工程施工""工程施工—间接费用"账户。

第五步,将"工程施工—间接费用"账户归集的工程间接成本,按一定的方法分配计入各合同项目工程成本,即计入"工程施工"账户。

第六步,通过上述程序,将应计入各成本核算对象的施工费用,都已集中登记在"工程施工"账户及其所属的各成本核算对象的明细账中,如果某成本核算对象期末尚有未完工程

而又需要计算其成本时，还应将已归集的施工费用，在已完工程和未完工程之间进行分配，以分别计算已完工程成本和未完工程成本。工程竣工后，将其实际成本与"工程结算"账户确认的应结算工程价数对冲。

综上所述，工程成本核算就是对各项施工费用按照规定的程序，进行归集、分配，再归集、再分配的数据处理过程，这项活动提供了经济管理所需要的成本信息。即：

① 分配各项要素费用；
② 分配待摊费用和预提费用；
③ 分配辅助生产费用；
④ 分配机械作业费用；
⑤ 分配施工间接费用；
⑥ 结算竣工工程成本。

4.2 工程项目实际成本核算

工程项目实际成本的核算，就是将工程项目施工过程中发生的施工费用，按人工费、材料费、机械使用费、其他直接费和间接费用等各个成本项目进行再归集和再分配，从而计算出各成本核算对象在一定时期及自开工至竣工期间所发生的实际成本数。

通过工程项目实际成本的核算，可以真实地反映出施工单位在一定时期和每项工程在一定时期及整个施工周期内成本的真实水平，然后与预算成本对比，就能正确提示成本的节超情况，从而为工程项目成本管理提供信息，促进施工管理水平的不断提高。

为此，工程项目实际成本核算应完成以下任务：正确计算工程项目的实际成本，真实反映工程项目成本水平，为确认当期施工活动成果和总结竣工工程施工管理经验教训提供依据。

4.2.1 人工费的核算

1. 工程项目成本中人工费的内容

工程项目成本中的人工费项目，其内容包括：按照国家规定支付给直接从事建筑安装工程施工的工人，在现场制作的工人，用人力将器材自工地仓库运至工地和在工地范围内转移的辅助工人，在现场直接为工程制作构件的工人，以及为施工机械送料、配料和搬运施工机械所需产品（如流态混凝土、砂浆等）辅助工人的工资、计提的福利费和发放的劳保费等。

2. 人工费计入成本核算对象的方法

人工费分配计入成本核算对象，应当按照人工费的性质和内容区别对待。

（1）筑安装工人的计件工资：将计件标准工资直接计入受益成本核算对象的"人工费"

项目。

（2）建筑安装工人的计时工资：根据用工记录能明确受益对象的，将计时标准工资直接计入受益成本核算对象的"人工费"项目；如不能明确受益对象的，则按各工程实际用工数（或定额用工数）进行分配，分别计入各受益对象成本核算对象的"人工费"项目。计时工资分配的计算公式为

某成本核算对象应分配的计时工资 = 该成本核算对象实际用工数 × 日平均计时工资

日平均计时工资 = (计时标准工资 + 加班工资)/出勤工日数

计时工资分配的依据主要是建筑安装工人的施工用工记录。施工用工记录一般附于工程任务单或班组作业计划的背面（或附页），其内容包括施工生产工人的出勤、缺勤和工时利用等情况。应由劳资管理人员指导班组详细填报，月终对每个成本核算对象和其他用途的实际用工进行分析汇总，编制"施工用工统计表"，作为计时工资分配的依据。

（3）建筑安装工人的工资性津贴：按各成本核算对象的实际（或定额）用工数（计件、计时合计工日数）的比例分配计入各受益对象的"人工费"项目。计算公式为

工资性津贴分配率 = 工资性津贴/(计时工日数 + 计件工日数)

某成本核算对象应分配的工资性津贴 = 该成本核算对象实际(或定额)用工数 × 工资性津贴分配率

（4）建筑安装工人包括在工资总额中的各种资金及其他工资：应按各成本核算对象的实际（或定额）用工数（计件、计时工日合计数）进行分配，计入各成本核算对象"人工费"项目。其计算和分配方法同于工资性津贴。至于其他工资应和地区计价定额的规定相一致，可不列入人工费。

（5）建筑安装工人的职工福利费：按计入各成本核算对象的工资额和规定的计提标准进行计算，计入各成本核算对象的"人工费"项目。

（6）建筑安装工人的劳动保护费：劳动保护费包括发放给职工个人的劳动保护用品以及对工人提供的保健用的解毒剂、营养品、防暑饮料、洗涤肥皂等的购置费或补助费，应按各成本核算对象的实际（或定额）用工数（计件、计时工日合计数）进行分配，计入各成本核算对象的"人工费"项目。其计算与分配方法同工资性津贴。

在人工费成本核算中，应严格区分人工费的范围，一切非工程施工所发生的人工费不得计入"人工费"项目。施工生产工人从事施工现场临时设施搭设、现场材料整理、运输和加工等发生的人工费，也不得计入"人工费"项目。

3. 人工费分配表的编制

工程成本核算中人工费的分配，应通过"人工费分配表"进行。假设某建筑施工企业根据施工用工记录和日平均工资率等资料编制的"人工费分配表"见表4-1。

根据分配表4-1，即可在工程施工二级账户"建筑安装工程成本明细表"和按成本核算对象设置的"建筑安装工程成本卡"的"人工费"项目栏中登记其人工费。

表 4-1 人工费分配表

项目	工日数	分配率	101 合同项目 工日	101 合同项目 金额/元	203 合同项目 工日	203 合同项目 金额/元	204 合同项目 工日	204 合同项目 金额/元	302 合同项目 工日	302 合同项目 金额/元	合计/元
1 工资				106 050		10 198		9 080		13 182	138 510
计件工资	6 670		5 040	52 920	410	4 325	200	2 100	1 020	11 550	70 895
计时工资	5 130	9.5	4 060	38 570	470	4 465	600	5 700			48 735
津贴	11 800	0.5	9 100	4 550	880	440	800	400	1 020	510	5 900
资金	11 800	0.5	9 100	4 550	880	440	800	400	1 020	510	5 900
其他工资	11 800	0.6	9 100	5 460	880	528	800	480	1 020	612	7 080
2 职工福利费				14 847		1 428		1 271		1 845	19 391
3 劳动保护费	11 800	2.0	9 100	18 200	880	1 760	800	1 600	1 020	2 040	23 600
合计				139 097		13 386		11 951		17 067	181 501

4.2.2 材料费的核算

1. 工程项目成本中材料费的内容

工程项目成本中的材料费包括：建筑安装工程施工过程中耗用并构成工程实体的主要材料、结构件的实际成本和有助于工程形成的其他材料实际成本以及周转材料的摊销费和租赁费用。

2. 材料费计入成本核算对象的方法

建筑安装工程施工过程中所消耗的材料，一般可根据发出材料的有关原始凭证分类整理、汇总后直接计入或分配计入各成本核算对象的"材料费"项目。具体如下。

（1）凡是领料时能点清数量和分清用料对象的，应在表 4-2 的领料单上填明成本核算对象的编号和名称，据以直接汇总计入各成本核算对象。

表 4-2 领（发）料单

领料单位：　　　　　　　　　　　　　　　　　　　　　编号：
材料用途：　　　　　　　年　月　日　　　　　　　　　发料仓库：

材料编号	材料名称规格	计量单位	数量		单价	金额
			结领	实发		
备注						

主管：　　　　　　制单：　　　　　　收料：　　　　　　发料：

（2）凡是用料时不易点清数量，也难分清用料对象的大堆材料，可先由材料员或班组验收保管，如实行集中搅拌的则由搅拌站验收保管，月末时通过实地盘点并计算实耗量，编制

"大堆材料耗用计算单",结合材料消耗定额,据以分配计入各成本核算对象。"大堆材料耗用计算单"的格式见表4-3。

表4-3 大堆材料耗用计算单

年 月 日

名称规格	细砂	碎石	砖
单价	16.60 元/吨	22.00 元/吨	200.00 元/千块
上月盘存 加:本月新进 减:本月调出 月末盘存			
本月耗用			

(3)凡是系集中配料或统一下料的,应在领料单上填明"工程集中配料"字样,月末由材料管理人员或领料班组根据用料情况,编制"集中配料耗用计算单",结合材料消耗定额或实际耗用的比重,分配计入各成本核算对象(表4-4)。

表4-4 耗用量分配表

用料对象	定额用量	分配数量	金额	定额用量	分配数量	金额	定额用量	分配数量	金额
修理车间调试间									
办公室									
合计									

主管: 制单: 收料: 发料:

(4)建筑安装工程用的预制结构件,一般由建筑企业所属的实行内部独立核算的预算构件厂生产或向外部购入,然后运至现场组织安装;也有的由施工单位在施工现场就地制作与安装。对于预制构件厂与外部供应的结构件,应和建筑材料一样办理入库手续,按照安装进度,根据有关原始凭证将其实际成本计入各成本核算对象的"材料费"项目;对于现场自行制作的结构件,可通过"辅助生产"账户归集制作成本,完工后将其各项耗费计入各成本核算对象相应的成本项目中(表4-5)。

表4-5 集中配料耗用计算单

年 月 日

名称规格	调和漆		松香水		清漆		配置后综合料	
单位、单价	16.00 元/千克		8.0 元/千克		18.00 元/千克		16.00 元/千克	
	数量	金额	数量	金额	数量	金额	数量	金额
上月结存 加:本月新领或配成 减:本月调出 月末盘存 本月耗用								

（5）周转材料。它是一种具有特定用途的劳动工具，其用量的多少直接取决于特定的工程对象的结构、工程量及所采用的施工方法。因而，就必须将其使用损耗价值作为"材料费"包括在预算定额内，按不同的工程对象来规定其消耗定额。在成本计算上，为了和预算口径一致，也就相应地将其使用费列为材料费核算。

工程施工使用自有周转材料，应按规定的摊销方法计提摊销额；作为固定资产管理的钢模板等周转材料，应按规定的折旧率计提折旧费；租用的周转材料，应按规定的价格支付租赁费。周转材料的使用费，一般可按各成本核算对象的使用量进行分配，如使用量的计量有困难的，也可按各成本核算对象的定额耗用量为基础进行分配。周转材料使用费的分配，一般根据"周转材料摊销计算单"确定的摊销额，"固定资产折旧计算表"所确定的周转材料折旧额，以及支付的周转材料租赁费，通过编制"周转材料使用费汇总分配表"分别计入各成本核算对象（表 4-6）。

表 4-6 周转材料使用汇总分配表

收益	类别										合计金额
	自有周转材料				固定资产		租入周转材料				
	架料		模板		钢模		架料		模板		
	用量	摊销额	用量	摊销额	用量	折旧额	用量	租赁费	用量	租赁费	
A 合同项目											
B 合同项目											
C 合同项目											
D 合同项目											
合　计											

工程竣工和年终时，还应对在用的周转材料进行清查盘点，对于短缺、退回降低成色的周转材料应补提摊销额；对于报废短缺的周转材料，应分配负担的材料成本差异。

（6）工程竣工后的剩余材料，应当办理退料手续，填制退料单（或红字填制"领料单"）；施工中发生的残次材料和包装品等，应尽量回收利用，填制"残料交库单"，估价入账并冲转工程成本的"材料费"。

3. 材料费分配表的编制

月末时，施工单位应根据领料单、定额领料单、大堆材料耗用计算单、集中配料耗用计算单、周转材料使用费汇总分配表、退料单等原始单据，编制"材料费分配表"（表 4-7），用于确定当月各成本核算对象所发生的材料费，作为工程成本计算和成本账卡登记的依据。

表 4-7 材料费分配表

材料	计量单位	受益								合计金额
		A合同项目		B合同项目		C合同项目		D合同项目		
		数量	金额	数量	金额	数量	金额	数量	金额	
一、主要材料 　钢材 　水泥 　石灰 　小计 　成本差异										
二、结构件 　混凝土构件 　成本差异										
三、其他材料 　金额 　成本差异										
四、前三项合计 　金额 　成本差异										
五、周转材料 　1. 自有周转材料 　　架料 　　模板 　2. 折旧费 　3. 租入周转材料 　　架料 　　模板										
六、总计										

按计划成本进行材料日常核算的企业，还应按月随同耗用材料的计划成本和当月的实际材料成本差异率分配材料成本差异，将耗用材料的计划成本调整为实际成本。为了加快月结工作，材料成本差异的分配也可以按上月的材料成本差异率计算。

4.2.3 机械费的核算

1. 工程项目成本中机械使用费的内容

工程项目成本中的机械使用费，是指在工程施工过程中使用机械所发生的各项开支。包括：使用自有施工机械和运输设备所发生的机械使用费，租用外单位（包括内部独立核算单位）施工机械所支付的机械租赁费，以及按规定支付的施工机械安装、拆卸和进出场费，等等。

2. 机械使用费计入工程项目成本的方法

（1）租用外单位（包括内部独立核算机械作业单位）的施工机械。应按租赁机械设备种类、使用及设置台班数和规定的结算价格支付机械租赁费。建筑施工企业支付的机械租赁费,凡能确定受益对象的,应按照机械租赁费结算凭证所附的机械运转记录列示的工程和使用台班数等资料,直接计入有关成本核算对象的机械使用费中;如由几个成本核算对象共同受益的,应以定额使用量等为标准,分配记入各成本核算对象的机械使用费中。租赁机械使用费一般通过编制"租赁机械使用费汇总分配表"进行计算和分配。

现以某施工单位根据内部独立核算的机械化站转来的有关结算凭证编制的"租赁机械使用费汇总分配表"为例,列示其一般格式,如表4-8所示。

表4-8 租赁机械使用费汇总分配表

机械名称 受益对象	推土机		汽车		吊车		合计金额 /元
	单价/元	500	单价/元	400	单价/元	200	
	台班	金额/元	台班	金额/元	台班	金额/元	
101合同项目	5	2 500					2 500
302合同项目			6	2 400	10	200	4 400
合计	5	2 500	6	2 400	10	200	6 900

根据机械租赁费结算凭证和上述分配表,即可做如下会计分录,并据以在工程成本明细账中的机械使用费项目进行登记:

借:工程施工—101合同项目(机械使用费)　　　　　　2 500
　　工程施工—302合同项目(机械使用费)　　　　　　4 400
　贷:机械作业——机械化站　　　　　　　　　　　　　6 900

(2)使用本单位自有施工机械和运输设备。其作业成本先通过"机械作业"账户核算,月终再按一定的方法分配计入受益成本核算对象的机械使用费项目中。其中,大中型机械设备,可按单机或机组归集、计算台班实际成本,然后根据机械运转记录及机械使用月报所示的工程名称、使用台班和台班实际成本分配计入各受益核算对象,也可采用完成产量分配法或计划成本分配法进行分配;现场使用的小型机械设备(机械定额不包括的),其作业成本可在"机械作业"账户设置一个明细账户综合核算,月终按机设备具体使用情况或工程机械费预算成本或工程工料实际成本为分配标准,分配计入各受益核算对象的机械使用费项目中。

在实际工作中,自有机械使用费的分配是通过编制"自有机械使用费分配表"进行的,其格式如表4-9所示。

表4-9 自有机械使用费用分配表

收益对象	机械名称								合计金额 /元
	搅拌机		卷扬机		翻斗车		小型机械		
	单价/元	30	单价/元	40	单价/元	50	分配率	10%	
	台班	金额/元	台班	金额/元	台班	金额/元	标准	金额/元	
A合同项目									
B合同项目									
C合同项目									
D合同项目									
合计									

（3）按照规定支付的施工机械安装、拆卸和进出场费。应先通过"待摊费用"账户归集，然后根据实际情况，推销计入或一次计入受益成本核算对象的机械使用费项目。为了使实际成本与预算成本对口，在摊销时应注意以下几点：

首先，凡预算定额内包括该项费用，可从"待摊费用"账户分次摊入受益成本核算对象；

其次，凡预算定额内未包括该项费用，按定额规定单独计算的，应于收到该项费用时，相应自"待摊费用"账户转入受益成本核算对象。

假如某施工单位承包的工程项目施工机械进出场费等已包含在预算定额之中，按受益期限本月应摊销的金额为：施工机械安装及拆卸费1 200元，进出场费1 500元。根据各工程机械使用费预算成本的比例分配结果如表4-10所示。

表4-10 施工机械进出场费分配表

费用 收益对象	安装拆卸费/元			进出场费/元			合计金额/元
	分配基础	分配率	分配额	分配基础	分配率	分配额	
101合同项目	9 500		760	9 500		950	1 710
203合同项目	1 200		96	1 200		120	216
204合同项目	900		72	900		90	162
302合同项目	3 400		272	3 400		340	612
合　　计	15 000	8%	1 200	15 000	10%	1 500	2 700

根据上述分配结果，可编制如下会计分录：

借：工程施工——有关核算对象（机械使用费）　　　　2 700
贷：待摊费用——施工机械安装及拆卸费　　　　　　　1 200
　　　　　　——施工机械进出场费　　　　　　　　　　1 500

4.2.4　其他直接费的核算

1. 工程项目成本中其他直接费的内容

工程项目成本中的其他直接费是指在施工现场直接发生的，但不能计入人工费、材料费和机械使用费的其他直接施工耗费。主要包括如下项目。

（1）冬雨期施工增加费。

指在冬雨期施工时需增加的设施（防雨、防寒棚）、劳保用品、防滑雨雪的人工及劳动效率降低等开支。

（2）夜间施工增加费。

指夜间施工所发生的照明设施、夜餐补助、夜间施工劳动效率降低等开支。

（3）材料、成品、半成品的二次或多次搬运费。

指由于施工现场条件限制而发生的少量零星材料、成品、半成品一次运输不能到达堆积地点，必须进行二次或多次搬运的开支。

（4）检验试验费。

指对建筑材料、构件和建筑安装物进行一般鉴定、检查所发生的开支。包括自设实验室进行试验所耗用的材料和化学药品等费用。但不包括新材料、新结构的试验以及建设单位要求对具有出厂合格证明的材料进行检验、对构件进行破坏性试验及其他特殊要求检验和试验的开支。

（5）生产工具用具使用费。

指施工生产所需不属于固定资产的生产及检验用具的购置、摊销和维修费，以及支付给工人的自备工具补贴费。

（6）特殊工种培训费。

指对施工单位特殊工种的工人进行技术培训所发生的开支。

（7）工程定位复测、工程点交和场地清理费。

指工程定位复测、交工验收以及建筑物 2 m 以内的垃圾，以及 2 m 以外因施工造成障碍物的清理等发生的开支。

（8）工程预算包干费。

指工程材料的理论重量和实际重量的差异等产生的耗费。

（9）技术援助费。

指与工程设计与技术有关的咨询、服务等开支。

2. 其他直接费计入工程成本的方法

（1）其他直接费在发生的当时，能确定各个具体成本核算对象的，直接记入受益对象的成本中去。

（2）其他直接费用在发生时不能确定直接确定具体成本核算对象的，应先通过"工程施工——其他直接费"明细账户核算，期末时根据具体情况，采用以下方法进行分配

① 生产工日分配法。它是以生产工日为基础分配其他直接费的一种方法。计算公式为

其他直接费分配率＝其他直接费发生额/各成本核算对象生产工日成本之和×100%

成本核算对象应分配的其他直接费＝该成本核算对象生产工日数其他直接费分配率

这种方法一般适用于其他直接费发生的大小与生产工日的多少成正比例的项目的分配，如生产工具用具使用费、特殊工种培训费等。

② 工料成本分配法。它是以各成本核算对象已发生，并登记在工程成本明细账的人工费、材料费合计金额为基础分配其他直接费的一种方法。计算公式为

其他直接费分配率＝其他直接费发生额/各成本核算对象工料成本之和×100%

成本核算对象应分配的其他直接费＝该成本核算对象工料成本×其他直接费分配率

这种方法适用于与各成本核算对象生产的工日关系不大的其他直接费的分配，比如材料二次搬运费、检验试验费、工程定位复测费、工程点交和场地清理费等。

③ 其他直接费预算成本分配法。它是指以其他直接费预算成本或其他直接费单项预算成本为基础分配其他直接费的一种方法。计算公式为

其他直接费分配率＝其他直接费发生额/各成本核算对象其他直接费预算成本之和×100%

某成本核算对象应分配的其他直接费 = 该成本核算对象其他直接费预算成本数 ×
其他直接费分配率

这种方法适用于与生产工日或工料成本关系不大的其他直接费项目的分配，如冬雨期施工增加费、夜间施工增加费等。

直接费的分配，应通过编制"其他直接费分配表"进行。

【例 4-1】 某建筑施工企业本月发生的冬雨期施工增加费 2 000 元，按其他直接费预算成本比例分配；生产工具用具使用费 2 200 元，按生产工人工日分配；检验试验费 4 500 元、二次搬运费 1 100 元、场地清理费 1 600 元，按工料成本的比例分配。根据上述资料编制的"其他直接费分配表"如表 4-11 所示。

表 4-11 其他直接费分配表   元

费用项目	分配率/%	收益对象									
		101 合同项目		203 合同项目		204 合同项目		302 合同项目		合计	
		分配基础	分配金额	分配基础	分配金额	分配基础	分配金额	分配基础	分配金额	分配基础	分配金额
冬雨期施工增加费	1.54	75 219	1 158	14 978	230	17 895	276	21 719	336	129 811	2 000
检验试验费	0.3	1 109 487	3 328	103 758	312	113 263	340	164 960	520	1 491 468	4 500
场地清理费	0.11	下同	1 209	下同	104	下同	113	下同	174	下同	1 600
二次搬运费	0.07		818		76		83		123		1 100
工具用具费	1.86	9 100	16 926	880	1 637	800	1 488	1 020	1 949	11 800	22 000
合 计			23 439		2 359		2 300		3 102		31 200

4.2.5 间接成本的核算

施工间接成本是指为了工程施工而发生的各项共同性耗费，即施工单位在组织管理施工过程中发生的、不能直接归属到某项工程和各项开支中去的耗费。根据现行财务制度的规定，施工间接成本属于制造费用，应计入工程项目成本中去，作为工程项目成本的组成内容之一。

由于施工间接成本是一项共同性耗费，因而发生后不能直接计入某项工程成本中去，必须先行归集然后采用一定的方法分配计入受益的工程项目成本中去。所以，施工间接成本核算的任务是：正确归集与合理分配施工间接成本，以保证工程项目成本计算的准确性。

1. 施工间接成本的组成

施工间接成本是指施工单位（如工程处、分公司、施工队、项目组等）为施工准备、组织和管理工程施工所发生的各项现场管理费。

(1)物料消耗。

指施工过程中领用的、不能明确确认其工程归属的零星材料,以及修理维护用的物料费等。

(2)管理人员工资。

指施工单位的行政、技术、政工、试验、消防、炊事和勤杂等人员的工资,以及按规定标准提取的职工福利费。

(3)固定资产使用费。

指施工单位行政管理使用的属于固定资产的房屋、建筑物、设备、仪器等计提的折旧费,以及实际发生的修理费用、租赁费等。

(4)低值易耗品使用费。

指施工单位行政管理使用的各种工具、器具、家具和检验、试验、消防、测绘用具等的购置、维修和摊销费。

(5)办公费。

指施工单位行政管理办公用的文具、纸张、账表、印刷、邮电、书报、会议及集体取暖用煤等费用。

(6)水电费。

指施工单位行政管理所耗用的水电费用。

(7)差旅交通费。

指施工单位职工因公出差的差旅费、住勤补助费、市内交通费和误餐补助费、上下班交通补贴、工地转移费、职工探亲路费,劳动力招募费、职工离退休、退职一次性路费、工伤人员就医路费,以及现场管理使用的交通工具的油料、运输、燃料、养路费和牌照费等。

(8)保险费。

指施工单位支付给保险公司的各种财产、运输、物资及特殊工种安全保险等的保险费用。

(9)劳动保护费。

指施工单位为管理人员提供的防暑饮料、洗涤用肥皂等的购置费,施工中使用的不构成固定资产的技术安全设施的摊销和修理费,以及职工在工地洗澡、饮水的燃料费等。

(10)工程保修费。

指在工程竣工交付使用后,在保修期间所发生的各项保修费用。

(11)其他费用。

指除上述各项以外的其他必要的开支,包括定额测定费、预算编制费、清洁卫生费等。

上述各项目的内容,应与地区规定的建筑安装工程现场管理费用定额相一致。

2. 施工现场管理费的归集

1)现场管理费核算会计账户的设置

为了反映和监督建筑施工企业在一定时期内现场管理费的发生和分配情况,在会计核算中需设置"工程施工—间接费用(现场管理费)"明细账户。该明细账户用于核算施工单位为组织和管理工程施工活动所发生的各项资金耗费。借方登记实际发生的各项现场管理费；贷方登记月终分配计入各受益对象的现场管理费，该明细账户月末无余额。

为了满足成本管理的需要，"工程施工—间接费用（现场管理费）"账户应按施工单位分别设置明细账，并在账内按费用项目开设专栏，进行明细分类核算。

2）现场管理费的归集

建筑施工企业发生的各项现场管理费，应按其用途和发生地点进行归集，现场管理费的归集按其记账依据的不同，可采用以下两种方法。

（1）一般费用在发生时，直接根据开支凭证或据以编制的其他费用分配表，记入"工程施工—间接费用（现场管理费）"账户及其明细账中去，如办公费、差旅交通费、保险费等。

（2）工资、材料、折旧等费用，应在月终时根据汇总编制的各种费用分配表，记入"工程施工—间接费用（现场管理费）"账户及其明细账中去。

3. 施工间接成本的分配

1）施工间接成本分配标准的确定

施工间接费用按其发生的地点和规定的明细项目归集后，即为施工间接成本总额，应由各施工单位当期所施工的全部工程来负担。如，某建筑施工企业当期只进行一项工程的施工，则施工间接成本的核算只是为了管理与控制该项费用的发生，其归集的施工间接成本可直接计入该项工程项目成本中去，不存在在各项工程项目之间进行分配的问题。但在同一时期进行多项工程施工的施工单位，归集的施工间接成本则应按适当的标准分配计入各工程项目的成本中去。

分配施工间接成本的关键，在于选择合理的分配标准。由于施工间接成本包含的内容繁杂，费用项目的性质各异，为施工间接成本分配标准的选择带来了一定的难度。在一般情况下，选择施工间接成本的分配标准，需考虑施工间接成本与工程的关系及与工程实物量的关系，同时还应道循以下几项原则：

（1）相关性原则：即分配标准与被分配的施工间接成本的发生有着密切的联系，一般可按工程预算成本现场管理费的基础作为分配的标准，这样可与预算成本口径一致，便于工程项目成本的分析考核。

（2）易操作原则：即作为分配标准的因素必须易于正确计量，容易取得，以便于合理计算出各工程所负担的施工间接成本。

（3）相对稳定原则：即施工间接成本分配标准与分配方法一经确定，不得任意改变，以保证各期成本的可比性。

2）施工间接成本的分配方法

按工程直接费成本比例分配。

这种方法是以应负担被分配施工间接成本的各工程所发生的直接费成本为标准，分配施工间接成本的一种方法。其计算公式为

$$施工间接成本分配率 = 施工间接成本总额/各工程直接费成本之和 \times 100\%$$

某工程施工间接成本分配额 = 该工程直接成本数 × 施工间接成本分配率

此方法适用于一般建筑工程、市政工程、机械化施工的大型土石方工程等建筑工程的施工间接成本分配。

【本章小结】

工程项目成本核算对象一般是指独立编制施工图预算的单位工程。

工程项目成本核算是成本管理系统一个重要的环节，对于有效控制施工过程成本开支，落实内部经济责任制，加强成本管理，提高企业的市场竞争能力，具有非常重要的作用。

工程项目成本核算应符合会计信息质量要求，遵循确认原则、分期核算原则、实际成本核算原则、相关性原则、明晰性原则、可比性原则、重要性原则、谨慎性原则、划分收益性支出与资本性支出原则、配比原则和及时性原则等。

要做好施工项目成本核算工作必须正确划分各种费用界限，分公司、项目经理部二级来组织成本核算，并做好成本管理基础工作。

工程成本核算主要是施工过程中发生的各种施工费用的归集和分配，计算出每一单位工程成本和施工项目总成本。

【复习题】

1. 进行工程项目成本核算有什么意义？
2. 工程项目成本核算的对象是什么？
3. 工程项目成本核算的方法有哪些？
4. 工程项目成本核算的要求有哪些？
5. 工程项目成本核算应遵守哪些原则？
6. 建筑施工企业应如何合理组织成本核算？
7. 工程成本核算程序是怎样的？

5 工程项目成本分析与考核

【本章目标】

1. 了解工程项目成本分析的基本概念。
2. 了解工程项目成本分析的内容及原则。
3. 掌握工程项目成本分析的基本方法。
4. 了解工程项目成本综合分析法和项目成本专项分析法。
5. 了解工程项目成本考核的原则及要求。
6. 掌握工程项目成本考核的方法。

【本章引例】

四川省某科技有限公司招聘工程项目成本分析核算工程师。
1. 全日制大专或以上学历，财会、统计、造价、管理类专业优先。
2. 对数字敏感，熟悉生产成本核算流程。
3. 能对出现的成本问题，及时提出自己的意见和建议。
4. 有本行业成本分析核算经验者优先。
岗位职责：
1. 核算、统计和分析事业部内部成本。
2. 制定事业部内部成本控制、核算相关文件，做好相应的监控和纠正工作。
3. 完成事业部各项税费预算表，制定报价原则及开模费用核算方法。
4. 生产计划部的文件、流程、操作规范制定。
5. 协助完成相关系统的搭建。

相信各位同学通过本章的学习，能认知工程项目成本分析与考核专员岗位的工作，掌握工程项目成本分析与考核的基本方法。

5.1 建筑工程成本分析

5.1.1 建筑工程成本分析的概念

建筑工程成本分析，就是根据会计核算、业务核算和统计核算提供的资料，对施工成本的形成过程和影响成本升降的因素进行分析，以寻求进一步降低成本的途径。通过成本分析，可从报表反映的成本现象看清成本的实质，为加强成本控制、实现项目成本目标创造条件。

1. 会计核算

会计核算主要是价值核算。会计是以货币为主要计量单位，以凭证为主要依据，借助专门的技术方法，对一定单位的资金运动进行全面、综合连续、系统的核算与监督，向有关方面提供会计信息，参与经营管理，旨在提高经济效益的一种经济管理活动。

会计的核算方法一般包括：设置账户和账簿，填制和审核会计凭证，复式记账，成本计算，财产清查，编制会计报表和检查、考核、分析会计资料等，最重要的是进行企业财务管理事务。企业会计六要素指标（即资产、负债、所有者权益、收入、费用和利润）主要由会计来核算。由于会计记录具有连续性、系统性、综合性等特点，所以是施工成本分析的重要依据。

2. 业务核算

业务核算是各业务部门根据业务工作的需要而建立的核算制度，包括原始记录和计算登记表，如单位工程及分部分项工程进度登记，质量登记、工效、定额计算登记，物资消耗定额记录，测试记录等。业务核算的目的，在于迅速取得资料，在经济活动中及时采取措施进行调整。

3. 统计核算

统计核算是指对事物的数量进行计量来研究、监督大量的或者个别典型经济现象的一种方法。单位中的统计工作，就是对单位在开展各种业务活动时所产生的大量数据进行搜集、整理和分析，并通过这种统计工作形成各种有用的统计资料。比如，产品产量、耗用总工时、单位职工工资水平、员工的年龄构成等。

5.1.2 建筑工程成本分析的原则

从成本分析的效果出发，项目成本分析应遵循以下原则。

1. 实事求是的原则

在成本分析中，必然会涉及些人和事，因此要注意人为因素的干扰。成本分析定要有充分的事实依据，应用"一分为二"的辩证方法，对事物进行实事求是的评价，并要尽可能做到措辞恰当，能为绝大多数人所接受。

2. 用数据说话的原则

成本分析要充分利用统计核算、业务核算、会计核算和有关辅助记录（台账）的数据进行定量分析，尽量避免抽象的定性分析。

3. 注重时效的原则

工程项目成本分析贯穿于工程项目成本管理的全过程，这就要及时进行成本分析，及时发现问题,及时予以纠正,否则,就有可能贻误解决问题的最好时机,造成成本失控、效益流失。

4. 为生产经营服务的原则

成本分析不仅要揭露矛盾,而且要分析产生矛盾的原因,提出积极有效的解决矛盾的合理化建议。这样的成本分析,必然会深得人心,从而受到项目经理部有关部门和人员的积极支持与配合,使工程项目的成本分析更健康地开展下去。

5.1.3 建筑工程成本分析的方式

建筑工程成本分析般按管理过程分为事先分析、事中分析和事后分析三个部分。

1. 事先分析

事先分析主要通过项目策划和成本策划来完成,事先分析的结果是项目标准成本和项目责任成本,它主要解决工程项目报价与工程项目成本之间的测算,完成成本管理的前期策划工作。

2. 事中分析

事中分析主要是对正在执行的标准成本和责任成本的结果进行分析。事中分析的主要目的是检查标准成本和责任成本的执行情况以及产生偏差的原因和解决问题的办法。

3. 事后分析

事后分析也称竣工项目成本分析。事后分析的目的是分析成本差异及其产生的原因,总结成本降低经验。

5.1.4 建筑工程成本分析的类别

一般来说,工程项目成本分析主要分为以下三类,
(1)随着项目施工的进展而进行的成本分析:
① 分部分项工程成本分析。
② 月(季)度成本分析。
③ 年度成本分析。
④ 竣工成本分析。
(2)按成本项目进行的成本分析:
① 人工费分析。
② 材料费分析。
③ 机械使用费分析。
④ 措施费分析。
⑤ 间接成本分析。

(3) 针对特定问题和与成本有关事项的分析。
① 成本盈亏异常分析。
② 工期成本分析。
③ 资金成本分析。
④ 质量成本分析。
⑤ 技术组织措施、节约效果分析。
⑥ 其他有利因素和不利因素对成本影响的分析。

5.1.5 建筑工程成本分析的内容

工程项目成本分析的内容就是对工程项目成本变动因素的分析。影响工程项目成本变动的因素有两个方面，一是外部的，属于市场经济的因素，二是内部的，属于企业经营管理的因素。这两方面的因素在一定条件下又是相互制约和相互促进的。影响工程项目成本变动的市场经济因素主要包括施工企业的规模和技术装备水平，施工企业专业化和协作的水平以及企业员工的技术水平和操作的熟练程度等几个方面，这些因素不是在短期内所能改变的。因此，应将工程项目成本分析的重点放在影响工程项目成本升降的内部因素上。

一般来说，工程项目成本分析的内容包括以下几个方面：

1. 人工费用水平的合理性

在实行管理层和作业层两层分离的情况，工程项目施工需要的人工和人工费，由项目经理部与施工队签订劳务承包合同，明确承包范围、承包金额和双方的权利、义务。对项目经理部来说，除了按合同规定支付劳务费以外，还可能发生一些其他人工费支出。这费用支出主要有：

（1）因实物工程量增减而调整的人工和人工费。
（2）定额人工以外的估点工工资（已按定额人工的一定比例由施工队包干，并已列入承包合同的，不再另行支付）。
（3）对在进度、质量、节约、文明施工等方面做出贡献的班组和个人进行奖励的费用。

项目经理部应分析上述人工费用水平的合理性。人工费用水平的合理性是指人工费既不过高，也不过低。如果人工费过高，就会增加工程项目的成本；而人工费过低，工人的积极性不高，工程项目的质量就有可能得不到保证。

2. 材料、能源的利用效率

在其他条件不变的情况下，材料、能源消耗定额的高低直接影响材料、燃料成本的升降。材料、燃料价格的变动，也直接影响产品成本的升降。可见，材料、能源的利用效率及其价格水平是影响产品成本升降的重要因素。

3. 机械设备的利用效率

施工企业的机械设备有自有和租用两种。在机械设备的租用过程中，存在着两种情况：一是按产量进行承包，并按完成产量计算费用的。如土方工程，项目经理部只要按实际挖掘的土方工程量结算挖土费用,而不必过问挖土机械的完好程度和利用程度。另一种是按使用时间(台班)计算机械费用的。如塔式起重机、搅拌机、砂浆机等,如果机械完好率差或在使用中调度不当,必然会影响机械的利用率,从而延长使用时间,增加使用费用。自有机械也要提高机械的完好率和利用率,因为自有机械停用,仍要负担固定费用。因此,项目经理部应该给予一定的重视。

由于建筑施工的特点,在流水作业和工序搭接上往往会出现某些必然或偶然的施工间隙,影响机械的连续作业;有时,又因为加快施工进度和工种配合,需要机械日夜不停地运转。这样,难免会有一些机械利用率很高,也会有一些机械利用不足,甚至会出现租而不用的情况。利用不足,台班费需要照付,租而不用,则要支付停班费。总之,都将增加机械使用费的支出,因此,在机械设备的使用过程中,必须以满足施工需要为前提,加强机械设备的平衡调度,充分发挥机械的效用;同时,还要加强平时的机械设备的维修保养工作,提高机械的完好率,保证机械的正常运转。

4. 施工质量水平的高低

对施工企业来说,提高工程项目质量水平就可以降低施工中的故障成本,减少未达到质量标准而发生的损失费用,但这也意味着为保证和提高项目质量而支出的费用就会增加。可见,施工质量水平的高低也是影响工程项目成本的主要因素之一。

5. 其他影响项目成本变动的因素

其他影响项目成本变动的因素包括除上述四项以外的措施费用以及为施工准备,组织施工和施工管理所需要的费用。

5.1.6 成本分析的方法

1. 成本分析的基本方法

在工程项目成本分析活动中,常用的基本方法包括:比较法、因素分析法、差额计算法、"两算"对比法、比率法等。

1)比较法

比较法又称"指标对比分析法",就是通过技术经济指标的对比,检查目标的完成情况,分析产生差异的原因,进而挖掘内部潜力的方法。这种方法具有通俗易懂、简单易行、便于掌握的特点,因而得到了广泛的应用,但在应用时必须注意各技术经济指标的可比性。

比较法的应用,通常有下列形式:
(1)实际指标与目标指标对比。

以此检查目标完成情况,分析能影响目标完成的积极因素和消极因素,以便及时采取措施,保证成本目标的实现。在进行实际指标与目标指标对比时,还应注意目标本身有无问题。如果目标本身出现问题,则应调整目标,重新正确评价实际工作的成绩。

(2)本期实际指标与上期实际指标对比。

通过这种对比,可以看出各项技术经济指标的变动情况,反映施工管理水平的提高程度。

(3)与本行业平均水平、先进水平对比。

通过这种对比,可以反映本项目的技术管理和经济管理与行业的平均水平和先进水平的差距,进而采取措施赶超先进水平。

【例 5-1】 某项目本年节约"三材"的目标为 100 万元,实际节约 120 万元,上年节约 95 万元;本企业先进水平节约 130 万元。根据上述资料编制项目成本分析表。

【解】 该项目成本分析表见表 5-1。

表 5-1 项目成本分析表

指标	本年计划数	上年实际数	企业先进水平	本年实际数	差异数		
					与计划比	与上年比	与先进比
"三材节约额"	100	95	130	120	20	25	−10

2)因素分析法

因素分析法又称连环置换法。这种方法可用来分析各种因素对成本的影响程度。在进行分析时,首先要假定众多因素中的一个因素发生了变化,而其他因素则不变,然后逐个替换,分别比较其计算结果,以确定各个因素的变化对成本的影响程度。因素分析法的计算步骤如下:

(1)确定分析对象,并计算出实际与目标数的差异。

(2)确定该指标是由哪几个因素组成的,并按其相互关系进行排序(排序规则是:先实物量,后价值量;先绝对值,后相对值)。

(3)以目标数为基础,将各因素的目标数相乘,作为分析替代的基数。

(4)将各个因素的实际数按照上面的排列顺序进行替换计算,并将替换后的实际数保留下来。

(5)将每次替换计算所得的结果,与前一次的计算结果相比较,两者的差异即为该因素对成本的影响程度。

(6)各个因素的影响程度之和,应与分析对象的总差异相等。

【例 5-2】 商品混凝土目标成本为 43 040 元,实际成本为 473 697 元,比目标成本增加 30 657 元,资料见表 5-2 所示。

表 5-2 商品混凝土目标成本和实际成本对比表

项目	目标	实际	差额
产量/m³	600	630	+30
单价/元	710	730	+20
损耗/%	4	3	−1
成本/元	443 040	473 697	+30 657

【解】 分析成本增加的原因:

(1)分析对象是商品混凝土的成本,实际成本与目标成本的差额为 30 657 元,该指标是由产量、单价、损耗率三个因素组成的,排序见表 5-2。

（2）以目标数 4 430 040 元（= 600×710×1.04）为分析替代的基础，

第一次替代产量因素，以 630 替代 600，

$$630 \times 710 \times 1.04 = 465\ 192（元）$$

第二次替代单价因素，以 730 替代 710，并保留上次替代后的值，

$$630 \times 730 \times 1.04 = 478\ 296（元）$$

第三次替代损耗率因素，以 1.03 替代 1.04，并保留上两次替代后的值，

$$630 \times 730 \times 1.03 = 473\ 697（元）$$

（3）计算差额：

第一次替代与目标数的差额 = 465 192 – 443 040 = 22 152（元）

第二次整代与第一次替代的差额 = 478 296 – 46 592 = 13 104（元）

第三次替代与第二次替代的差额 = 473 697 – 478 296 = – 4 599（元）

（4）产量增加使成本增加了 22 152 元，单价提高使成本增加了 13 104 元，而损耗率下降使成本减少了 4 599 元。

（5）各因素的影响程度之和 = 22 152+13 104 – 4 599 = 30 657 元，与实际成本与目标成本的总差额相等。

为了使用方便，企业也可以通过运用成本分析表来求出各因素变动对实际成本的影响程度，其具体形式见表 5-3。

表 5-3　商品混凝土成本变动因素分析表

顺序	连环替代计算	差异	因素分析
目标数	600×710×1.04		
第一次替代	630×710×1.04	22 152	由于产量增加 30 m³，成本增加 22 152 元
第二次替代	630×730×1.04	13 104	由于单价提高 20 元，成本增加 13 104 元
第三次替代	630×730×1.03	– 4 599	由于损耗率下降了 1%，成本减少 4 599 元
合　计	22 152 + 13 104 – 4 599 = 30 657	30 657	

3）差额计算法

差额计算法是因素分析法的一种简化形式，它利用各个因素的目标与实际的差额来计算其对成本的影响程度。

【例 5-3】　某工程项目某月的实际成本降低额比目标数提高了 2.00 万元，根据表 5-4，应用"差额计算法"分析预算成本和成本降低率对成本降低额的影响程度。

表 5-4　降低成本目标与实际对比表

项目	目标	实际	差异
预算成本/万元	310	320	+10
成本降低率/%	4	4.5	+0.5
成本降低额/万元	12.4	14.4	+2.0

【解】① 预算成本增加对成本降低额的影响程度：

$$(320-310)\times 4\% = 0.40（万元）$$

② 成本降低率提高对成本降低额的影响程度

$$(4.5\%-4\%)\times 320 = 1.60（万元）$$

以上两项合计：0.40+1.60 = 2.00（万元）

4)"两算对比"法

所谓两算对比，是指施工预算和施工图预算对比。施工图预算确定的是工程预算成本，施工预算确定的是工程计划成本，它们是从不同角度计算的两本经济账。"两算"的核心是工程量对比。尽管"两算"采用的定额不同、工序不同，工程量有一定区别，但二者的主要工程量应当是一致的。如果"两算"的工程量不一致，必然有一份出现了问题，应当认真检查并解决问题。

"两算"对比是建筑施工企业加强经营管理的手段。通过施工预算和施工图预算的对比可预先找出节约或超支的原因，研究解决措施，实现对人工、材料和机械的事先控制，避免发生计划成本亏损。

"两算"对比以施工预算所包括的项目为准，对比内容包括主要项目工程量、用工数及主要材料消耗量，但具体内容应结合各项目的实际情况而定。"两算"对比可采用实物量对比法和实物金额对比法。

（1）实物量对比法。实物量是指分项工程中所消耗的人工、材料和机械台班消耗的实物数量。对比是将"两算"中相同项目所需要的人、材料和机械台班消耗量进行比较，或以分部工程及单位工程为对象，将"两算"的人工、材料汇总数量相比较。

因"两算"各自的项目划分不完全一致，为使两者具有可比性，常常需要经过项目合并、换算之后才能进行对比。由于预算定额项目的综合性较施工定额项目大，故一般是合并施工预算项目的实物量，使其与预算定额项目相对应，然后再进行对比。表 5-5 为砌筑砖墙分项工程的"两算"对比表。

表 5-5 砌筑砖分项工程的"两算"对比表

项目名称	数量/m³	内容	人工材料的种类		
			人工/工日	砂浆/m³	砖/千块
一砖墙	245.8	施工预算 施工图预算	322 410.6	54.8 55.1	128.1 128.6
1/2 砖墙	6.4	施工预算 施工图预算	10.3 11.5	1.24 1.39	3.56 4.05
合计	252.2	施工预算 施工图预算 两算对比差额 两算对比差额率（%）	332.3 422.1 +89.8 +21.27	56.04 56.49 +0.45 +0.8	131.66 132.65 +0.99 +0.75

（2）实物金额对比法。实物金额是指分项工程所消耗的人工、材料和机械台班的金额费。由于施工预算只能反映完成项目所消耗的实物量，并不反映其价值，为使施工预算与施工图

预算进行金额对比，就需要将施工预算中的人工、材料和机械台班的数量乘以各自的单价，汇总成人工费、材料费和机械台班使用费，然后与施工图预算的人工费、材料费和机械台班使用费相比较。

表 5-6 实物金额对比的"两算"对比表

序号	项目	施工图预算			施工预算			数量差			金额差		
		数量	单价	合计	数量	单价	合计	节约	超支	%	节约	超支	%
一	直接费/元			10 456.7			9 451.86				1 004.8		9.61
1	人工/元			971.92			882.58				89.34		9.19
2	材料/元	131.62	68	8 950.12	127.90	63	8 057.54	3.72		2.83	892.58		6.2
3	机械/元	5.75	93	534.64	5.69	90	511.74	0.06			1.09	22.9	4.28
二	分部工程												
1	土方工程/元	2.54	90	228.55	2.19	96	210.29	0.35		13.74	18.26		8
2	砖石工程/元	15.20	180	2 735.36	14.80	176	2 605.1	0.39		2.60	130.26		4.76
3	钢筋混凝土工程/元	8.78	255	2 239.52	8.65	246	2 126.84	0.13		1.56	112.68		9.49
4	其他												
三	材料												
1	板方料/m³	2.132	154	328.33	2.09	154	322.01	0.04		1.97	6.32		1.92
2	钢筋/t	1.075	595	639.63	1.044	595	621.18	0.03		2.88	18.45		2.88
3	其他												

在"两算对比"法的运用过程中，应注意以下事项：

（1）人工数量：一般施工预算应低于施工图预算工日数的 10%～15%，因为施工定额与预算定额水平不一样。在预算定额编制时，考虑到在正常施工组织的情况下工序搭接及土建与水电安装之间的交叉配合所需的停歇时间，以及施工中不可避免的少量零星用工等因素，留有 10%～15% 定额人工幅度差。

（2）材料消耗：一般施工预算应低于施工图预算的消耗量。由于定额水平不一致，有的项目会出现施工预算消耗量大于施工图预算消耗量的情况，这时，需要调查分析，根据实际情况调整施工预算用量后再分析对比。

（3）机械台班数量及机械费的"两算"对比：由于施工预算是根据施工组织设计或施工方案规定的实际进场施工机械种类、型号、数量和工作时间编制计算机械台班，而施工图预算的定额的机械台班是根据一般配置，综合考虑，多以金额表示，所以，一般以"两算"的机械费用相对比，且只能核算搅拌机、扬机、塔式起重机、汽车式起重机和履带式起重机等大中型机械台班费是否超过施工图预算机械费。如果机械费大量超支，没有特殊情况，应改变施工采用的机械方案，尽量做到不亏本并略有盈余。

5）比率法

比率法是指用两个以上的指标的比例进行分析的方法。它的基本特点是：先把对比分析的数值变成相对数，再观察其相互之间的关系。常用的比率法，见表5-7。

表5-7 常用比率法

项 目	内 容
相关比率法	由于项目经济活动的各个方面是相互联系，相互依存，又相互影响的，因而可以将两个性质不同而又相关的指标加以对比。求出比率，并以此来考察经营成果相关比率法的好坏，例如：产值和工资是两个不同的概念，但它们的关系又是投入与产出的关系。在一般情况下，都希望以最少的工资支出完成最大的产值。因此，用产值工资指标来考核人工费的支出水平，就很能说明问题
构成比率法	构成比率法又称比重分析法或结构对比分析法。通过构成比率，可以考察成本总量的构成情况及各成本项目占成本总量的比重，同时也可看出量本利的比例关系（即预算成本，实际成本和降低成本的比例关系），从而为寻求降低成本的途径指明方向
动态比率法	动态比率法，就是将同类指标不同时期的数值进行对比，求出比率，以分析该动态比率法各项指标的发展方向和发展速度。动态比率的计算，通常采用基期指数和环比指数两种方法

表5-8 成本构成比例分析表（构成比率法）

成本项目	预算成本		实际成本		降低成本		
	金额	比重	金额	比重	金额	占本项%	占总量%
一、直接成本	1 263.79	93.20	1 200.31	92.38	63.48	5.02	4.68
1. 人工费	113.36	8.36	119.28	9.18	−5.92	−1.09	−0.44
2. 材料费	1 006.56	74.23	929.67	72.32	66.89	6.65	4.93
3. 机械使用费	87.60	6.46	89.65	6.90	−2.05	−2.34	−0.15
4. 措施费	56.27	4.15	51.71	3.98	4.56	8.10	0.34
二、间接成本	92.21	6.80	99.01	7.62	−6.80	−7.37	0.50
成本总量	1 356.00	100.00	1 299.32	100.00	56.68	4.18	4.18
量本利比例%	100.00		95.82		4.18		

表5-9 指标动态比较表（动态比率法）

指标	第一季度	第二季度	第三季度	第四季度
降低成本/万元		47.80	52.50	64.30
基期指数/%（一季度＝100）	45.60	104.82	115.13	141.01
环比指数/%（上一季度＝100）		104.82	109.83	122.48

2. 综合成本的分析方法

所谓综合成本，是指涉及多种生产要素，并受多种因素影响的成本费用，如分部分项工程成本、月（季）度成本、年度成本等。由于这些成本都是随着项目施工的进展而逐步形成的，与生产经营有着密切的关系。因此，做好成本分析的上述工作，无疑将促进项目的生产经营管理，提高项目的经济效益。

1）分部分项工程成本分析

分部分项工程成本分析是项目成本分析的基础，其对象为已完成的分部分项工程。分析的方法是：进行预算成本、成本目标和实际成本的"三算"对比，分别计算实际偏差和目标偏差，分析偏差产生的原因，为今后的分部分项工程成本寻求节约途径。

分部分项工程成本分析的资料来源是：预算成本来自投标报价成本，成本目标来自施工预算，实际成本来自施工任务单的实际工程量、实耗人工和限额领料单的实耗材料。

由于工程项目包括很多分部分项工程，不可能也没有必要对每一个分部分项工程都进行成本分析。特别是些工程量小，成本费用微不足道的零星工程。但是，对于主要的分部分项工程则必须进行成本分析，而且要从开工到竣工进行系统的成本分析。这是一项很有意义的工作，通过主要分部分项工程成本的系统分析，可以基本上了解项目成本形成的全过程，为竣工成本分析和今后的项目成本管理提供一份宝贵的参考资料。

分部分项工程成本分析表的格式见表5-10。

表5-10 分部分项工程成本分析

单位工程：_____

分部分项工程名称：_____ 工程量：_____ 施工班组：_____ 施工日期：_____

工程名称	规格	单位	单价	预算成本		计划成本		实际成本		实际与预算比较		实际与预算比较	
				数量	金额	数量	金额	数量	金额	数量	金额	数量	金额
合计													
实际与预算比较/%（预算=100）													
实际与计划比较/%（计划=100）													
节超原因说明													

编制单位： 成本员： 填表日期：

2）月（季）度成本分析

月（季）度成本分析，是工程项目定期、经常性的中间成本分析。它对于有一次性特点的工程项目来说，有着特别重要的意义，因为通过月（季）度成本分析，可以及时发现问题，有利于按照成本目标指示的方向进行监督和控制，保证项目成本目标的实现。

月（季）度成本分析的依据是当月（季）的成本报表。分析内容通常有以下几个方面：

（1）通过实际成本与预算成本的对比，分析当月（季）的成本降低水平；通过累计实际成本与累计预算成本的对比，分析累计的成本降低水平，预测实现项目成本目标的前景。

（2）通过实际成本与成本目标的对比，分析成本目标的落实情况，发现目标管理中的问题和不足，进而采取措施，加强成本管理，保证成本目标的落实。

（3）通过对各成本项目的成本分析，可以了解成本总量的构成比例和成本管理的薄弱环节。例如，在成本分析中，发现人工费、机械费和间接费等项目大幅度超支，就应该对这些费用的收支配比关系进行认真研究，并采取对应的增收节支措施，防止今后再超支。如果是属于预算定额规定的"政策性"亏损，则应从控制支出着手，把超支额压缩到最低限度。

（4）通过主要技术经济指标的实际与目标的对比，分析产量、工期、质量、"三材"节约率、机械利用率等对成本的影响。

（5）通过对技术组织措施执行效果的分析，寻求更加有效的节约途径。

（6）分析其他有利条件和不利条件对成本的影响。

3）年度成本分析

企业成本要求一年结算一次，不得将本年成本转入下一年度。而项目成本则以项目的寿命周期为结算期，要求从开工、竣工到保修期结束连续计算，最后结算出成本总量及其盈亏。由于项目的施工周期一般较长，除进行月（季）度成本核算和分析外，还要进行年度成本的核算和分析。这不仅是为了满足企业汇编年度成本报表的需要，同时也是项目成本管理的需要。通过年度成本的综合分析，可以总结一年来成本管理的成绩和不足，为今后的成本管理提供经验和教训，从而对项目成本进行更有效的管理。

年度成本分析的依据是年度成本报表。年度成本分析的内容，除了月（季）度成本分析的六个方面以外，重点是针对下一年度的施工进展情况规划提出切实可行的成本管理措施以保证项目成本目标的实现。

4）竣工成本的综合分析

凡是有几个单位工程而且是单独进行成本核算（即成本核算对象）的工程项目，其竣工成本分析均应以各单位工程竣工成本分析资料为基础，再加上项目经理部的经营效益（如资金调度、对外分包等所产生的效益）进行综合分析。如果工程项目只有一个成本核算对象（单位工程），就以该成本核算对象的竣工成本资料作为成本分析的依据。

单位工程竣工成本分析，应包括以下三方面内容：

（1）竣工成本分析。

（2）主要资源节超对比分析。

（3）主要技术节约措施及经济效果分析。

通过以上分析，可以全面了解单位工程的成本构成和降低成本的来源，对今后同类工程的成本管理有很大参考价值。

3. 工程项目专项成本的分析方法

1）成本盈亏异常分析

对工程项目来说，成本出现盈亏异常情况，必须引起高度重视，彻底查明原因，立即加以纠正检查成本盈亏异常的原因，应从经济核算的"同步"入手。因为，项目经济核算的基本规律是：在完成多少产值、消耗多少资源、发生多少成本之间，有着必然的同步关系。如果违背这个规律，就会发生成本的盈亏异常。

"三同步"检查是提高项目经济核算水平的有效手段，不仅适用于成本盈亏异常的检查，也可用于月度成本的检查。"三同步"检查可以通过以下五方面的对比分析来实现。

（1）产值与施工任务单的实际工程量和形象进度是否同步。

（2）资源消耗与施工任务单的实耗人工、限额领料单的实耗材料，当期租用的周转材料和施工机械是否同步。

（3）其他费用（如材料价差、超高费、井点抽水的打拔费和台班费等）的产值统计与实际支付是否同步。

（4）预算成本与产值统计是否同步。

（5）实际成本与资源消耗是否同步。

实践证明，把以上五方面的同步情况查明以后，成本盈亏的原因便会一目了然。月度成本盈亏异常情况分析表的格式见表5-11。

表5-11 月度成本盈亏异常情况分析表

工程名称_____ 结构层数_____ 年____月_____ 预算造价_____万元													
到本月末的形象进度													
累计完成产值	万元	累计点交预算成本			万元								
累计发生实际成本	万元	累计降低或亏损		金额					率			10%	
本月完成产值	万元	本月点交预算成本			万元								
本月发生实际成本	万元	本月降低或亏损		金额					率			10%	
已完工程及费用名称				资源消耗									
	单位	数量	产值	实耗人工		实耗材料						机械租赁	工料机金额合计
					金额小计	其中							
						水泥		钢材		木材		结构件	租赁设备
				工日	金额	数量	金额	数量	金额	数量	金额	金额	

2) 资金成本分析

资金与成本的关系,就是工程收入与成本支出的关系。根据工程成本核算的特点,工程收入与成本支出有很强的配比性。一般而言,都希望工程收入越多越好,成本支出越少越好。工程项目的资金来源主要是工程款收入;而施工耗用的人、财、物的货币表现,则是工程成本支出。因此,减少人、财、物的消耗,既能降低成本,又能节约资金。进行资金成本分析,通常应用"成本支出率"指标,即成本支出占工程款收入的比例。

其计算公式如下:

$$成本支出率 = \frac{计算期实际成本支出}{计算期实际工程款收入} \times 100\%$$

通过对"成本支出率"的分析,可以看出资金收入中用于成本支出的比重有多大,也可通过加强资金管理来控制成本支出,还可联系储备金和结存资金的比重分析资金使用的合理性。

3) 工期成本分析

一般来说,工期越长费用支出越多,工期越短费用支出越少。特别是固定成本的支出,基本上是与工期长短成正比增减的,它是进行工期成本分析的重点。

工期成本分析,就是计划工期成本与实际工期成本的比较分析。

工期成本分析一般采用比较法,即将计划工期成本与实际工期成本进行比较,然后应用"因素分析法"分析各种因素的变动对工期成本差异的影响程度。

进行工期成本分析的前提条件是,根据施工图预算和施工组织设计进行量本利分析,计算工程项目的产量、成本和利润的比例关系,然后用固定成本除以合同工期,求出每月支用的固定成本。

【例 5-4】 某工程项目合同预算造价 562.20 万元,其中预算成本 476.95 万元,合同工期 13 个月。根据施工组织设计测算,变动成本总额为 387.14 万元,变动成本率 80.83%,每月固定成本支出 5.078 万元,计划成本降低率为 6%。假如该工程项目竣工造价不变,但在施工中采取了有效的技术组织措施,使变动成本率下降到 80%,月固定成本支出降低为 4.85 万元,实际工期缩短到 12.5 个月。试分析其工期成本。

【解】 (1) 根据以上资料,按照以下顺序计算工期成本:

① 先求该工程项目的计划工期(又称经济工期)。

$$计划(经济)工期 = \frac{预算成本 \times (1-变动成本率-计划成本降低率)}{月固定成本支用水平}$$

$$= \frac{476.95 \times (1-0.8083-0.06)}{5.078} = 12.42 \text{ (月)}$$

② 再计算经济工期的计划成本。

经济工期的计划成本 = 预算成本 × 变动成本率 + 月固定成本支用水平 × 计划经济工期
$$= 478.95 \times 80\% + 5.078 \times 12.42 = 450.20 \text{ (万元)}$$

③ 实际工期成本 = 预算成本 × 实际变动成本率 + 实际月固定成本支用水平 × 实际工期
$$= 478.95 \times 80\% + 4.88 \times 12.5 = 443.79 \text{ (万元)}$$

根据以上计算结果，实际工期成本比计划工期成本节约：

$$450.20 - 443.79 = 6.41（万元）$$

（2）按照以上工期成本资料，应用"因素分析法"，对工期成本的节约额 6.41 万元进行分析：

① 该项目成本的变动成本率由计划的 80.83% 下降为实际的 80%，下降了 0.008 3（0.808 3 - 0.800），使实际工期成本额节约 3.97 万元。计算如下：

$$478.95 \times 0.8 - 478.95 \times 0.808\ 3 = -3.97（万元）$$

② 该工程项目的月固定成本支出由计划的 5.078 万元下降到实际的 4.85 万元，下降了 0.228 万元（5.078 - 4.85），使实际工期成本节约 2.83 万元。计算如下：

$$0.228 \times 12.42 = -2.83（万元）$$

③ 该工程项目的实际工期比经济工期延长了 0.08 个月（12.5 - 12.42），使实际工期成本超支 0.39 万元。计算如下：

$$4.85 \times 0.08 = 0.39（万元）$$

以上三项因素合计：3.97 - 2.83 + 0.39 = -6.41（万元）（节约）

4）技术组织措施执行效果分析

技术组织措施是工程项目降低工程成本、提高经济效益的有效途径。因此，在开工以前都要根据工程特点编制技术组织措施计划，列入施工组织设计。在施工过程中，为了落实施工组织设计所列技术组织措施计划，可以结合月度施工作业计划的内容编制月度技术组织措施计划，同时，还要对月度技术组织措施计划的执行情况进行检查和考核。

在实际工作中，往往有些措施已按计划实施，有些措施并未实施，还有一些措施则是计划以外的。因此，在检查和考核措施计划执行情况的时候，必须分析未按计划实施的具体原因，做出正确的评价，以免挫伤有关人员的积极性。

对执行效果的分析也要实事求是，既要按理论计算，又要联系实际，对节约的实物进行验收，然后根据实际节约效果论功行赏，以激励有关人员执行技术组织措施的积极性。

技术组织措施必须与工程项目的工程特点相结合，技术组织措施有很强的针对性和适应性（当然也有各工程项目通用的技术组织措施）。计算节约效果的方法一般按以下公式计算

措施节约效果 = 措施前的成本 - 措施后的成本

对节约效果的分析需要联系措施的内容和执行经过来进行。有些措施难度比较大，但节约效果并不好；而有些措施难度并不大，但节约效果却很好。因此，在对技术组织措施执行效果进行考核的时候，也要根据不同情况区别对待。对于在项目施工管理中影响比较大、节约效果比较好的技术组织措施，应该以专题分析的形式进行深入详细的分析，以便推广应用。

分析工程项目技术组织措施的执行效果对项目成本的影响程度，可参照表 5-12 进行。

表 5-12　某项目技术组织措施执行效果汇总表

月份	预算成本 /万元	执行技术组织措施			其　中				
		数量/项	节约金额 /万元	占预算 成本/%	节约水泥 /t	节约钢材/t	节约木材 /m³	节约成品 油/t	使用代 用燃料/t
1月	137.50	12	3.60	2.62	6.60	0.40	0.55	0.15	124.00
2月	86.40	8	1.34	1.55	4.30	0.25	0.35		82.00
3月	118.66	10	2.35	1.98	5.90	0.35	0.50	0.12	146.00
4月	177.88	16	4.82	2.71	8.80	0.50	0.70	0.18	177.00
5月	204.33	16	5.72	2.80	10.20	0.60	0.80	0.23	209.00
6月	194.87	14	5.14	2.64	9.70	0.60	0.75	0.21	196.00
合计	919.64	76	22.97	2.50	45.50	2.70	3.65	0.89	934.00

从技术组织措施的执行效果表来看，该工程项目对落实技术组织措施是比较认真的，并且取得了积极的效果，在半年当中，共执行了 76 项技术组织措施，节约金额 22.94 万元占预算成本的 2.5%；此外，在执行技术组织措施的过程中，还节约了一定数量的"三材"和能源，也是值得借鉴的。

5) 其他有利因素和不利因素对成本影响的分析

在工程项目施工过程中，必然会有很多有利因素，同时也会碰到不少不利因素。不管是有利因素还是不利因素，都将对工程项目成本产生影响。

对待这些有利因素和不利因素，项目经理首先要有预见，有抵御风险的能力；同时，还要把握机遇充分利用有利因素，积极争取转换不利因素。这样，就会更有利于项目施工，也更有利于项目成本的降低这些有利因素和不利因素，包括工程结构的复杂性和施工技术上的难度，施工现场的自然地理环境（如水文、地质、气候等），以及物资供应渠道和技术装备水平等。它们对项目成本的影响，需要具体问题具体分析。这里只能作为一项成本分析的内容提出来，有待今后根据施工中接触到的实际问题进行分析。

4. 工程项目成本目标差异分析方法

成本目标差异是指项目的实际成本与成本目标之间的差额。成本目标差异的目的是找出并分析成本目标产生差异的原因，从而尽可能降低成本项目施工。

1) 人工费分析

人工费分析的主要依据是工程预算工日和实际人工的对比，分析出人工费的节约或超支的原因。影响人工费节约或超支的主要因素有两个：人工费量差和人工费价差。

(1) 人工费量差。计算人工费量差首先要计算工日差，即实际耗用工日数同预算定额工日数的差异。预算定额工日的取得，根据验工月报或设计预算中的人工费补差中取得工日数，实耗人工根据外包管理部门的包清工成本工程款月报，列出实物量定额工日数和估点工工日数。工日差乘以预算人工单价可得人工费量差，计算后可以看出由于实际用工增加或减少，使人工费增加或减少。

（2）人工费价差。计算人工费价差先要计算出每工人工费价差，即预算人工单价和实际人工单价之差。预算人工单价根据预算人工费涂以预算工日数得出预算人工平均单价。实际人工单价等于实际人工费除以实耗工日数，每工人工费价差乘以实耗工日数得人工费价差，计算后可以看出由于每工人工单价增加或减少，使人工费增加或减少。

人工费量差与人工费价差的计算公式如下：

人工费量差 =（实际耗用工日数 – 预算定额工日数）× 预算人工单价

人工费价差 = 实际耗用工日数 ×（实际人工单价 – 预算人工单价）

影响人工费节约或超支的原因是错综复杂的，除上述分析外，还应分析定额用工、估点工用工，从管理上找原因。

2）材料费分析

（1）主要材料和结构件费用的分析。主要材料和结构件费用的高低，主要受价格和消耗数量的影响。而材料价格的变动，又要受到采购价格、运输费用、途中损耗、来料不足等因素的影响；材料消耗数量的变动，也要受操作损耗、管理损耗和返工损失等因素的影响，可在价格变动较大和数量超用异常的时候再作深入分析。材料价格和消耗数量的变化对材料和结构件费用的影响程度，可按下列公式计算：

因材料价格变动对材料费的影响：

(预算单价 – 实际单价) × 消耗数量

因消耗数量变动对材料费的影响：

(预算用量 – 实际用量) × 预算价格

主要材料和结构件差异分析表的格式见表 5-13。

表 5-13 主要材料和结构构件差异分析表

材料名称	价格差异				数量差异				成本差异
	实际单价	目标单价	节超	价差金额	实际用量	目标用量	节超	量差金额	

（2）周转材料使用费分析。在实行周转材料内部租赁制的情况下，项目周转材料费的节约或超支，取决于周转材料的周转利用率和损耗率。如果周转慢，周转材料的使用时间就长，就会增加租赁费支出，而超过规定的损耗，更要照原价赔偿。周转利用率和损耗率的计算公式如下：

$$周转利用率 = \frac{实际使用数 \times 租用期内的周转次数}{进场数 \times 租用期} \times 100\%$$

$$损耗率 = \frac{退场数}{进场数} \times 100\%$$

【例 5-5】 某工程项目需要定型钢模，考虑周转利用率 85%，租用钢模 4 500 m²，月租金 5 元/m²；由于加快施工进度，实际周转利用率达到 90%。试用差额分析法计算周转利用率的提高对节约周转材料使用费的影响程度。

【解】 具体计算如下：

$$(90\% - 85\%) \times 4\ 500 \times 5 = 1\ 125（元）$$

（3）采购保管费分析。材料采购保管费属于材料的采购成本，包括材料采购保管人员的工资、工资附加费、劳动保护费、办公费、差旅费，以及材料采购保管过程中发生的固定资产使用费、工具用具使用费、检验试验费、材料整理及零星运费和材料物资的盘亏及毁损等。

材料采购保管费一般应与材料采购数量同步，即材料采购多，采购保管费也会相应增加。因此，应该根据每月实际采购的材料数量（金额）和实际发生的材料采购保管费，计算"材料采购保管费支用率"，作为前后期材料采购保管费的对比分析之用。

材料采购保管费支用率的计算公式如下：

$$材料采购保管费支用率 = \frac{计算期实际发生的采购保管费}{计算期实际采购的材料总值} \times 100\%$$

（4）材料储备资金分析：材料的储备资金，是根据日平均用量、材料单价和储备天数（从采购到进场所需要的时间）计算的，上述任何一个因素的变动都会影响储备资金的占用量。材料储备资金的分析，可以应用因素分析法。

3）机械使用费分析

主要通过实际成本与成本目标之间的差异分析，成本目标分析主要列出超高费和机械费补差收入。施工机械有自有和租赁两种。租赁的机械在使用时要支付使用台班费，停用时要支付停班费，因此，要充分利用机械，减少台班使用费和停班费的支出。自有机械也要提高机械完好率和利用率，因为自有机械停用，仍要负担固定费用。机械完好率与机械利用率的计算公式如下：

$$机械完好率 = \frac{报告期机械完好台班数 + 加班台班}{报告期制度台班数 + 加班台班} \times 100\%$$

$$机械利用率 = \frac{报告期机械实际工作台班数 + 加班台班}{报告期制造台班数 + 加班台班} \times 100\%$$

完好台班数，是指机械处于完好状态下的台班数，它包括修理不满一天的机械，但不包括待修、在修、送修在途的机械。在计算完好台班数时，只考虑是否完好，不考虑是否正在工作。制度台班数是指本期内全部机械台班数与制度工作天的乘积，不考虑机械的技术状态和是否正在工作。

机械使用费的分析要从租赁机械和自有机械两方面入手。使用大型机械的要着重分析预算台班数、台班单价及金额,同实际台班数、台班单价及金额相比较,通过量差、价差进行分析。

【例 5-6】 某项目经理部当年的机械完好和利用情况见表 5-14,试分析其机械使用情况。

表 5-14 机械完好和利用情况统计表

机械名称	台数	制度台班数	完好情况				利用情况			
			完好台班数		完好率		计划	实际	计划	实际
			计划	实际	计划	实际				
翻斗车	4	1 080	1 000	1 080	92.6	100	1 000	1 000	92.6	92.6
搅拌机	2	540	500	500	92.6	92.6	500	480	92.6	88.98
砂浆机	5	1 350	1 250	1 080	92.6	80	1250	1026	92.6	76
塔式起重机	1	270	250	250	92.6	92.6	250	360	92.6	133.33

【解】 从上述机械的完好和利用情况来看,砂浆机的维修保养比较差,完好率只达到 80%,利用率也不高,只达到 76%;塔式起重机因施工需要经常加班加点,因而利用率较高。

4)施工措施费分析

措施费的分析主要通过预算与实际数的比较来进行。如果没有预算数,可以计划数代替预算数,比较表的格式见表 5-15。

表 5-15 措施费目标与实际比较表

序号	项目	目标	实际	差异
1	环境保护费			
2	文明施工费			
3	安全施工费			
4	临时设施费			
5	夜间施工费			
6	二次搬运费			
7	大型机械设备进出场及安拆费			
8	混凝土、钢筋混凝土模板及支架费			
9	脚手架费			
10	已完工程及设备保护费			
11	施工排水、降水费			

5)间接费用分析

间接费用是指为施工设备、组织施工生产和管理所需要的费用,主要包括现场管理人员的工资和进行现场管理所需要的费用。应将其实际成本和成本目标进行比较,将其实际发生数逐项与目标数加以比较,以发现超额完成施工计划对间接费用的节约或浪费及其发生的原因。间接费用目标与实际比较表的格式见表5-16。

表5-16 间接费用目标与实际比较表

序号	项目	目标	实际	差异	备注
1	现场管理人员工资				包括职工福利费和劳动保护费
2	办公费				包括生活用水电费、取暖费
3	差旅交通费固定资产				
4	固定资产使用费				包括折旧及修理费
5	物资消耗费				
6	低值易耗品摊销费				指生活行政用的低值易耗品
7	财产保险费				
8	检验试验费				
9	工程保修费				
10	排污费				
11	其他费用				
	合 计				

6）工程项目成本目标差异汇总分析

用成本目标差异分析方法分析完各成本项目后，还要将所有成本差异汇总进行分析，成本目标差异汇总表的格式见表5-17。

表5-17 成本目标差异汇总表

部位： 万元

成本项目	实际成本	成本目标	差异金额	差异率/%
人工费				
材料费				
结构件				
周转材料费				
机械使用费				
措施费				
施工间接成本				
合 计				

【案例分析】

建筑工程项目成本分析实例

某项目工程工期为180天,与业主结算采用分阶段结算的方式,在成本核算方面对应也按分阶段核算的形式,整个工程划分为打桩、基础、主体结构、门窗、内外装饰、水电安装等阶段。该项目各阶段实际成本情况见表5-18。

表5-18 某项目实际成本汇总表 万元

序号	分部工程	人工费	材料费	机械费	其他费用	合计
1	打桩工程	11.78	60.44	20.71	17.32	110.25
2	基础工程	16.91	58.38	7.41	12.20	94.90
3	主体结构工程	54.60	270.18	26.87	49.16	400.81
4	门窗工程	0.60	33.18	1.73	5.82	41.33
5	内外装饰工程	18.24	43.29	0.18	11.56	73.27
6	水电安装工程	9.99	39.84	8.15	12.18	70.16
	合计	112.12	505.31	65.05	108.24	790.72

根据项目施工过程中的具体情况,对该工程预算成本、计划成本和实际成本进行比较,分析项目实施过程各阶段的成本偏差原因。

(1)打桩工程实际成本分析。打桩工程实际成本与计划成本对比情况见表5-19。

表5-19 打桩工程实际成本与计划成本对比表 万元

序号	内容	计划成本	实际成本	实际成本节约(+)	实际成本超支(-)
1	人工费	11.2	11.78		-0.58
2	材料费	66.73	60.44	+6.29	
3	机械费	20.47	20.71		-0.24
4	其他费用	16.01	17.32		-1.31
	合计	114.41	110.25	+4.16	

打桩工程实际成本比计划成本低,是因为在打桩施工过程中,对打桩和接桩的材料进行了严格控制,使材料费用成本下降。对预制方桩,在与供货商签订合同的时候,双方谈定的制桩费用,包括了桩的制作、运输等费用;对打桩分包单位,要求其承担接桩用电焊条、角钢等材料费用,这些材料和制品的费用低于与建设单位签订合同中的材料单价。

另外,在打桩场地铺道渣费用方面,原定铺设道渣厚度为15 cm,但根据现场施工情况,在打桩机开行范围内采用局部铺道渣、局部铺设路基箱的方法,道渣用量减少,机械费用略有提高,但材料费用减少,因而降低了总费用。

(2)基础工程实际成本分析。基础工程实际成本与计划成本对比情况见表5-20。

表 5-20 基础工程实际成本与计划成本对比表（万元）

序号	内容	计划成本	实际成本	实际成本节约（+）	实际成本超支（-）
1	人工费	15.48	16.91		-1.43
2	材料费	53.06	58.38		-5.32
3	机械费	6.23	7.41		-1.18
4	其他费用	11.33	12.20		-0.87
	合 计	86.10	94.90		-8.80

基础施工时，土方开挖后发现土质较差，不能直接作为地基承受荷载。因此，决定先将软土层挖去，再回填砂石，并用压路机夯实；然后，再铺设 10 cm 厚的道渣和碎石作基层，并在上面铺 10 cm 厚的混凝土垫层。这样的地基处理导致基础部分施工成本上升。分析下来，发生这种情况的原因是预计的土质情况和实际并不符合，导致原本安排的人工材料和机械不能够满足施工要求，需要增加人工数量和机械数量，垫层也要加厚。相应的人工费、机械费、材料费和其他生产成本费用就要增加，从而导致该部分工程总的成本费用增加。由于施工依据的地质报告等资料是建设单位提供的，投标报价是以设计图纸规定的基础埋深为依据的，因此，这部分施工成本增加可以向建设单位提出索赔，由签证增加费用补偿该部分成本增加。

（3）主体结构工程实际成本分析。主体结构工程实际成本与计划成本对比情况见表 5-21。

表 5-21 主体工程实际成本与计划成本对比表（万元）

序号	内容	计划成本	实际成本	实际成本节约（+）	实际成本超支（-）
1	人工费	44.24	54.60		-10.36
2	材料费	251.59	270.18	+2.80	-18.59
3	机械费	29.67	26.87		
4	其他费用	45.69	49.16		-3.47
	合 计	371.19	400.81		-29.62

主体结构工程施工中，人工费和材料费超过计划成本较多，是由于天气的原因而影响了施工进度。为确保工程如期交工，不得不加班赶工，工人加班费用上升，导致人工费成本超支。同时，周转材料特别是模板租用量增加，使材料费用超支。另外，在砌筑施工过程中，部分砌筑墙体经检查不符合优良要求，需要返工重砌。这部分返工人工费用由作业队承担，而材料费用要计入工程成本里。因此，主体结构工程施工中，尽管钢筋等材料费用有所节余，但总材料费用还是超出计划成本，实际成本比计划成本高。在机械费用方面，由于外玻璃幕墙工程由建设单位直接发包，工程垂直运输机械在主体结构完成后，为幕墙施工单位提供配合所用垂直运输机械费用由幕墙公司承担，因此减少了部分机械费用的支出。

（4）门窗工程实际成本分析。门窗工程实际成本与计划成本对比情况见表 5-22。

表 5-22　门窗工程实际成本与计划成本对比表（万元）

序号	内容	计划成本	实际成本	实际成本节约（+）	实际成本超支（－）
1	人工费	0.59	0.60		－0.01
2	材料费	31.90	33.18		－1.28
3	机械费	0.31	1.73		－1.42
4	其他费用	5.38	5.82		－0.44
	合计	38.18	41.33		－3.15

在门窗工程施工中发现，设计图纸提供的门窗表与各层平面图中门窗数量不符，投标报价时，按设计图纸门窗表计算工程量，少算了部分异形窗的工程量。项目经理部负责人员向建设单位提出索赔，建设单位不予认可。由此导致门窗分部工程实际成本高于计划成本。

（5）内外装饰工程实际成本分析。内外装饰工程实际成本与计划成本对比情况见表 5-23。

表 5-23　内外装饰工程实际成本与计划成本对比情况表（万元）

序号	内容	计划成本	实际成本	实际成本节约（+）	实际成本超支（－）
1	人工费	18.80	18.24	+0.56	
2	材料费	45.64	43.29	+2.35	
3	机械费	0.57	0.18	+0.39	
4	其他费用	11.36	11.56		－0.2
	合计	76.37	73.27	+3.1	

本工程二次装修由建设单位另行发包，项目经理部负责的主要装饰施工内容为墙面抹灰和涂料，以及部分公共部位的墙地砖。这些施工内容不复杂，施工中没有变更要求，因建设单位要求吊顶上部墙面不做粉刷，实际施工工程量比预算工程量略有减少，施工实际成本低于计划成本。

（6）水电安装工程实际成本分析。水电安装工程实际成本与计划成本对比情况见表 5-24。

表 5-24　水电安装工程实际成本与计划成本对比情况表（万元）

序号	内容	计划成本	实际成本	实际成本节约（+）	实际成本超支（－）
1	人工费	9.81	9.99		－0.18
2	材料费	47.43	39.84	+7.59	
3	机械费	8.2	8.15	+0.05	
4	其他费用	10.34	12.18		－1.84
	合计	75.78	70.16	+5.61	

水电安装工程实际成本比计划成本节约，主要原因是采购的主材料价格较低，特别是管线、洁具、电气设备等，经项目经理部多家询价比价，在满足建设单位和设计要求的前提下，采购价格低于投标报价。结果尽管增加了管理人员的工作，使现场管理费用有所增加，但材料设备费用大大降低，节约了安装工程成本。

5.2 建筑工程成本考核

5.2.1 建筑工程成本考核的概念

成本考核，是指对项目成本目标（降低成本目标）完成情况和成本管理工作业绩两方面的考核。这两方面的考核都属于企业对项目经理部成本监督的范畴。应该说，成本降低水平与成本管理工作之间有着必然的联系，同时又受偶然因素的影响，但都是对项目成本评价的一个方面，都是企业对项目成本进行考核和奖罚的依据。

5.2.2 建筑工程成本考核的作用

1. 工程项目成本考核的目的在于贯彻落实责、权、利相结合的原则，促进成本管理工作的健康发展，更好地完成工程项目的成本目标。
2. 在施工项目的成本管理中，项目经理和所属部门、施工队直到生产班组，都有明确的成本管理责任，而且有定量的责任成本目标。通过定期和不定期的成本考核，既可加强督促，又可调动成本管理的积极性。
3. 项目成本管理是一个系统工程，而成本考核则是系统的最后一个环节，应抓紧工程项目考核工作。

5.2.3 建筑工程成本考核的原则

建筑工程成本考核是成本管理的一个重要部分，是项目落实成本控制目标的重要体现。一般来说，建筑工程成本考核应遵循以下原则：

1. 按照项目经理部人员分工，进行成本内容确定。每个项目有大有小，管理人员投入量也有不同，项目大的，管理人员就多一些，项目有几个栋号施工时，还可能设立相应的栋号长，分别对每个单体工程或几个单体工程进行协调管理；工程体量小时，项目管理人员就相应减少，一个人可能兼几份工作。因此，成本考核以人和岗位为主，没有岗位就计算不出管理目标，同样没有人，就会失去考核的责任主体。
2. 简单易行、便于操作。项目的施工生产每时每刻都在发生变化，考核项目的成本必须让项目相关管理人员明白，由于管理人员对一些相关概念不可能很清楚，所以确定的考核内容必须简单、明了，要让项目管理人员一看就能明白。
3. 时效性原则。岗位成本是项目成本要考核的实时成本，如果以传统的会计核算对项目成本进行考核，就偏离了考核的目的，所以时效性是项目成本考核的生命。

5.2.4 建筑工程成本考核的内容

工程项目成本考核的内容应该包括责任成本完成情况的考核和成本管理工作业绩的考

核。项目成本考核,可以分为两个层次:一是企业对项目经理的考核;二是项目经理对所属部门、施工队和班组的考核。通过层层考核,督促项目经理、责任部门和责任者更好地完成自己的责任成本,从而形成实现项目成本目标的层层保证体系。

1. 企业对项目经理考核的内容

1)企业对项目经理考核的具体内容

(1)项目成本目标和阶段成本目标的完成情况,包括总目标及其所分解的施工各阶段、各部分或专业工程的子目标完成情况。

(2)建立以项目经理为核心的成本管理责任制的落实情况。

(3)项目经理部的成本管理组织与制度是否健全,在运行机制上是否存在问题。

(4)项目经理是否经常对下属管理人员进行成本效益观念的教育。管理人员的成本意识和工作积极性。

(5)项目经理部的核算资料账表等是否正确、规范、完整,成本信息是否能及时反馈,能否主动取得企业有关部门在业务上的指导。

2)项目经理部可控责任成本考核指标

(1)项目经理责任目标总承包降低额和降低率。

$$目标总成本降低额 = 项目经理责任目标总成本 - 项目竣工结算总成本$$

$$目标总成本降低率 = \frac{目标总成本降低额}{项目经理责任目标总成本} \times 100\%$$

(2)施工责任目标成本实际降低额和降低率。

$$施工责任目标成本实际降低额 = 施工责任目标总成本 - 工程竣工结算总成本$$

$$施工责任目标成本实际降低率 = \frac{施工责任目标成本实际降低额}{施工责任目标总成本} \times 100\%$$

(3)施工计划成本实际降低额和降低率。

$$施工计划成本实际降低额 = 施工计划总成本 - 工程竣工结算总成本$$

$$施工计划成本实际降低率 = \frac{施工计划成本实际降低额}{施工计划总成本} \times 100\%$$

2. 项目经理对所属各部门、各作业队和班组考核的内容

(1)对各部门的考核内容:
① 本部门、本岗位责任成本的完成情况。
② 本部门、本岗成本管理责任的执行情况。

(2)对各作业队的考核内容:
① 对劳务合同规定的承包范围和承包内容的执行情况。
② 劳务合同以外的补充收费情况。
③ 对班组施工任务单的管理情况,以及班组完成施工任务后的考核情况。

(3)对生产班组的考核内容(平时由作业队考核):以分部分项工程成本作为班组的责任

成本，以施工任务单和限额领料单的结算资料为依据，与施工预算进行对比，考核班组责任成本的完成情况。

5.3.5 建筑工程成本考核的实施

1. 施工项目成本考核实施的方法和内容

（1）工程项目成本考核采取评分制工程项目成本考核是工程项目根据责任成本完成情况和成本管理工作业绩确定权重后，按考核的内容评分。

具体方法为：先按考核内容评分，然后按 7∶3 的比例加权平均。即责任成本完成情况的评分为 7，成本管理工作业绩的评分为 3，这是一个假设的比例，具体的工程项目可根据自己的具体情况进行调整。

（2）工程项目的成本考核要与相关指标的完成情况相结合。工程项目成本的考核评分要考虑相关指标的完成情况，予以嘉奖或扣罚。与成本考核相结合的相关指标，一般有进度质量、安全和现场标准化管理。

具体方法为：成本考核的评分是奖罚的依据，相关指标的完成情况为奖罚的条件。即在根据评分计奖的同时，还要参考相关指标的完成情况与成本考核相结合的相关指标，如进度、质量、安全等。以质量指标为例说明如下：

① 质量达到优良，按应得奖金加奖 20%。
② 质量合格，奖金不加、不扣。
③ 质量不合格，扣除应得奖金的 50%。

（3）强调工程项目成本的中间考核。工程项目成本的中间考核，一般有月度成本考核和阶段成本考核。成本的中间考核，能更好地带动今后成本的管理工作，保证项目成本目标的实现。

① 月度成本考核。一般是在月度成本报表编制以后，根据月度成本报表的内容进行考核。在进行月度成本考核的时候，除报表数据外，还要结合成本分析资料和施工生产、成本管理的实际情况，才能做出正确的评价，带动今后的成本管理工作，保证项目成本目标的实现。

② 阶段成本考核、项目的施工阶段，一般可分为基础、结构、装饰、总体四个阶段如果是高层建筑，可对结构阶段的成本进行分层形核阶威本考核能对施工告一段落后的成本进行考核，可与施工阶段其他指标（如进度、质量）的考核结合得更好，也更能反映工程项目的管理水平。

（4）正确考核工程项目的竣工成本。工程项目的成本，是在工程竣工和工程款结算的基础上编制的，它是竣工成本考核的依据，是项目成本管理水平和项目经济效益的最终反映，也是考核承包经营情况、实施奖罚的依据。必须做到核算无误，考核正确。

（5）工程项目成本的奖罚。工程项目的成本考核，可份为月度考核、阶段考核和竣工考核三种。为贯彻责、权、利相结合的原则，应在项目成本考核的基础上，确定成本奖罚标准，并通过经济合同的形式明确规定，及时兑现。

由于月度成本考核和阶段成本考核属假设性的，因此，实施奖罚应留有余地，待项目竣工成本考核后再进行调整。

项目成本奖罚的标准,应通过经济合同的形式明确规定。因为,经济合同规定的奖罚标准具有法律效力,任何人都无权中途变更或拒不执行。另外,通过经济合同明确奖罚标准以后,职工群众就有了奋斗目标,因而也会在实现项目成本目标中发挥更积极的作用。

在确定项目成本奖罚标准的时候,必须从本项目的客观情况出发,既要考虑职工的利益,又要考虑项目成本的承受能力。具体的奖罚标准,应经认真测算再行确定。

除此之外,企业领导和项目经理还可对完成项目成本目标有突出贡献的部门、作业队班组和个人进行随机奖励。这是项目成本奖励的另一种形式,显然不属于上述成本奖罚的范围,但往往能起到很好的效果。

2. 项目岗位群体成本责任考核方式

(1)按成本消耗对象明确岗位主要责任者。主要原则是根据每个消耗对象确定管理岗位的成本责任和相应的责任群体,这就改变了以管理人员的岗位定成本责任的方法。例如,钢材消耗控制,主要由钢筋施工员作为主要责任者,项目小型或零星材料采购的主要责任是项目材料采购员。

(2)区分管理责任的大小,建立合理的考核责任。根据每个成本消耗对象所涉及的相关管理人员,以及他们的责任大小,建立责任群体和相应的责任权数,即按责任大小设定主要责任者、次要责任者和一般责任者。一般来说,任何一项管理行为所涉及的范围都是较广的,不可界定得非常准确,只能根据成本消耗对象所涉及的直接责任者进行设计责任群体和考核方法。表5-25为不同成本消耗的考核责任群体表。

表 5-25 成本消耗考核责任群体表

序号	责任对象	责任目标	主要责任者	次要责任者	一般责任者
		100%	25%~40%	15%~30%	5%~10%
1	钢材消耗		钢筋施工员	总工、生产副经理等	门卫、保管员等
2	木材、周转料具		模板施工员	总工、生产副经理等	门卫、保管员等
3	机械费用		生产副经理	机械员、总工	钢筋、模板施工员等
4	材料价差		项目经理	采购员、合约经理	成本会计、生产副经理等
5	水泥、砂石料		混凝土施工员	总工、生产副经理	质量员、门卫等
6					
	合计				

(3)实施合理的定期奖励。这种方式的岗位成本责任考核,应采用节点考核的方法。在项目责任成本测算前,根据施工过程,将施工项目分成若干阶段进行考核,称为节点考核。每个节点结束后,按照责任成本的收支情况和责任群体岗位成本考核完成情况进行部分兑现。由于项目工期较长,施工过程的阶段考核兑现也应及时进行,以提高管理人员的积极性。

(4)建立多个利益主体协同管理的责任体系。项目的消耗管理只有与使用者产生利益关联,才能得到成本控制的最大化。

【本章小结】

工程项目的成本分析，就是根据统计核算、业务核算和会计核算提供的资料，对项目成本的形成过程和影响成本升降的因素进行分析，以寻求进一步降低成本的途径（包括项目成本中的有利偏差的挖潜和不利偏差的纠正）。

工程项目成本分析的方法主要有成本分析的基本方法、综合成本的分析方法、成本项目的分析方法和专项成本分析方法。

工程项目成本考核是指工程项目部在施工过程中和施工项目竣工时对工程预算成本、计划成本及有关指标的完成情况进行考核。通过考核，使工程成本得到更加有效地控制，更好地完成成本降低任务。

工程项目成本考核的内容应该包括企业对项目经理考核和项目经理对所属各部门、各施工队和班组考核。

工程项目岗位成本考核是针对施工项目不同的管理岗位人员而做出的成本耗费目标要求。公司将项目施工成本控制总额落实到项目，经项目挤出余度后，项目经理部根据项目人员组成和岗位配备情况，按一定的方法分解给各管理岗位或主要管理者。在此基础上，接管理岗位分解指标，责任到人，实行风险抵押，按期考核。

【复习题】

1. 工程项目成本分析的种类有哪些？
2. 工程项目成本分析的内容及原则是什么？
3. 工程项目成本分析的基本方法有哪些？
4. 简述工程项目成本综合分析法和项目成本专项分析法
5. 工程项目成本考核的原则及要求是什么？
6. 简述工程项目成本考核的方法

6 装配式建筑项目工程成本管理

6.1 装配式建筑相关概念

6.1.1 装配式建筑的概念和分类

广义的"装配式建筑"是指采用标准化设计、工厂化生产、一体化装修、装配化施工、信息化管理和智能化应用方式建造的建筑。结合目前的政策和技术语境,"装配式建筑"通常为狭义的概念,是指采用工厂预制的混凝土构件在工地装配而成的建筑。

装配式建筑的特征有以下几点:一是把传统建造方式中大量的混凝土现浇作业工作转移到工厂进行,即大部分工作实现由工地到工厂的转移;二是"像造汽车一样造房子",从"建造"向"制造"转变,实现建筑业与工业的结合;三是符合绿色建筑的要求。

装配式建筑形式可以包括砌块建筑、板式建筑或板材建筑、骨架板材建筑和盒子建筑或模块建筑等;从结构材料类型上分为装配式混凝土结构、钢结构、木结构以及混合结构等,其中装配式混凝土结构、钢结构、木结构的特点如下:

1. 装配式混凝土结构

装配式混凝土结构是采用了先进的工业化机械化生产技术的建筑形式,它利用起重机械和运输工具等现代化的生产工具将工厂机械化生产的预制构件组装而成,具有提升建筑质量、节省劳动力、改善劳动条件、提高作业效率、节能减排环保和缩短工期等特点。

2. 钢结构

钢结构建筑与传统的建筑形式相比,具有重量轻、强度高、工业化程度高、抗震性能好等优点,具有安全、高效、绿色、可重复利用的优势,是当前装配式建筑发展的重要支撑。钢结构的缺点有耐火性能差、易锈蚀、耐腐蚀性差等。

3. 木结构

我国木结构建筑历史悠久,木结构建筑具有施工误差小、精度高;施工现场污染小;抗震性能好;空间布局灵活;隔热效果好等优点。缺点是木材强度低、易腐蚀、易被虫蛀、维护费用较高;木材易燃,防火性能差等。

本章讨论的装配式建筑类型是装配式混凝土建筑。

6.1.2 装配式混凝土建筑结构体系

装配式混凝土建筑按照是否"等同现浇"分为装配整体式和全装配式。装配整体式混凝土结构参照现浇结构进行设计,性能等同或者接近现浇结构,研究技术较全装配式混凝土结构成熟,目前的装配式建筑已向现浇和预制相结合的装配整体式混凝土结构体系方向发展。装配式混凝土技术体系从结构形式上可概括为剪力墙结构体系、框架结构体系及框架—剪力墙结构体系三大类,三种通用结构体系特点如下:

1. 装配式剪力墙结构体系

装配式剪力墙结构体系是目前应用较多的结构体系,主要适用于抗震等级及抗震设防烈度要求比较低的地区建设的多层住宅。以下是国内装配式剪力墙结构体系主要分类及特征:(1)装配整体式剪力墙结构体系:适用高度较大的建筑;(2)叠合板剪力墙结构体系:主要应用于多层建筑或者低烈度区的中高层建筑;(3)多层剪力墙结构体系:目前应用较少,但在低多层建筑领域中前景广阔。

2. 装配式框架结构体系

装配式框架结构体系连接节点简单、单一,结构构件的连接可靠具有良好的整体性和抗震性,便于采用"等同现浇"的设计概念;框架结构建筑空间布置灵活,适合不同功能需求的建筑;结合外墙板、预制楼板等预制构件的应用可以实现较高的预制率,适合建筑工业化发展。其缺点是构件类型多不易于设计标准化和生产定型化的实现;安装过程中安装顺序很重要,较耗费人力和时间;由于使用习惯等客观原因,我国装配式框架结构体系多用于低多层建筑。

3. 装配式框架——剪力墙结构体系

装配式框架——剪力墙结构体系是介于剪力墙结构体系和框架结构体系之间的一种结构体系类型,体系中剪力墙和框架平面布置灵活,容易实现大空间设计以满足不同建筑功能的要求,适用多层、高层建筑集合住宅。

三类装配式混凝土建筑结构体系的特点不同,适用的建筑类型也会不同,三类结构体系适用的建筑类型如表6-1所示。

表6-1 装配式混凝土建筑结构体系适用的建筑类型

序号	装配式混凝土建筑结构体系	建筑类型
1	框架结构体系	教学楼、办公建筑、商业建筑
	框架-剪力墙结构体系	医院、宿舍、工业厂房
2	框架结构体系	仓库、体育馆、图书馆、车库
3	剪力墙结构体系	商品住宅、保障性住房

6.1.3 装配式混凝土建筑预制构件类型

预制混凝土构件也称为PC(Precast Concrete)构件,是钢筋、混凝土等材料的结合体。

预制构件生产流程控制较为严格,质量得到有效保障,尺寸误差可以控制在很小的范围内,且表面较平整,能够节省大量的抹灰找平材料,减少原材料的浪费。装配式混凝土结构中,在工厂预制的构件类型主要有:预制柱、预制叠合梁、预制叠合楼板、预制外墙板、预制内墙板、预制楼梯、预制阳台板、预制空调板等。下面介绍几种常见的 PC 构件类型。

1. 预制柱

预制柱与常规的现浇柱相似,基本都设计为矩形截面,在国外是应用得比较成熟的预制构件,如图 6-1 所示。

图 6-1 预制柱

2. 预制叠合梁

预制叠合梁下部为预制结构,上部为现浇层(高度一般为板厚),其在框架结构体系中应用广泛,如图 6-2 所示。

图 6-2 预制叠合梁

3. 预制叠合楼板

预制叠合楼板下部为预制结构,预制底板现场安装好以后上部现浇一层混凝土结构顶板,此时预制底板自身可作为现浇层的模板,管线可以预埋在现浇层内。与现浇板相比,预制叠合板可节省大量模板支撑、施工方便、板底平整度好不需粉刷。叠合楼板中预制底板的种类较多,一般不考虑其参与结构的抗侧力计算,所以适宜推广应用。较常见的有桁架钢筋混凝土叠合板底板(图6-3)。

图 6-3 桁架钢筋混凝土叠合板底板

4. 预制外墙板

预制外墙板相较其他的预制构件来说造型复杂,设计难度较大,属于非承重墙,除了承受自重、风压和地震力外,仅起到围护作用。它有如下几个显著的优点:1.外墙品质得到提高:可以通过装饰面反打工艺、保温层夹心工艺等在工厂生产出集装饰面、保温隔热及防渗功能为一体的 PC 外墙;2.减少工序、节约工期:即便是外墙装饰需要在施工现场喷涂外墙涂料,因清水墙面平整度高,不用抹灰或减少抹灰层厚度就可以进行装饰装修。另外安装工程中的管道线盒预埋可以跟墙体结构层一并在工厂完成,施工不受气候影响,缩短工期。如图 6-4 所示。

（a）石材反打外墙板

（b）清水预制外挂墙板

图 6-4　预制外墙板

5. 预制楼梯

预制楼梯从工厂生产的角度来讲是最容易做到标准化的部件。在传统现浇建筑的施工过程中，楼梯的制作比较费时费力，特别是钢筋绑扎和支模工序。但在预制装配式建造模式下，在标准的住宅建筑中能充分体现出预制楼梯的优越性。工厂程序化、批量化的生产，不仅保证了预制楼梯的质量，还能降低造价。如图 6-5 所示。

图 6-5 预制楼梯

6.1.4 装配式混凝土建筑预制率

预制率是装配式建筑评价的重要指标，出自国家标准《工业化建筑评价标准》（GB/T51129—2015）。《重庆市装配式建筑工程预算定额》（FJYD-103—2017）中对于"预制率"的定义与国家标准一致："工业化建筑室外地坪以上的主体结构和围护结构中，预制构件部分的混凝土用量占对应部分混凝土总用量的体积比。"从概念定义可知预制率是衡量主体结构和外围护结构采用预制构件的体积比率。在 2015 年出台的《重庆市工业化建筑认定管理（试行）办法》中要求预制装配式混凝土结构的单体建筑预制率应不低于 15%。

6.2 装配式混凝土建筑成本组成及主要影响因素分析

6.2.1 工程成本组成

1. 传统现浇建筑成本组成

传统现浇建筑工程成本由直接费（包含直接工程费、措施费）、间接费（含企业管理费、规费）、税金等组成（如图 6-6 所示）。其中直接费由直接工程费和措施费组成，直接费是指在工程施工过程中直接用于建造建筑产品的费用总和。直接工程费包含人工费、材料费和施工机具使用费，是工程成本的主要组成部分，是其他各项支出的计费基数。

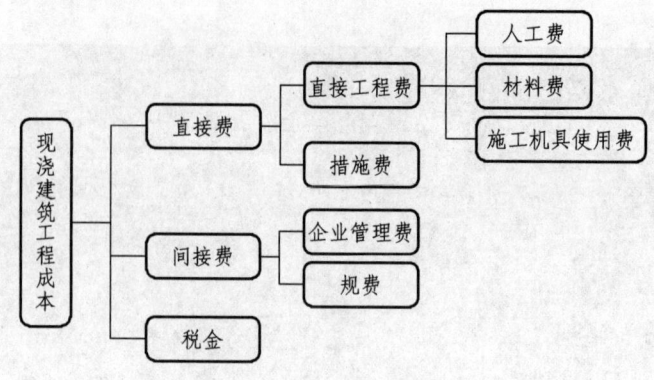

图 6-6 现浇建筑工程成本组成

2. 装配式混凝土建筑成本组成

装配式混凝土建筑工程成本由直接费、间接费、税金等组成，但是由于技术、工艺、生产方式等的差异性，装配式混凝土建筑预制结构部分的成本组成不同，在直接费上的差别主要包括：PC构件生产费、PC构件运输费、PC构件安装费和措施费。装配式混凝土建筑工程成本组成如图6-7所示。

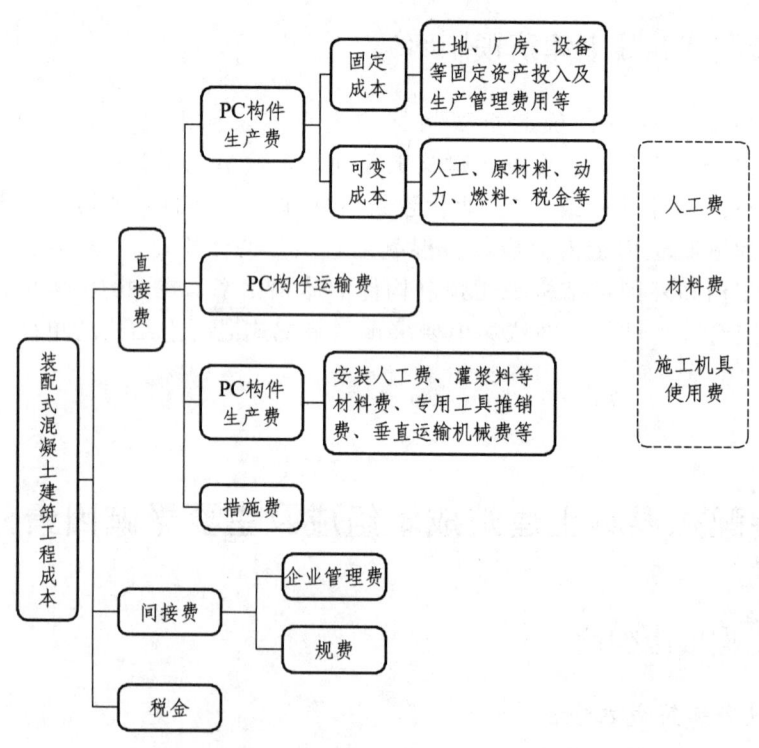

图 6-7 装配式混凝土建筑工程成本组成

3. 两种建造模式成本组成的差异性分析

如图6-6和图6-7所示，装配式混凝土建筑和传统现浇建筑这两种不同的建造模式在直接费组成上存在差异，造成这种差异的根本原因是两种建造方式的施工特点和建造过程不同，两者施工特点差异性分析如表 6-2 所示，两者建造过程差异性分析如表 6-3 所示。实际上，正是 PC 构件的应用引起装配式混凝土建筑成本组成各项费用（人工费、材料费、施工机具使用费等）在总成本中的比重改变，导致现阶段装配式混凝土建筑较传统现浇建筑成本存在差距。

表 6-2　装配式混凝土建筑与传统现浇建筑施工特点差异性分析

传统现浇建筑	装配式混凝土建筑
1. 原材料运输至施工现场堆放或入库，工人现场绑筋支模浇筑混凝土，建筑构件基本都在现场制成； 2. 施工效率受季节和天气影响大，施工速度较装配式建筑慢； 3. 原材料消耗和损耗较高，且现场难以控制质量。	1. 大部分原材料运至工厂加工成 PC 构件，PC 构件通过运输至施工现场装配，少部分材料在施工现场进行节点、拼缝等施工，最终形成建筑产品； 2. 施工进度受季节和天气影响较小，施工速度快； 3. 构件尺寸精准，可控制材料用量，降低损耗，质量得到保障；假若构件复杂且庞大，则增加生产、运输和安装的难度。

本节从设计阶段、PC 构件生产阶段、PC 构件运输阶段、施工安装阶段对两种建造模式的建造过程进行差异性分析，其中施工安装阶段分为地基基础、主体结构工程、装饰装修工程和安装工程。

表 6-3　装配式混凝土建筑与传统现浇建筑建造过程差异性分析

建造阶段		传统现浇建筑	装配式混凝土建筑
设计阶段		1. 由设计单位完成所有常规图纸设计，此时施工单位尚未确定； 2. 设计技术成熟、统一，各专业图纸分别表达本专业的设计内容，施工过程中常发现不同专业间设计矛盾和漏洞； 3. 可以在施工过程中进行设计变更。	1. 在完成各专业常规图纸设计基础上，需要设计单位完成 PC 构件拆分图设计，提供建议，增加了设计成本； 2. 拆分图内容完善，图上综合多个专业内容，构件生产不需要各专业人员配合； 3. 施工图设计审查通过后，构件生产之前，构件生产单位需根据 PC 构件拆分图细化为构件制作图； 4. 设计需考虑周详，现场安装时很难变更； 5. 应用 BIM 技术进行设计。
PC 构件生产运输阶段		该阶段不独立存在，可能存在少量现场或加工厂预制构件，制作单位与现场施工单位一致。	装配式建筑特有的阶段，主体结构被拆分后的 PC 构件由预制构件厂分批生产、编号，然后运输，生产单位与现场施工单位一般不同。
施工安装阶段	地基基础	基本无区别	基本无区别
	主体结构工程	1. 分楼层、部位进行绑筋支模浇筑混凝土，柱梁板尽量整体浇筑； 2. 主体框架完成后仍有大量内外墙砌筑工程、保温工程、门窗工程待施工； 3. 需要搭设模板、砌筑脚手架、外脚手架等。	1. 除现浇层外，整体装配层分楼层进行 PC 构件现场吊装、节点拼缝、加固处理； 2. 柱、梁、墙、板均已拆分为相应预制构件，其中预制外墙可能集成保温及门窗，内墙也可以采用预制构件，减少了砌筑工程量； 3. 节省混凝土模板、砌筑脚手架等，若采用集保温装饰体的 PC 外墙可节省外脚手架。
	装饰装修工程	墙面抹灰等装修设计要求工作。	PC 构件表面平整，除了少量的板缝或板面需修补抹平，一般不需要再进行墙面抹灰。
	安装工程	给排水、电气、暖通、电梯等。	PC 构件集成部分电管线，减少部分安装工程。

6.2.2 装配式混凝土建筑成本主要影响因素分析

1. 基于建造过程的成本影响因素分析

装配式混凝土建筑的建造过程可以分为设计阶段、PC构件生产阶段、PC构件运输阶段和施工安装阶段。本章列出装配式混凝土建筑建造过程不同阶段影响其成本的主要因素，如表6-4所示，并分析每个因素的影响方式。

表6-4 装配式混凝土建筑建造过程不同阶段影响成本的主要因素

序号	建造阶段	影响成本的主要因素
1	设计阶段	预制率；预制构件的选择；PC构件重复率；PC构件尺寸和重量
2	PC构件生产阶段	固定资产投入；生产方式；人员水平；税金
3	PC构件运输阶段	运输距离；运输效率
4	施工安装阶段	施工方法及工艺；现场平面布置；机械设备的选用；人员水平

（1）设计阶段。

① 预制率。

相关研究和实践表明，预制装配式住宅在未形成规模化建设时造价会高于传统现浇混凝土住宅，且与预制率的增高成正比。提高预制构件应用率可以降低材料和劳动力消耗，从工期方面考虑提高预制率可以发挥塔吊的使用效率加快建设进度从而达到节约人工成本和机械费用的目的。但是在我国现阶段的技术水平和行业背景下，不太成熟的施工工艺和技术以及现场管理方式会增加预制构件安装阶段的人工费和材料费等，增加总成本。

② 预制构件的选择。

预制构件的选择包括PC构件类型的选择和PC构件的组合。不同类型的PC构件对整个PC构件生产费的敏感程度不同，对成本产生的影响有差异。考虑到装配式混凝土建筑需要满足当地工业化建筑认定标准或者其他政策文件中对预制率的最低要求，同时兼顾生产、施工阶段的可行性和便利性，因此PC构件的组合方案就凸显出重要性，既对结构安全有影响又会引起不同的增量成本。

③ PC构件重复率。

PC构件重复率是在拆分图阶段需要重视的问题。"少规格、多组合"的设计原则旨在提高PC构件重复率，它可以带来至少两方面的经济效益：一方面增加了模具的周转使用次数，减少模具种类和单位体积构件的摊销费用；另一方面有利于固化生产工艺和流程，提高工人的操作熟练度，从而提高生产效率，减少损耗。

我国现阶段尚未形成装配式混凝土建筑部品部件的标准化、通用化，不同的工程项目往往是由不同的设计院设计拆分图纸，模具无法通用。模具材质有很多种，作为现阶段主流模具的钢模板材料厚度为6～10 mm，其优缺点都很显著：模具循环次数高，周转次数可达100～200次，但造价昂贵，1 300元/m²，导致构件产品价格也较高。在实际工程建设中钢模板并没有发挥出周转率高的优点，经过调查，重庆市预制构件工厂使用模具只能根据特定工程进行个性化设计生产，如果项目规模小钢模板周转率更低，在计算PC构件成本时一般会将整套钢模具成本摊销在一个项目上。万科的测算结果显示，如果能将模具周转次数由现状的 60~70 次提高至 100 次，则每立方米预制构件的模具摊销费用能降低 80~100 元。由此可以看出提高 PC 构件重复率对于节省构件生产成本十分重要。

④ PC 构件尺寸和重量。

PC 构件尺寸和重量关系到运输效率和运输成本。理论上在满足加工、运输、吊装的前提下应该加大 PC 构件的尺寸，以减少现场处理连接部位的接缝、加固等工作量，进而降低成本。但若是 PC 构件尺寸设计过大，运输车辆受运输政策的限制容易造成超宽、超高的问题，而重量过大不但会引发运输车辆超载、塔吊超负荷等安全隐患，也会使各方面成本大幅上升。

（2）PC 构件生产阶段。

① 固定资产投入。

固定资产投入主要包括预制构件工厂获取土地、建设厂房和基础设施、置办设备等前期费用，会以折旧摊销的形式计入 PC 构件成本，因此固定资产投入的多少会对构件生产成本带来一定影响。而在固定资产投入一定的情况下，增加 PC 构件产量是降低摊销费用行之有效的办法。

② 生产方式。

根据 PC 构件的特点选择合适的生产工艺流程，对节约材料、提高生产效率、保障构件质量非常重要。通过实地考察本地区的预制构件生产基地，了解到生产线按生产内容可分为：内墙板生产线、外墙板生产线、叠合板生产线、钢筋加工生产线等。按流水生产类型分为流水生产线和固定模台生产线。流水生产线自动化程度较高，生产效率也高，便于管理，但设备投资比较大，适合生产标准化程度高的预制产品。固定模台生产线特点是自动化程度较低，对人工依赖度较高，工艺设备投资少，用于加工不适合采用流水生产的异形构件。实践中采用流水生产方式经济效益更好，既降低了人工成本又充分发挥了机械化生产的高效优势。

③ 人员水平。

PC 构件生产阶段不论是管理人员的管理水平还是作业人员的操作水平均会影响生产的效率、产品的质量以及工厂的经济效益。PC 构件成本中包含了生产管理费，经验丰富的管理人员能够安排好工厂内部生产与外部协调的工作，节省管理费用。与传统现浇生产方式不同，预制构件厂生产线上的作业人员需要熟悉新技术、新材料、新工艺，必须通过培训上岗成为产业工人。由于目前生产的预制构件很多属于非标产品，在制作过程中仍需要较多的人工，所以作业人员的操作水平关系到产品的合格率、原材料和水电能源等的利用率，关系到生产成本。

④ 预制构件产品增值税税率为 17%，是按照工业企业的标准征收的，比建筑业增值税税率 11% 高，因此现阶段预制构件生产企业需要缴纳的税金对构件的成本影响还是比较大的。如何解决这一问题，降低 PC 构件成本，这与国家政策有关。

（3）PC 构件运输阶段。

① 运输距离。

PC 构件的运输费包括从工厂到工地的运输费。为了节约土地成本，预制构件生产企业一般都在距离城市中心较远的郊区或乡镇建厂，在选择合作的预制构件厂时需要考虑运输距离问题。PC 构件经济合理的运输距离宜控制在 80 km 左右，不宜超过 100 km。

② 运输效率。

运输效率不仅关系到运输费用，还影响施工效率和存储成本。运输效率与以下几个因素有关：构件装卸顺序、构件装载方式、道路运输条件等。合理的装卸顺序缩短了装卸车时间，吊装效率提高，减少产品存储成本，避免对施工现场的干扰。科学的装载方式在不超载的前提下可以提高运输量，保证了运输过程的安全，减少 PC 构件的破损，另外方便卸车。道路运输条件很重要，路面是否平坦，宽度是否足够，运输政策规定等都关系到运输效率问题。运输效率的提高有利于节省时间成本、管理成本，对于运输费用的控制十分关键。

（4）施工安装阶段。

① 施工方法及工艺。

对于装配式混凝土建筑来说，同样的结构形式采用不同的施工方法和技术路线会产生很大的经济差异。装配式混凝土结构施工中，PC 构件的接缝和节点的处理是关键工序，不仅关系到整体结构安全、建筑质量，还会增加人工和材料成本。整个施工过程中，PC 构件安装、连接预埋、现浇混凝土的施工工序和工艺，对施工效率以及工程成本影响显著。

② 现场平面布置。

现场平面布置是把各种资源材料、机械设备、临时设施等合理地布置在施工现场，以确保有组织地进行文明施工。在装配式混凝土建筑的施工现场，PC 构件和塔吊的布置很关键，一是会影响场内二次搬运费和材料管理费，二是影响吊装效率和施工成本。

③ 机械设备的选用。

机械设备的选用主要是选择塔吊的类型。相较于传统现浇建筑，装配式混凝土建筑在施工时一般会选用起重量更大的塔吊，而起重量越大的塔吊使用费越高。因此塔吊的选用不仅关系到施工安全，还关系到工程成本。

④ 人员水平

装配式混凝土建筑现场的施工环境较好，施工人数少，但新型建造方式对现场的管理人员、监理人员还有施工人员的能力、素质都提出了新的要求。管理人员既要懂技术又要懂管理，其水平的高低直接关系到项目管理质量控制、成本控制、进度控制等三大目标是否能够实现。对监理人员来说不论是在传统现浇建设工程还是新型装配式建设工程中基本职责不变，一方面对工程参与各方的建设行为进行全过程监督管理，另一方面提供合理建议，协助建设单位在保证建设质量、工期、安全等的前提下，节省投资成本。所以监理人员的监管能力对于建设项目的成本控制是很重要的。施工人员方面，吊装工替代了传统现浇施工中的大部分泥水工、钢筋工、模板工等，施工人员的技术水平决定了各分部分项工程能否在规定的时间内按照规范完成，影响到实际的工程成本。现阶段能够满足新型建筑工业化生产需求的施工人员数量偏少，加上建筑业工人流动性大，施工队伍技术不稳定影响了劳动生产效率，需要付出较高的学习成本，无形中增加了工程成本。

2. 基于直接费组成的成本影响因素分析

以上是基于装配式混凝土建筑的建造过程不同阶段列举并分析影响成本的主要因素。实际上这些影响因素在成本上可以以直接费组成要素的形式表现出来，以下从人工费、材料费、施工机具使用费、措施费的角度分析影响装配式混凝土建筑成本的因素。

（1）人工费。

近年来我国工程建设量巨大，施工现场用工需求大，同时由于我国劳动年龄人口持续下降等原因，导致施工现场人工费快速上涨，上涨幅度远高于原材料和机械成本。装配式建筑可以有效减少劳动力需求，提高劳动生产率。PC 构件的生产应用，将部分的工作量由工地转移到预制构件工厂，相应减少了建筑施工现场的部分施工工序和分部分项工程的工程量，例如减少混凝土浇捣工作量、砌筑量以及支撑部分的工作量，减少机电开孔、管线预埋、外立面装饰等工作量，从而减少人工费用。另外，装配式建筑施工工期缩短、现场施工人员的数量减少，也在一定程度上降低了人工成本。但有一点不能忽视，装配式混凝土建筑工程减少了现场人工的消耗，预制构件厂的人工消耗将增加，即劳动力转移，对于构件厂作业人员的要求更高。因此，需综合分析装配式建筑构件预制和现场施工等阶段的人工费。相关资料表明，在西欧、北美和日本，装配式建造模式与现浇建造模式相比，可节约人工 25%~30%左右，降低造价 15%~20%左右。

（2）材料费。

材料费偏高是现阶段导致装配式混凝土建筑成本居高不下的一个主要原因。我国建筑工程成本构成中材料或构件费占比很高，对于装配式建筑来说，主材费占预制构件生产、运输费用的比例达到 33%左右。除了 PC 构件本身价格较高引起材料费增加外，研究目前已有的设计标准和图纸可以发现，虽然装配式混凝土建筑已将部分结构进行"工厂化"生产，却额外增加了预制构件之间、预制构件与现浇结构之间的钢筋、混凝土、各种预埋吊装件、防水胶、PE 胶条等材料的用量，且现阶段 PC 构件的配套材料价格较高，这部分材料费同样引发了装配式混凝土建筑成本的增加，下面通过举例说明。装配式混凝土结构中，预制构件钢筋的连接、锚固是十分关键的，而在钢筋连接的几种方式里面目前普遍认为比较可靠的是灌浆套筒连接。如图 6-8 所示。

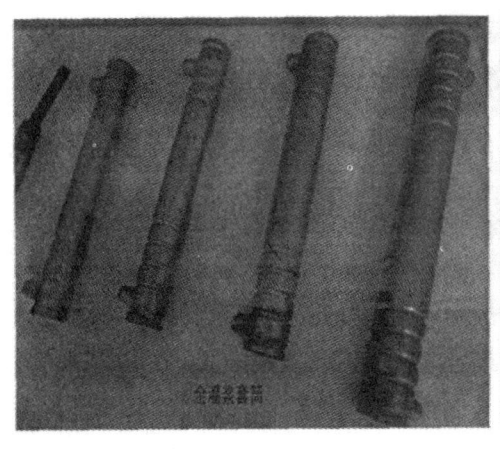 

（a）全灌浆套筒　　　　　　　　（b）预制柱中的灌浆套筒

图 6-8　灌浆套筒

灌浆套筒的价格并不便宜，以国产灌浆套筒为例，单根 $\phi 25$ HRB400 级钢筋配套的灌浆套筒单价 35 元左右，是现浇混凝土结构中螺纹套筒价格的 20~25 倍。灌浆套筒价格高的原因在于我国这方面的技术研发刚进行不久，国内市场上现有的灌浆套筒种类少，且现有的套筒产品均为专利产品,若采用国外灌浆套筒材料成本会更高。另外钢筋套筒灌浆料每吨价格约6 000元~8 000元,配套材料成本偏高给成本控制带来压力。

(3)施工机具使用费。

施工机具使用费包含了PC构件运输阶段产生的起重机台班费和运输汽车台班费,这项费用在传统现浇建筑的建造阶段几乎不存在,属于装配式混凝土建筑新增的费用。另外,装配式混凝土建筑施工安装过程中减少了混凝土泵送机械费用,且工期缩短减少了机械租赁天数和使用费的支出,这是装配式混凝土建筑在成本控制方面的优势。但是预制构件因尺寸和重量大,需要能满足需求的大型机械,塔吊单日租赁费或使用费高于传统机械设备,增加了垂直运输机械费。

(4)措施费。

由于PC构件是在工厂加工、现场装配,因此将减少施工现场脚手架、模板和支撑的工程量,可以有效降低装配式混凝土建筑工程成本。

【案例分析】

工程案例分析——以重庆市A工程项目为例

1. A工程项目概况

本节选取重庆市装配式混凝土建筑A工程项目作为案例研究对象。该项目预制率为44.7%,采用了较多类型的预制构件,是现阶段重庆市预制率较高的装配整体式混凝土建筑,综合应用了当前装配式建筑的大部分先进建造技术,在重庆市装配式混凝土建筑中具有代表性,是重庆市示范工程。A项目为某单位建设的高层公共建筑,项目总建筑面积16 956 m^2,地上13层,建筑面积15 345 m^2,层高均为4.8 m,建筑总高度63.0 m。本工程±0.000以下采用现浇钢筋混凝土结构,上部结构体系采用装配式框架—剪力墙结构+预制外挂墙板体系,全楼整体装配,构件之间的节点采用现场二次浇筑。现浇剪力墙部分采用铝模板施工工艺实现免抹灰。工程相关参数见表6-5。

本工程室外地坪以上的主体结构和围护结构中预制构件部分的混凝土用量是3 189.7 m^3,对应部分混凝土总用量7 135.6 m^3,因此预制率为3 189.7/7 135.6×100%=44.7%。

A项目为在建工程,所以暂时无法从结算角度进行成本计算。考虑到图纸设计阶段对工程造价影响很大,且装配式建筑工程变更较少,故本章采用施工图预算为基础进行研究。土建工程是建筑工程的重要组成部分,在工程成本中,土建成本较高是导致装配整体式建筑高成本的主因。为了客观地进行对比,突出主要差异,本章重点针对样本工程的室外地坪以上土建和装饰部分的造价进行计算和对比分析。本工程的计量方法依据施工图采用广联达图形算量软件与手工计算结合,清单工程量依据现行《房屋建筑与装饰工程工程量计算规范》(GB50854—2013)重庆市实施细则计算,定额工程量依据对应的定额说明;计价套用《重庆市房屋建筑与装饰工程预算定额》(2017版)、《重庆市装配式建筑工程预算定额》(2017版)和《重庆市建筑安装工程费用定额》(2017版)。需要说明的是,严格来说,工程造价等于工程成本加上利润。由于本章中的工程案例分析是需要应用建筑安装工程费用定额,且行业中惯用工程造价这一说法,因此本章在对A项目进行成本测算时按规定计取相同利润率,统一使用工程造价进行研究，并不影响工程成本分析结果。

表6-5 重庆市 A 工程项目相关参数

项 目	参 数
结构体系	装配式框架—剪力墙结构
层数（层）	地下1；地上13
地上建筑面积（m²）	15 345
建筑高度（m）	63.0
建筑类别	一类高层公共建筑
耐火等级	一级
抗震等级	二级
抗震设防烈度	7度
预制率	44.7%
计划工期（地上部分）（天）	275
应用PC构建类型	预制柱
	预制叠合梁
	预制叠合楼板
	预制外墙模板
	预制楼梯梯段

2．A 项目工程造价分析

本部分根据工程造价的组成对 A 项目的工程造价进行计算分析，并模拟计算 A 项目在现浇建造模式下的工程造价，针对两种建造模式对比工程总造价的差异、分部工程造价的差异，具体分析两种建造模式工程造价差异的原因。

1）A 项目工程总造价对比分析

依据 A 项目的施工图纸，经过软件计量和计价，对 A 项目土建和装饰工程的造价进行大量的数据整理和复核，计算分析后得到 A 项目土建和装饰工程总造价 50 297 687 元。按照施工图纸对 A 项目在现浇建造模式下的土建和装饰工程造价进行模拟计算后得到工程总造价为 37 214 458 元。

下面从工程造价组成内容及工程成本组成要素方面，对 A 项目在两种建造模式下的工程总造价进行对比分析，如表6-6 所示。其中，工程造价组成内容依据《重庆市建筑安装工程费用定额》（2017版）进行划分，由分部分项工程费、措施项目费、其他项目费组成，这三项费用包含了人工费、材料费、施工机具使用费、企业管理费、利润、规费（目前费率为0%）、税金。装配式混凝土建筑的材料费包含 PC 构件不含税生产费。

表 6-6 A 项目装配式建造模式与现浇建造模式工程造价对比表

序号	名称	装配式建造模式	现浇建造模式	差额	差额占现浇建造模式费用比例
1	工程总造价	50 297 687	37 214 458	13 083 229	35.16%
	（单位面积造价 元/m²）	3 278	2 425	853	35.16%
1.1	人工费	9 858 411	10 206 803	-348 392	-3.41%
1.2	材料费	24 961 795	16 771 702	8 190 093	48.83%
1.3	施工机具使用费	3 580 414	1 391 954	2 188 460	157.22%
1.4	企业管理费	2 610 483	1 928 400	682 083	35.37%
1.5	利润	2 460 254	1 817 362	642 892	35.38%
1.6	规费	0	0	0	—
1.7	税金	4 780 095	3 530 838	1 249 257	35.38%
2	分部分项工程费	42 966 460	29 168 885	13 797 575	47.30%
3	措施项目费	7 117 497	7 831 843	-714 346	-9.12%
3.1	单价措施项目费	5 285 097	6 478 113	-1 193 016	-18.42%
3.2	总价措施项目费	1 832 400	1 353 730	478 670	35.36%
4	规费	0	0	0	—

由表 6-6 可以看到，A 项目采用装配式建造模式单位面积造价 3 278 元，采用现浇建造模式单位面积造价 2 425 元，前者比后者高出 853 元/m²，约占现浇建造模式的 35.16%。现阶段装配式建造方式的成本相较于传统现浇方式成本较高。

由于其他各项费用都是基于工程直接费乘以规定费率计算，以下将从人工费、材料费、施工机具使用费和措施费方面进行具体分析说明。

（1）人工费。

装配式建造模式下人工费比现浇建造模式减少约 34.8 万元，约占后者人工费的 3.41%。装配式建造模式中人工费占工程总造价的 19.6%，现浇建造模式中人工费占工程总造价的 27.4%，两者相差 7.8%。这表明装配式建造模式可以减少施工现场的用工量，节约人工成本。考虑到装配式建造模式虽然减少了施工现场人工的消耗，但预制构件厂的人工消耗将增加，这部分人工费作为 PC 构件生产费的一部分计入工程造价的材料费里面。本工程案例中，若将 PC 构件生产费中的工厂人工费提取出来，则装配式建造模式下人工费将增加 1 942 246 元，人工费总额实际为 11 800 657 元，占其工程总造价 23.5%；比现浇建造模式人工费高出 1 593 854 元，高出的比例是 15.6%。

装配式建造模式实际上是将大部分人工从施工现场转移到预制构件工厂，相应减少了建筑施工现场的部分施工工序和分部分项工程的工程量，例如减少混凝土浇捣工作量、砌筑量以及支撑部分的工作量，减少外立面装饰等工作量，从而减少人工费用。另外，装配式建筑施工工期缩短、现场施工人员的数量减少，也在一定程度上降低了人工成本。但是装配式建造模式对预制构件厂的作业人员有更高的技术要求，目前的生产条件下装配式混凝土建筑投入到整个建造过程的人工费比现浇建筑更多一些。

（2）材料费。

装配式建造模式下材料费比现浇建造模式增加约819万元，约占后者材料费的48.83%。装配式建造模式中材料费占工程总造价的49.6%，现浇建造模式中材料费占工程总造价的45.1%，两者相差4.5%。装配式建造模式下材料费用较高，工程案例中PC构件作为主材其费用约为1493万元，占总材料费的59.8%。一方面PC构件本身价格较高，另一方面装配式建造模式虽然将部分结构进行"工厂化"生产，却额外增加了PC构件之间、PC构件与现浇结构之间的钢筋、混凝土、各种预埋吊装件、防水胶、PE胶条等材料的用量，且现阶段PC构件的配套材料价格较高，这部分材料费也是导致装配式混凝土建筑成本增加的主要因素之一，因此如何控制装配式混凝土建筑的材料费是一个关键问题。

（3）施工机具使用费。

装配式建造模式下施工机具使用费比现浇建造模式增加约218.8万元，约占后者施工机具使用费的157.22%。装配式建造模式中施工机具使用费占工程总造价的7.1%，现浇建造模式中施工机具使用费占工程总造价的3.7%，两者相差3.4%。

装配式建造模式减少了施工现场的人工量，同时增加了施工现场的机械使用费。另外装配式建造模式中施工机具使用费包含了PC构件运输过程中产生的起重机台班费和运输汽车台班费，因此费用较高。

（4）措施费。

措施项目费分为总价措施项目费和单价措施项目费，总价措施项目费是以分部分项工程费和单价措施项目费之和为基础乘以相应费率计算,费率与项目采用何种建造方式没有关系，因此本节只分析单价措施项目费。

单价措施项目主要包括混凝土模板、脚手架工程、垂直运输、超高施工加压水泵等。装配式建造模式下单价措施费比现浇建造模式减少约119.3万元，约占后者单价措施费的18.42%。装配式建造模式中单价措施费占工程总造价的10.5%，现浇建造模式中单价措施费占工程总造价的17.4%，两者相差6.9%。

值得注意的是，根据建筑安装工程费用定额的规定，单价措施项目费包含了人工费、材料费、施工机具使用费、企业管理费、利润、规费、税金，因此表6-6中人工费、材料费和施工机具使用费的数值实际上包含了混凝土模板、脚手架工程等单价措施项目费在内。本工程案例中，PC构件的应用可以节约模板，节省墙体砌筑脚手架、部分外脚手架的费用，也就相应减少了人工费、材料费和施工机具使用费。但是PC构件的现场安装需要大量的机械操作，且大体积大吨位的PC构件对吊装机械的型号和专业操作工人的技能又有更高的要求，相应增加了人工费和垂直运输机械费。

通过对A项目在装配式建造模式和现浇建造模式下工程总造价的对比分析可知，采用装配式建造模式比现浇建造模式的工程造价更高，存在劣势，突出表现在材料费和施工机具使用费上。但前者优势也同样显著：一方面减少施工现场工人数量，节约人工成本；另一方面减少混凝土模板、脚手架等措施费用，很大程度上减轻现场湿作业对材料的浪费以及对环境造成的污染。虽然施工现场人工费加上预制构件厂的人工费用后总人工费较高，但随着施工现场人工工资的不断上涨以及预制构件厂生产方式的不断改进，减少对人工的依赖后，装配式建造模式的"工业化"优势将会得到更好的发挥。

2）A 项目分部工程造价对比分析

从上文对 A 项目在两种建造模式下土建和装饰部分工程总造价的差异分析可知，装配式建造模式在材料和施工机具使用方面的费用较高，需要进一步分析原因。

依据 A 项目的施工图纸，经过软件计量和计价，对 A 项目分部工程的造价进行大量的数据整理和复核，计算分析后得到 A 项目土建和装饰工程总造价 50 297 687 元，其中土建工程造价 35 451 763 元，装饰工程造价 14 845 924 元。按照施工图纸对 A 项目在现浇建造模式下的土建和装饰工程造价进行模拟计算，得到工程总造价为 37 214 458 元，其中土建工程造价 20 916 615 元，装饰工程造价 16 297 843 元。

从分部工程造价指标对 A 项目在两种建造模式下的工程造价进行对比分析，如表 6-7 所示。

表 6-7　A 项目装配式建造模式与现浇建造模式分部工程造价指标对比表

序号	分部工程	装配式建造模式		现浇建造模式	
		造价/元	单位面积造价/（元/m^2）	造价/元	单位面积造价/（元/m^2）
一	土建工程	35 451 763	2 310.31	20 916 615	1 363.09
1	砌筑工程	1 415 071	92.22	2 184 403	142.35
2	钢筋混凝土工程	26 359 367	1 717.78	9 892 626	644.68
2.1	现浇钢筋混凝土工程	5 879 465	383.15	9 892 626	644.68
2.2	PC 构件及安装工程	20 479 902	1 334.63	—	—
3	屋面、防水工程	577 865	37.66	577 865	37.66
4	保温、隔热工程	1 601 408	104.36	15 253 488	99.40
5	措施项目	5 485 804	357.50	6 724 125	438.20
5.1	混凝土模板、脚手架工程	2 403 443	156.63	4 055 540	264.29
5.2	垂直运输过程、超高施工加压水泵等	3 082 361	200.87	2 668 585	173.91
6	其他工程	12 248	0.80	12 248	0.80
二	装饰工程	14 845 924	967.48	16 297 843	1 062.09
1	抹灰工程	945 973	61.65	1 691 231	110.21
2	楼地面装饰工程	2 462 788	160.49	2 502 598	163.09
3	墙、柱面装饰工程	1 754 487	114.34	2 419 217	157.66
4	天棚工程	222 604	14.51	222 604	14.51
5	油漆、涂料工程	4 373 597	285.02	4 375 718	285.16
6	隔断工程	173 428	113.16	1 736 428	113.16
7	门窗、栏杆工程等	3 350 047	218.32	3 350 047	218.32

A 项目在两种建造模式下各分部工程造价占土建和装饰工程总造价的比例如图 6-9 所示。

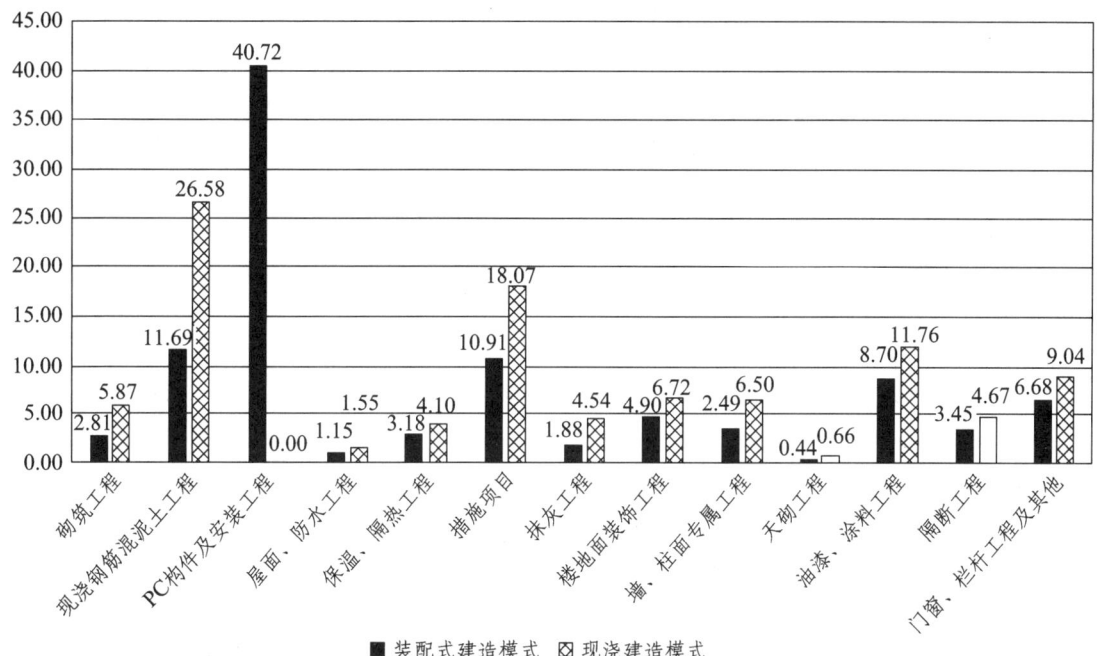

图 6-9　两种建造模式下土建和装饰工程总造价构成比例对比图（%）

从表 6-7 和图 6-9 可见，土建工程中钢筋混凝土工程、砌筑工程、措施项目在不同的建造模式下工程造价差异较大，装饰工程中各分部工程造价在装配式建造模式下均比现浇建造模式的低，抹灰工程的单位面积造价在两种建造模式下差异明显，以下重点对钢筋混凝土工程、砌筑工程、措施项目以及抹灰工程进行具体分析说明。

（1）钢筋混凝土工程。

装配式建造模式和现浇建造模式的分部工程造价中差距最大的是钢筋混凝土工程，装配式建造模式的钢筋混凝土工程单位面积造价比现浇建造模式高出 1 073 元/m^2。在装配式建造模式中，钢筋混凝土工程包括现浇钢筋混凝土工程和 PC 构件及安装工程。PC 构件及安装工程造价主要包括 PC 构件生产费、运输费及施工现场安装费。

在装配式建造模式下，A 项目钢筋混凝土工程单位面积造价是 1 717.78 元，为总造价的 52.41%，仅 PC 构件及安装工程一项就占工程总造价的 40.72%，占钢筋混凝土工程造价的 77.7%。

在 PC 构件及安装工程造价中，PC 构件的生产费为 14 929 627 元，所占比例 72.9%；锶 PC 构件运输费为 3 001 139 元，所占比例 14.7%；PC 构件的安装费为 2 549 136 元，所占比例 12.4%。由此可知 PC 构件的生产费占 PC 构件及安装工程造价的比例很大。

（2）砌筑工程。

A 项目的外围护结构主要采用预制外挂墙板，而传统现浇建筑主要采用砖砌体、砌块砌体等，因此装配式建造模式下的砌筑工程单位面积造价要比现浇建造模式少 50.13 元，同时钢筋混凝土工程单位面积造价会增加。

（3）措施项目。

与 6.3.2，1.中单价措施项目的内容基本一致。装配式混凝土建筑在节省模板、墙体砌筑脚手架方面的优势值得肯定。例如本工程案例中，装配式建造模式混凝土模板和脚手架工程的单位面积造价比现浇建造模式减少 107.66 元/m^2，装配式建造模式节省 47.4% 的模板用量，45.7% 的砌筑脚手架用量，同时，装配式建造模式使用外挂架的费用比现浇建造模式使用其他外脚手架的费用低。

案例中垂直运输等措施项目单位面积造价在装配式建造模式下较高，比现浇建造模式高出 27 元/m^2。一方面装配式建造模式工期缩短减少了塔吊等垂直运输机械使用天数，另一方面预制构件对塔吊起重量要求较高，塔吊单日租赁费或使用费高于传统机械设备，增加了垂直运输费。

（4）其他土建分部工程。

例如屋面、防水工程和保温、隔热工程等在两种不同的建造模式下单位面积造价差距不大，这是由具体的工程设计方案决定的。本工程案例中，A 项目屋面板采用的是现浇混凝土板，外挂墙板不含保温层，因此不论采用何种建造模式，屋面、防水工程和保温、隔热工程做法基本相同。

（5）抹灰工程。

抹灰工程的造价差异主要是由于 PC 结构表面和现浇结构表面的基层做法不同。在传统现浇建筑中，不论是砌块内墙面、外墙面的装饰，或是天棚面的装饰，都要先进行抹灰找平工作。而 PC 结构表面平整度较好，装饰面施工前只需要对结构板的部分进行修补平整，理论上可以大量减少抹灰工程量。

本工程案例中，除屋面板外所有楼层板几乎都采用预制叠合楼板，顶棚装饰做法第一步要求板缝用水泥石灰膏砂浆嵌实抹平，而梁板结构拆分方案中板缝较多，增加了水泥砂浆的用量。

外墙面装饰做法则体现了 PC 结构的优势，同样是氟碳喷涂面层，预制外挂墙板基层墙体（不含保温层）在预制构件厂加工完成，然后在施工现场喷涂氟碳漆，而砌块外墙面需要先施工 20 mm 厚的水泥砂浆找平层。

3．A 项目 PC 构件成本分析

通过前面的工程造价对比分析可以看出 PC 构件的费用高是推高装配式混凝土建筑成本的一个主要因素，所以有必要针对 PC 构件的成本组成进行具体分析。

PC 构件的成本组成较为复杂，不仅包括构件生产过程中投入的人工费、原材料费和机械费，还要包括土地、厂房、设备等固定资产投入及生产管理费用、利润、税金等。

根据定额规定，PC 构件不含税出厂价包括生产阶段的人工费、材料费、机械费、工厂综合费，其中工厂综合费含管理费、利润等，不含税金。工厂综合费以制作定额的人工费、不含税机械费之和为基数，以 25% 的费率计取。PC 构件含税出厂价等于不含税出厂价与税金之和，即 PC 构件生产费，计算 PC 构件含税出厂价时增值税税率按 17% 计取。

本节对 A 项目 PC 构件的成本进行分析，是针对 PC 构件的到工地价，因此需要在 PC 构件含税出厂价的基础上加上运输费用，即 PC 构件生产费与 PC 构件运输费之和。根据本项目实际调研情况，运输距离约为 65 km。

1）以下对工程案例中不同类型的 PC 构件单方成本进行计算分析

（1）预制柱。

本工程框架柱采用工厂预制,现场进行安装,柱内纵向钢筋采用全灌浆套筒连接。从混凝土强度等级上划分,预制柱有 C50 和 C60 两种,若是根据配筋种类划分,预制柱有几十种,因此在计算单方成本时,将综合考虑不同预制柱中人工、材料、机械等的用量和单价,其余的 PC 构件成本计算亦是如此。预制柱的单方成本如表 6-8 所示。

表 6-8 预制柱单方成本

序号	项目	单方用量	单位	单价	小计/元
1	构件制作人工费	1	/	694.47	694.47
2	材料费合计				1 886.73
2.1	现拌混凝土	1.01	m³	337.35	340.72
2.2	钢筋	0.194	t	3903.12	759.04
2.3	镀锌铁丝	1.00	kg	3.92	3.93
2.4	预制构件钢模板(非标准)	32.56	kg	11.71	381.22
2.5	调平预埋件	1.51	个	18.80	28.39
2.6	斜支撑预埋件	0.57	kg	11.11	6.33
2.7	预埋吊装件	4.44	个	10.26	45.60
2.8	塑料注浆管	3.26	m	6.04	19.68
2.9	预埋套筒	5.63	个	38.46	216.60
2.10	其他材料费	1	/	35.22	35.22
2.11	蒸汽养护费	1	/	50.00	50.00
3	机械费合计				963.77
3.1	设备摊销费(综合)	1	/	626.26	626.26
3.2	其他机械费	1	/	337.51	337.51
(一)	直接费小计(1+2+3)				3 544.97
(二)	管理费+利润等(1+3)×25%				414.56
(三)	税金[(一)+(二)]×17%				673.12
(四)	运费				487.00
(五)	单方成本合计 (一)+(二)+(三)+(四)				5 119.66

(2)预制叠合梁。

预制叠合梁下部为预制结构,待现场安装后上部现浇混凝土。本工程叠合梁现浇层高度为两边板厚较大值+10 mm,混凝土强度等级为 C35,其中预制梁的单方成本如表 6-9 所示。

表 6-9 预制梁单方成本

序号	项目	单方用量	单位	单价	小计/元
1	构件制作人工费	1	/	471.67	471.67
2	材料费合计				1 684.71
2.1	现拌混凝土	1.01	m³	272.21	274.93
2.2	钢筋	0.201	t	3 719.96	46.37
2.3	镀锌铁丝	0.97	kg	3.92	3.80
2.4	预制构件钢模板（非标准）	40.18	kg	11.71	470.49
2.5	预埋吊装件	8.95	个	10.26	91.86
2.6	其他材料费	1	/	47.25	47.25
2.7	蒸汽养护费	1	/	50.00	50.00
3	机械费合计				807.50
3.1	设备摊销费（综合）	1	/	457.79	457.79
3.2	其他机械费	1	/	349.71	349.71
（一）	直接费小计（1+2+3）				2 963.88
（二）	管理费+利润等（1+3）×25%				319.79
（三）	税金［（一）+（二）］×17%				558.22
（四）	运费				1 141.00
（五）	单方成本合计（一）+（二）+（三）+（四）				4 982.90

（3）预制叠合楼板。

本工程采用桁架钢筋混凝土叠合板，底板为预制结构，预制底板的上表面及四个侧面均采用人工粗糙面，预制楼板下表面为光滑面。叠合板混凝土强度等级为 C35，总厚度 200 mm（80 mm 厚预制底板+120 mm 厚现浇板），其中预制板的单方成本如表 6-10 所示。

表 6-10 预制板单方成本

序号	项目	单方用量	单位	单价	小计/元
1	构件制作人工费	1	/	577.98	577.98
2	材料费合计				1 621.74
2.1	现拌混凝土	1.01	m³	272.21	274.93
2.2	钢筋	0.262	t	3 762.16	985.61
2.3	镀锌铁丝	1.76	kg	3.92	6.89
2.4	预制构件钢模板（非标准）	11.01	kg	11.71	128.96
2.5	预埋吊装件	12.00	个	10.26	123.12
2.6	其他材料费	1	/	52.22	52.22

续表

序号	项目	单方用量	单位	单价	小计/元
2.7	蒸汽养护费	1	/	50.00	50.00
3	机械费合计				687.19
3.1	设备摊销费（综合）	1	/	354.54	354.54
3.2	其他机械费	1	/	332.65	332.65
（一）	直接费小计（1+2+3）				2886.91
（二）	管理费+利润等（1+3）×25%				316.29
（三）	税金[（一）+（二）]×17%				544.54
（四）	运费				1 141.00
（五）	单方成本合计 （一）+（二）+（三）+（四）				1 488.75

（4）预制外墙板。

本工程±0.000以上的外围护墙体除去现浇剪力外墙部分外基本都采用钢筋混凝土预制外挂墙板，混凝土强度等级为C35，规格有170 mm厚和420 mm厚两种，构件种类少，组合形式多。预制外墙板的单方成本如表6-11所示。

表6-11 预制外墙板单方成本

序号	项目	单方用量	单位	单价	小计/元
1	构件制作人工费	1	/	641.23	641.23
2	材料费合计				1 740.55
2.1	现拌混凝土	1.01	m³	272.21	274.93
2.2	钢筋	0.186	t	4 447.64	828.71
2.3	镀锌铁丝	1.16	kg	3.92	4.57
2.4	预制构件钢模板（非标准）	14.12	kg	11.71	165.36
2.5	预埋件	64.64	kg	5.28	341.32
2.6	预埋吊装件	3.00	个	10.26	30.78
2.7	其他材料费	1	/	44.88	44.88
2.8	蒸汽养护费	1	/	50.00	50.00
3	机械费合计				751.49
3.1	设备摊销费（综合）	1	/	415.76	415.76
3.2	其他机械费	1	/	335.73	335.73
（一）	直接费小计（1+2+3）				3 133.27
（二）	管理费+利润等（1+3）×25%				348.18
（三）	税金[（一）+（二）]×17%				591.85
（四）	运费				487.00
（五）	单方成本合计 （一）+（二）+（三）+（四）				4 560.30

（5）预制楼梯梯段。

本工程楼梯采用双跑楼梯，预制构件为楼梯梯段，梯梁、平台板采用现浇混凝土。预制楼梯混凝土强度等级为C35，采用清水混凝土饰面。预制楼梯梯段的单方成本如表6-12所示。

表6-12 预制楼梯梯段单方成本

序号	项目	单方用量	单位	单价	小计/元
1	构件制作人工费	1	/	506.76	506.76
2	材料费合计				1 110.76
2.1	现拌混凝土	1.01	m³	272.21	274.93
2.2	钢筋	0.119	t	3 802.49	451.51
2.3	镀锌铁丝	0.75	kg	3.92	2.96
2.4	预制构件钢模板（非标准）	15.63	kg	11.71	183.04
2.5	预埋件	5.05	kg	5.28	26.67
2.6	预埋吊装件	9.08	个	10.26	100.55
2.7	其他材料费	1	/	21.11	21.11
2.8	蒸汽养护费	1	/	50.00	50.00
3	机械费合计				737.44
3.1	设备摊销费（综合）	1	/	426.21	426.21
3.2	其他机械费	1	/	311.23	311.23
（一）	直接费小计（1+2+3）				2 354.96
（二）	管理费+利润等（1+3）×25%				311.05
（三）	税金[（一）+（二）]×17%				453.22
（四）	运费				487.00
（五）	单方成本合计（一）+（二）+（三）+（四）				3 606.23

通过对PC构件在生产阶段和运输阶段的费用分解，可以得出本工程所采用的5类PC构件各项组成费用在总成本中所占比例，如表6-13所示。

表6-13 各类PC构件单方成本费用组成   元

成本组成 构建类型	人工费	材料费	机械费	管理费、利润等	税金	运费	总成本
预制柱	694（14%）	1 887（37%）	964（19%）	415（8%）	673（13%）	487（10%）	5 120（100%）
预制梁	472（9%）	1 685（34%）	807（16%）	320（6%）	558（11%）	1 141（23%）	4 983（100%）
预制板	578（12%）	1 622（33%）	687（14%）	316（6%）	545（11%）	1 141（23%）	4 889（100%）
预制外墙板	641（14%）	1 741（38%）	751（16%）	348（8%）	592（13）	487（11%）	4 560（100%）
预制楼梯梯段	507（14%）	1 111（31%）	737（20%）	311（9%）	453（13%）	487（14%）	3 606（100%）

A 项目 PC 构件总成本（PC 构件到工地价）中，人工费所占比例为 9%～14%，材料费所占比例为 31%～38%，机械费所占比例为 14%～20%，管理费、利润等所占比例为 6%～9%，税金所占比例为 11%～13%，运费所占比例为 10%～23%。综合考虑 5 类 PC 构件的费用组成情况，得到 PC 构件单方成本中各项费用组成比例如图 6-10 所示。

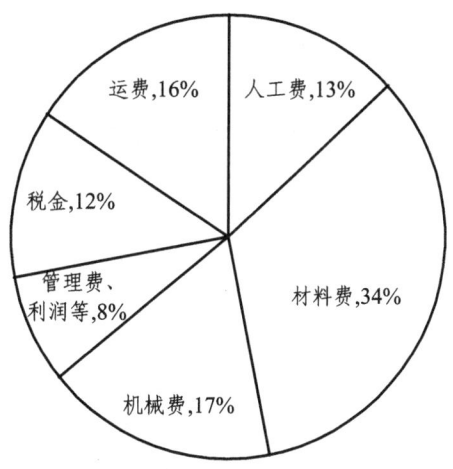

图 6-10　PC 构件单方成本费用组成比例

2）从成本组成要素角度对 PC 构件成本进行分析研究

（1）人工费。

在 PC 构件生产过程中该项费用主要包括模具组装人工费、构件制作人工费和钢筋加工费等，约占总成本的 13%。尽管 PC 构件的应用将大部分的人工从施工现场转移到了工厂内，但由于构件还没有实现标准化生产，很多工序还是需要人工来完成，这对企业的管理、生产方式还有作业工人的技术水平都是很大的考验。

对于 PC 构件成本来说，生产阶段的人工费对于成本控制较为重要。

（2）材料费。

材料费在 PC 构件成本中占的比重最大，约为 34%。其中主材如钢筋、混凝土的费用主要跟项目的工程量、建筑市场行情有关，工程量受设计规范标准限制对于特定的建筑工程基本上是固定的，钢筋、混凝土的市场也比较成熟，预制构件厂可以通过自制混凝土节省一部分成本。配套材料如制作构件的模具、灌浆套筒，行业普遍反映单价较高，例如本工程中的预制构件钢模板是按照非标准情况考虑的，因此在构件的单方成本中费用较高；预制柱中单个灌浆套筒价格将近 40 元（不含税），平均 1 m^3 预制柱中套筒费用为 216.6 元，约占预制柱单方材料费的 11.5%。

现阶段 PC 构件的配套材料价格较高，很大程度上影响 PC 构件的成本进而影响装配式混凝土建筑的成本，对于装配式混凝土建筑的成本控制来说有较大潜力。

（3）机械费。

本工程中 PC 构件机械费占总成本比例约 17%，高于人工费。这里所指的机械费包括两部分：一个是属于固定资产的机械设备折旧摊销费，另一个是生产 PC 构件时所产生的施工机具使用费。前者不仅跟生产线设备的投入成本有关，更多是受到行业刚起步、生产规模小的影响，因而现阶段费用较高，未来的趋势是随着生产规模的扩大会有一定幅度的下降；后者则跟生产流程、制作工艺有关，同时也受到非标准化生产的制约。PC构件生产阶段人工消耗量和机械消耗量一定程度上是此消彼长的关系，假若今后实现了部品部件标准化或是工法标准化，就可以大大减少对人工的依赖，提高效率，发挥出机械化生产的优势。

（4）管理费、利润等费用。

此项费用包含了企业生产管理费、利润以及土地、厂房等的摊销费，占比8%。

管理费是以人工费和机械费为基数，实际上取决于企业的生产管理水平，对成本控制来说有很大的空间。利润率由企业自行确定。土地、厂房等固定资产摊销费用会逐渐随着生产规模的扩大而降低。

（5）税金。

本工程中PC构件税金约占其总成本12%。PC构件在建筑行业中属于一种建筑商品，构件厂需要支付17%的增值税，扣除原材料、设备等可抵扣增值税项后，税金比例会有所下降。

（6）运费。

本工程中PC构件运输距离约65 km，在比较经济的运输范围内。由于预制板和预制梁尺寸大（长度大于6 m），运费占构件成本的比例较高，约23%。其余构件尺寸小，使用的运输机械费用低，而且提高了运输效率，运费所占的比例相对小，在12%左右。目前PC构件运输费用较高，是成本控制的重要环节。

以上的PC构件成本分析是基于重庆市最新的装配式建筑工程预算定额测算得到的数据，其中的几种主材价格参考了本地区的市场价格。重庆市最新的装配式建筑工程预算定额作为现阶段市内装配式建筑统一计价的依据，较大程度上反映了本地区装配式建筑行业的生产状况，预制构件生产企业也是依据定额向业主报价。经过调查了解到目前本地区预制构件厂生产成本普遍偏高，原因就是投产时间较短，装配式混凝土建筑项目少，预制构件厂根据特定工程进行个性化设计生产，所以生产成本不稳定，市场尚未成熟，未能形成统一的市场价。

同类型的装配式混凝土建筑比传统现浇建筑成本高，一个很重要的原因是PC构件的成本比现浇结构的成本高。结合本章关于A项目PC构件成本分析的结果，计算分析同等条件下PC构件与现场浇筑结构的成本差异，如表6-14所示。

表6-14 PC构件与现浇结构成本对比

序号	构建部位	预制/现浇（含模板）	单方成本/（元/m³）	单价差额/（元/m³）	总造价/元	单位造价/（元/m³）
1	柱	预制 现浇	5 120 2 387	2 733	4 159 488 1 939 437	271 126
2	楼板（有梁板）	预制部分 现浇部分 现浇	4 396 1 478 2 063	1 053	5 646 605 1 877 186 4 981 277	490 325
3	外墙	预制 现浇	4 560 2 570	1 990	5 150 976 2 902 750	336 189
4	楼梯	预制 现浇	3 606 2 174	1 432	373 942 225 453	24 15

由表 6-14 可知，预制柱较现浇柱单位建筑面积造价增加 145 元/m²，预制叠合梁、预制叠合板较现浇有梁板增加 165 元/m²，预制外墙板较现浇墙板增加 147 元/m²，预制楼梯较现浇楼梯增加 9 元/m²。两种建造模式下混凝土结构本身所用的主材费差异不大，在施工现场 PC 构件节省了人工费和混凝土模板费，但是 PC 构件的成本包含了预制构件厂的固定资产摊销费、模具费、运输费、生产管理费用、利润和税金等，这部分费用较高，造成预制结构和现浇结构成本存在较大差距。

4．不同 PC 构件组合下预制率对工程造价的影响分析

1）不同 PC 构件组合下的预制率分析

本工程案例中 A 项目应用的 PC 构件类型有：预制柱、预制叠合梁、预制叠合楼板、预制外墙板、预制楼梯梯段。本工程室外地坪以上建筑结构混凝土总用量为 7135.6 m³，预制率为 44.7%。其中，不同类型的 PC 构件混凝土用量对预制率的贡献如表 6-15 所示。

表 6-15 预制率统计表

项目	预制柱	预制叠合梁	预制叠合楼板	预制外墙板	预制楼梯梯段	合计
PC 构件混凝土用量（m³）	812.4	564.2	579.2	1 129.6	103.7	3 189.7
	11.39%	7.92%	5.125	15.83%	1.45%	44.70%

将 A 项目 PC 构件的单项预制率由高到低排列结果是：预制外墙板（15.83%）>预制柱（11.39%）>预制叠合楼板（8.12%）>预制叠合梁（7.92%）>预制楼梯梯段（1.45%）。为了研究不同预制率下装配式混凝土建筑工程造价的变化情况，可以将上述 5 类 PC 构件进行组合。结合目前常见的装配式混凝土建筑预制构件的应用情况，考虑单体建筑预制率不低于 15% 的重庆市工业化建筑认定标准，本章提出 4 种 PC 构件的组合方案进行具体分析，如表 6-16 所示。

表 6-16 不同类型 PC 构件组合方案

方案	预制构件	预制率
1	预制叠合梁、预制叠合楼板、预制楼梯	17.49%
2	预制柱、预制叠合梁、预制叠合楼板	27.42%
3	预制叠合梁、预制叠合楼板、预制外墙板、预制楼梯	33.32%
4	预制柱、预制叠合梁、预制叠合楼板、预制外墙板、预制楼梯	44.70%

2）预制率与总造价的关系分析

针对表 6-16 所示的 4 种 PC 构件组合方案，应用计量和计价软件，对不同方案下 A 项目土建和装饰工程造价进行计算，得到四种方案的工程造价如表 6-17 所示，从工程造价组成方面进行比较研究。

表 6-17　不同 PC 构件组合方案下项目工程造价表

序号	名称	方案 1	方案 2	方案 3	方案 4
1	工程总造价	42 649 007	45 656 793	47 270 726	50 297 687
	（单位面积造价 元/m²）	2 779	2 975	3 081	3 278
1.1	人工费	10 499 087	10 476 436	10 085 854	9 858 411
1.2	材料费	19 192 431	21 252 205	22 719 764	24 961 795
1.3	施工机具使用费	2 845 272	3 114 211	3 274 305	3 580 414
1.4	企业管理费	2 211 700	2 368 508	2 452 763	2 610 483
1.5	利润	2 084 317	2 232 108	2 311 449	2 460 254
1.6	规费	0	0	0	0
1.7	税金	4 049 930	4 337 108	4 491 141	4 780 095

结合 A 项目装配式建造模式与现浇建造模式工程造价对比表（表 6-6），以 A 项目在全现浇建造模式下的工程造价为参照，当采用方案 1，预制率为 17.49%时，工程造价比现浇模式造价增加 5 434 549 元，增加的幅度为 14.60%；当采用方案 2，预制率为 27.42%时，工程造价比现浇模式造价增加 8 442 335 元，增加的幅度为 22.69%；当采用方案 3，预制率为 33.32% 时，工程造价比现浇模式造价增加 10 056 268 元，增加的幅度为 27.02%；当采用方案 4，预制率为 44.70% 时，即 A 项目原设计，工程造价比现浇模式造价增加 13 083 229 元，增加的幅度为 35.16%。

不同预制率下工程总造价的变化曲线如图 6-11 所示。

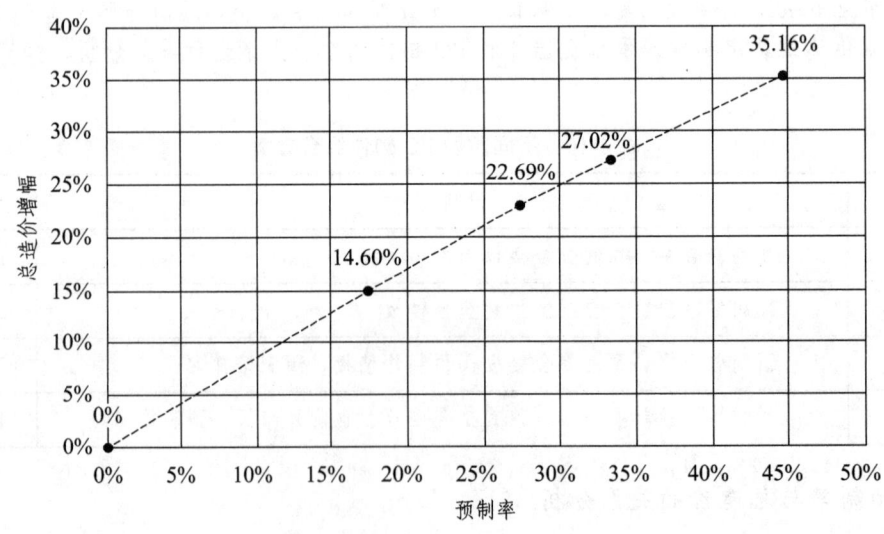

图 6-11 预制率与总造价关系图

从图 6-11 可知，在一定预制率范围内，工程总造价与预制率呈正相关关系，随着预制率的提高，装配式建造模式下工程造价不断增加。

3）预制率与材料费的关系分析

由表 6-17 可知，当采用方案 1，预制率为 17.49% 时，工程材料费比现浇模式材料费增加 2 420 729 元，增加的幅度为 14.43%；当采用方案 2，预制率为 27.42% 时，工程材料费比现浇模式材料费增加 4 480 503 元，增加的幅度为 26.71%；当采用方案 3，预制率为 33.32% 时，工程材料费比现浇模式材料费增加 5 948 062 元，增加的幅度为 35.46%；当采用方案 4，预制率为 44.70% 时，即 A 项目原设计，工程材料费比现浇模式材料费增加 8 190 093 元，增加的幅度为 48.83%。

不同预制率下材料费的变化曲线如图 6-12 所示。

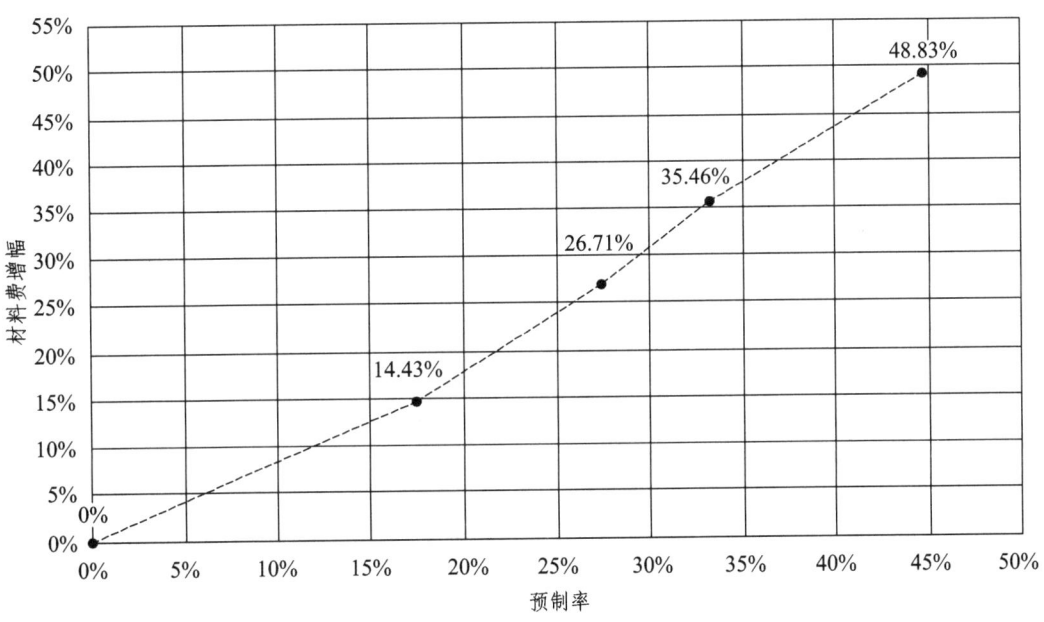

图 6-12 预制率与材料费关系图

从图 6-12 可知，在一定预制率范围内，材料费与预制率呈正相关关系。现阶段 PC 构件的成本与现浇结构相比偏高，在本工程案例中 A 项目采用的 PC 构件越多，预制率越高，材料费增加的幅度就越大。

另外，同为成本直接费的施工机具使用费也是在一定预制率范围内，随着预制率的提高而不断增加，情况与材料费类似，不再展开分析。

4）预制率与人工费的关系分析

由表 6-17 可知，当采用方案 1，预制率为 17.49% 时，工程人工费比现浇模式人工费增加 292 284 元，增加的幅度为 2.86%；当采用方案 2，预制率为 27.42% 时，工程人工费比现浇模式人工费增加 269 633 元，增加的幅度为 2.64%；当采用方案 3，预制率为 33.32% 时，工程人工费比现浇模式人工费减少 120 949 元，减少的幅度为 1.18%；当采用方案 4，预制率为 44.70% 时，即 A 项目原设计，工程人工费比现浇模式人工费减少 348 392 元，减少的幅度为 3.41%。

不同预制率下人工费的变化曲线如图 6-13 所示。

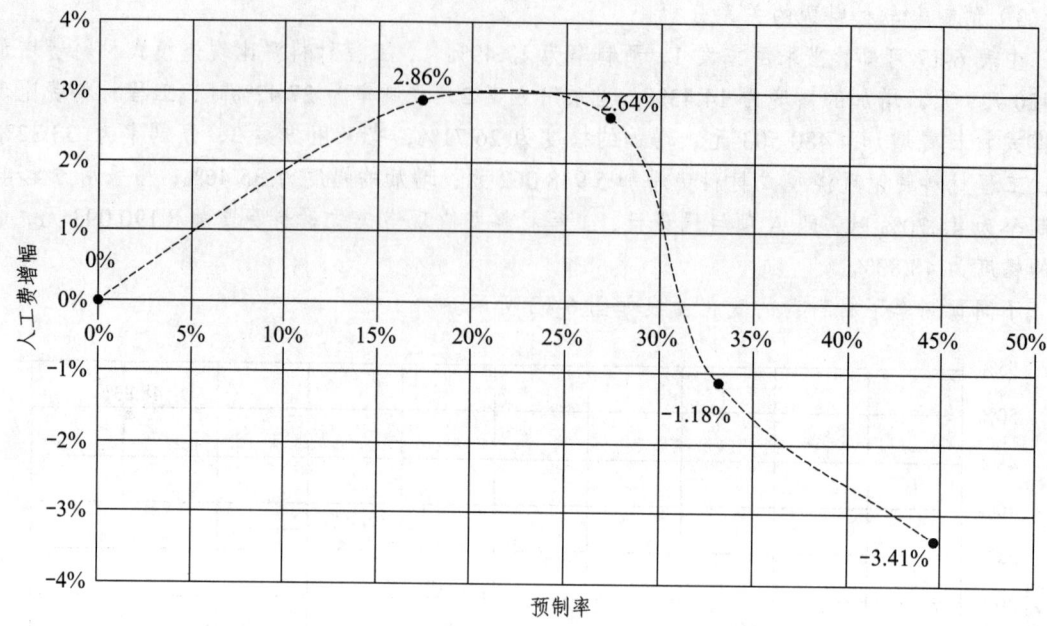

图 6-13 预制率与人工费关系图

在本工程案例中,当装配式混凝土建筑预制率较低时(方案1和方案2),人工费比现浇建造模式下的人工费高。随着预制率持续提高人工费呈现下降趋势,并在方案3和方案4时出现负增长,如图 6-13 所示。

因为在装配式混凝土建筑中,预制柱、预制叠合梁、预制叠合楼板等构件的后浇部分混凝土工程、钢筋工程、防水工程等工艺较现浇结构更复杂,在预制率较低的情况下,施工现场转移至 PC 构件厂的人工费用并不能完全抵消增加的这部分人工费,只有当预制率不断提高工业化建筑节约人工费的优势才会逐渐体现出来。

本节结合重庆市装配式混凝土建筑实际工程案例,应用重庆市最新的装配式建筑工程预算定额,对 A 项目的土建和装饰工程造价进行计算,并模拟计算 A 项目在现浇建造模式下的工程造价。通过对 A 项目在两种建造模式下工程总造价、分部工程造价的对比分析,发现目前装配式建造方式相较于传统现浇方式成本较高。装配式建造模式在节省施工现场人工、措施项目上存在优势,在材料费和施工机具使用费方面成本较高存在劣势。从分部工程造价指标对比表可知,PC 构件的应用引起各分部工程造价占总造价比例的改变,一方面 PC 构件成本和现场安装费用较高,导致钢筋混凝土工程造价占工程总造价比例显著上升,另一方面相应减少了砌筑工程、措施项目和抹灰工程等的工程量,降低了这些分部工程的造价。通过对工程案例中不同类型的 PC 构件单方成本进行计算分解,研究 PC 构件的成本费用组成,深入分析目前 PC 构件成本较高的原因。影响 PC 构件成本的因素较多,PC 构件成本下降的空间较大。

根据不同类型的 PC 构件组合对装配式混凝土建筑的预制率贡献程度不同,提出 4 种 PC 构件的组合方案,形成不同的预制率方案,分别计算各方案的工程造价,并基于造价数据开展预制率与总造价、材料费和人工费的关系研究。在一定预制率范围内,工程总造价、材料费与预制率均呈正相关关系;当装配式混凝土建筑预制率较低时,人工费随着预制率提高不断增加，然而随着预制率持续提高人工费逐渐呈现下降趋势并相较现浇建造模式下的人工费出现负增长。

【本章小结】

本章简要介绍了装配式建筑相关概念，包括装配式建筑的概念和分类，装配式混凝土建筑结构体系、预制构件类型，装配式混凝土建筑预制率的定义。并且从传统现浇建筑和装配式建筑工程成本组成入手，通过两种建造模式在成本组成上的差异性分析，从建造过程不同阶段和直接费组成等两个角度全面分析了影响装配式混凝土建筑成本的主要因素。最后结合重庆市装配式混凝土建筑实际工程案例，应用重庆市最新的装配式建筑工程预算定额，对A项目的土建和装饰工程造价进行计算，并模拟计算A项目在现浇建造模式下的工程造价，帮助学生更好的理解装配式建筑成本管理要点及难点。

【复习题】

1. 简述装配式建筑的概念及分类。
2. 装配式建筑的成本是由哪些部分组成的？
3. 详细分析影响装配式建筑成本的主要因素？

参考文献

[1] 李广. 公路工程施工中的成本控制与管理[J]. 科技情报开发与经济, 2008(02).
[2] 黎柏青. 公路工程施工过程中有效控制成本的方法[J]. 吉林交通科技, 2006(01).
[3] 李春森. 公路工程项目施工全过程成本控制[J]. 交通企业管理, 2008(01).
[4] 赵忠. 公路工程项目成本管理的研究[J]. 山西建筑, 2007(36).
[5] 赵海元. 对公路施工企业项目成本管理的思考[J]. 科学之友(B版), 2007(11).
[6] 蒋毅涛. 公路工程施工项目成本控制研究[J]. 科技经济市场, 2007(10).